PARA VER DE OTRA MANERA

OTRAS PUBLICACIONES DE SUSAN TROUT:

ATTITUDINAL HEALING PRINCIPLES: A CARD SET
(Three Roses Press: Alexandria, VA, 1990)

BORN TO SERVE: THE EVOLUTION OF THE SOUL
THROUGH SERVICE
(Three Roses Press: Alexandria, VA, 1997)

PARA VER DE OTRA MANERA

Crecimiento personal y servicio a los demás a través de la curación de actitudes.

Susan S. Trout, Ph.D.

Traducido del inglés por

Carlos Rocha
y
Elsa St. John

Three Roses Press
Alexandria, VA
E.E.U.U.

A pesar de que los relatos en este libro son verdaderos, los nombres de las personas implicadas han sido alterados para respetar su privacidad.

Para hacer más fácil la lectura de este libro he utilizado el pronombre masculino de una manera uniforme. Te invito a unirte amablemente y aceptar las limitaciones del lenguaje.

Copyright © 1990 by Institute for Attitudinal Studies

Derechos reservados. La reproducción total o parcial de este libro, por cualquier medio, mecánico, fotográfico o electrónico, o por cualquier otro sistema de grabación o acceso, no está permitida. Cualquier reproducción debe ser autorizada expresamente por el Copyright Act de 1976, o concedida por escrito directamente por esta Editorial.

Solicitudes para ese permiso deben dirigirse a:

Three Roses Press
P.O. Box 19222
Alexandria, VA. 22320-0222
E.E.U.U.

ISBN: 96-090-761 (pkb English)
ISBN: 0-9625386-0-4 (pkb Spanish)

Biblioteca del Congreso Tarjeta de Catálogo No: 89-52112

Diseño de la Cubierta - Jane Perini
Diseño del Texto - Carlos Rocha y Cleveland Wheat

Impreso en los Estados Unidos de América.

A mis padres, George y Ruth Struve,
a mi hermano, John, y a mis hermanas,
Mary y Betty.

*La última de las libertades humanas:
escoger nuestra propia actitud
en cualquier circunstancia,
escoger nuestro propio camino.*

Viktor E. Frankl

ÍNDICE

RECONOCIMIENTOS   15

INTRODUCCIÓN   17

EL LIBRO COMO COMPAÑERO   23
   ¿CUÁL ES EL PROPÓSITO DEL LIBRO?   23
   ¿PARA QUIEN ES ESTE LIBRO?   23
   ¿CÓMO SE ENCUENTRA ORGANIZADO ESTE LIBRO?   24
   ¿CUÁNTO TIEMPO DEBO DEDICARLE A CADA PRINCIPIO?   26
   ¿DEBO TRABAJAR CON LOS PRINCIPIOS EN ORDEN DE CONTINUIDAD?   26
   ¿QUÉ CLASE DE EJERCICIOS HAY EN EL LIBRO?   27
   ¿CUÁLES SON LOS NIVELES DE TRABAJO CON EL LIBRO?   27
   ¿QUÉ QUIERE DECIR FACILITAR Y SER FACILITADOR EN EL CONTEXTO DE ESTE LIBRO?   28
   ¿QUÉ SITUACIONES FACILITARÍAN EL USO DE ESTE LIBRO?   28
   ¿CÓMO USAR UN DIARIO JUNTO CON EL LIBRO?   30
   ¿CÓMO PUEDO EXAMINAR MI PROCESO MIENTRAS TRABAJO CON LOS PRINCIPIOS?   30

PRIMERA PARTE - CURACIÓN DE ACTITUDES   33

FUNDAMENTOS FILOSÓFICOS   35
   PRINCIPIOS DE CURACIÓN DE ACTITUDES   41

LAS DOS PREMISAS   43

EL PROCESO DE CURACIÓN   49
   ETAPA UNO: CUESTIONAMIENTO DE NUESTRAS ACTITUDES   52

ETAPA DOS: EXPLORACIÓN DE OPCIONES	55
ETAPA TRES: COMPROMETERSE AL PROCESO DE CURACIÓN	57
ETAPA CUATRO: PERMITIR QUE EL PROCESO SE DESARROLLE	57
ETAPA CINCO: RECONOCIMIENTO DEL CRECIMIENTO Y LA CURACIÓN LOGRADOS.	62

SERVICIO A LOS DEMÁS	**65**
LA INTENCIÓN DE SERVIR	65
ATRIBUTOS DEL SERVICIO	70
FACILITAR: SERVICIO A LOS DEMÁS A TRAVÉS DEL APOYO ACTIVO	73
LA CALIDAD DEL SERVICIO	74

SEGUNDA PARTE - LOS DOCE PRINCIPIOS 85

LA ESENCIA DE NUESTRO SER ES EL AMOR	**89**
EL MENSAJE DEL PRINCIPIO	90
¿CUÁL ES MI ACTITUD?	93
PRÁCTICA DEL PRINCIPIO	93
¿HE SANADO MI ACTITUD?	97
APLICACIÓN DEL PRINCIPIO EN EL SERVICIO A LOS DEMÁS	98
¿CÓMO VOY PROGRESANDO?	99

SALUD ES PAZ INTERIOR. SANAR ES DESPRENDERSE DEL TEMOR	**103**
EL MENSAJE DEL PRINCIPIO	104
¿CUÁL ES MI ACTITUD?	110
PRÁCTICA DEL PRINCIPIO	110
¿HE SANADO MI ACTITUD?	117
APLICACIÓN DEL PRINCIPIO EN EL SERVICIO A LOS DEMÁS	118
¿CÓMO VOY PROGRESANDO?	121

DAR Y RECIBIR ES LO MISMO	**125**
EL MENSAJE DEL PRINCIPIO	126
¿CUÁL ES MI ACTITUD?	130
PRÁCTICA DEL PRINCIPIO	131
¿HE SANADO MI ACTITUD?	134
APLICACIÓN DEL PRINCIPIO EN EL SERVICIO A LOS DEMÁS	135
¿CÓMO VOY PROGRESANDO?	136

PODEMOS DESPRENDERNOS DEL PASADO Y DEL FUTURO 141
    EL MENSAJE DEL PRINCIPIO 142
    ¿CUÁL ES MI ACTITUD? 149
    PRÁCTICA DEL PRINCIPIO 150
    ¿HE SANADO MI ACTITUD? 153
    APLICACIÓN DEL PRINCIPIO EN EL SERVICIO A LOS DEMÁS 153
    ¿CÓMO VOY PROGRESANDO? 155

AHORA ES EL ÚNICO TIEMPO QUE EXISTE
Y CADA INSTANTE ES PARA DAR 159
    EL MENSAJE DEL PRINCIPIO 160
    ¿CUÁL ES MI ACTITUD? 164
    PRÁCTICA DEL PRINCIPIO 164
    ¿HE SANADO MI ACTITUD? 167
    APLICACIÓN DEL PRINCIPIO EN EL SERVICIO A LOS DEMÁS 168
    ¿CÓMO VOY PROGRESANDO? 171

PODEMOS APRENDER A AMARNOS A NOSOTROS MISMOS
Y A LOS DEMÁS, PERDONANDO EN VEZ DE JUZGAR 175
    EL MENSAJE DEL PRINCIPIO 176
    ¿CUÁL ES MI ACTITUD? 179
    PRÁCTICA DEL PRINCIPIO 180
    ¿HE CURADO MI ACTITUD? 185
    APLICACIÓN DEL PRINCIPIO EN EL SERVICIO A LOS DEMÁS 185
    ¿CÓMO VOY PROGRESANDO? 187

PODEMOS CONVERTIRNOS EN BUSCADORES DE AMOR
EN LUGAR DE BUSCADORES DE FALTAS 191
    EL MENSAJE DEL PRINCIPIO 192
    ¿CUÁL ES MI ACTITUD? 196
    PRÁCTICA DEL PRINCIPIO 197
    ¿HE CURADO MI ACTITUD? 199
    APLICACIÓN DEL PRINCIPIO EN EL SERVICIO A LOS DEMÁS 200
    ¿CÓMO VOY PROGRESANDO? 202

PODEMOS ELEGIR LA PAZ INTERIOR Y DIRIGIRNOS HACIA
ELLA, A PESAR DE LO QUE SUCEDE A NUESTRO ALREDEDOR 207
    EL MENSAJE DEL PRINCIPIO 208
    ¿CUÁL ES MI ACTITUD? 213

PRÁCTICA DEL PRINCIPIO	213
¿HE SANADO MI ACTITUD?	217
APLICACIÓN DEL PRINCIPIO EN EL SERVICIO A LOS DEMÁS	218
¿CÓMO VOY PROGRESANDO?	220

TODOS SOMOS MAESTROS Y ALUMNOS MUTUOS — **223**

EL MENSAJE DEL PRINCIPIO	224
¿CUÁL ES MI ACTITUD?	231
PRÁCTICA DEL PRINCIPIO	231
¿HE SANADO MI ACTITUD?	236
APLICACIÓN DEL PRINCIPIO EN EL SERVICIO A LOS DEMÁS	237
¿CÓMO VOY PROGRESANDO?	238

NOS PODEMOS CENTRAR EN LA TOTALIDAD DE LA VIDA EN LUGAR DE SUS FRAGMENTOS — **243**

EL MENSAJE DEL PRINCIPIO	244
¿CUÁL ES MI ACTITUD?	251
PRÁCTICA DEL PRINCIPIO	252
HE CURADO MI ACTITUD?	257
APLICACIÓN DEL PRINCIPIO EN EL SERVICIO A LOS DEMÁS	258
¿CÓMO VOY PROGRESANDO?	261

PUESTO QUE EL AMOR ES ETERNO NO HAY RAZÓN PARA TEMER A LA MUERTE — **265**

EL MENSAJE DEL PRINCIPIO	266
¿CUÁL ES MI ACTITUD?	268
PRÁCTICA DEL PRINCIPIO	269
¿HE SANADO MI ACTITUD?	273
APLICACIÓN DEL PRINCIPIO EN EL SERVICIO A LOS DEMÁS	274
¿CÓMO VOY PROGRESANDO?	276

TODO LO QUE HACEMOS PUEDE PERCIBIRSE SIEMPRE COMO UNA EXTENSIÓN DE AMOR O COMO UN PEDIDO DE AYUDA — **281**

EL MENSAJE DEL PRINCIPIO	282
¿CUÁL ES MI ACTITUD?	287
PRÁCTICA DEL PRINCIPIO	288
¿HE CURADO MI ACTITUD?	291
APLICACIÓN DEL PRINCIPIO EN EL SERVICIO A LOS DEMÁS	292
¿CÓMO VOY PROGRESANDO?	293

EPÍLOGO — **295**

NOTAS 299

BIBLIOGRAFÍA 305

ACERCA DE LA AUTORA 313

ACERCA DEL INSTITUTO DE ESTUDIOS DE LAS ACTITUDES 315

RECONOCIMIENTOS

La conclusión de la versión original en inglés y de esta traducción es resultado del amable concurso de muchas personas. Estoy profundamente agradecida a:

La mesa directiva del Instituto de Estudios de las Actitudes, equipos de trabajo de voluntarios, facilitadores, familias, participantes en talleres y programas de apoyo en el Instituto, y a mis clientes privados, por compartir tan generosamente conmigo su proceso de curación, y por ayudarme a comprender la relación que existe entre el crecimiento personal y el servicio a los demás.

El Centro de Curación de Actitudes en Sausalito, California, por haber sido la centella que encendió la luz para el desarrollo de la curación de actitudes.

Peggy Tabor Millin, por su extraordinaria competencia como editora, por su alta estima incondicional, su comprensión de la filosofía contenida en este libro, y por nuestra armoniosa cooperación entre escritora y editora.

Jane Perini, por el diseño de la cubierta del libro, que refleja y honra el proceso de curación y el servicio a los demás.

Judith Skutch Whitson, por abrirme generosamente muchas puertas a oportunidades, cuyos dones continúan manifestándose.

Sharon Browne, por ser la primera en enseñarme el verdadero significado y esencia de una relación de apoyo mutuo.

Los lectores del manuscrito del libro, por expresar sus reacciones y sugerencias para la versión original en inglés y para esta traducción.

Carol Rocha y Jackie Rosen por su ayuda con el manuscrito.

Todas las extraordinarias personas que en el curso de los años me han alentado a progresar a través y más allá de mis supuestas limitaciones, y me han brindado su amor y apoyo durante los intensos años de mi propio proceso de curación.

CECURA, el Centro de Curación de Actitudes en la Ciudad de México, y Laura Sarre, por su ayuda en los esfuerzos iniciales para esta traducción.

Y especialmente, a Carlos Rocha y Elsa St. John, quienes con su visión, su competencia, su entrega y sus extraordinariamente amorosos corazones, convirtieron en realidad esta traducción de *To See Diffently*.

Susan S. Trout
Junio de 1997

INTRODUCCIÓN

A principios de los años setenta empecé a tomar consciencia de un dramático giro filosófico que estaba ocurriendo en todo el mundo. Me dí cuenta de una evolución que estaba ocurriendo, especialmente en el estado de California, en donde entonces residía. De pronto parecían ofrecerse numerosas conferencias, talleres y cursos que se centraban en el desarrollo personal y en nuevos enfoques hacia la salud, la educación y la ciencia.

Declinaba el movimiento de activismo social que caracterizó a los años sesenta, orientado a promover un cambio en nuestro mundo y emprendíamos abiertamente un proyecto distinto, el de cambiar de adentro hacia afuera. Términos tales como transformación, salud holística, psicología humanística, conexión mente-cuerpo, espiritualidad y desarrollo personal, daban sabor a las conversaciones con mis colegas y amigos, y comenzaban a aparecer frecuentemente en los medios de comunicación. Había una atmósfera de expectativa a medida que la gente comenzaba a examinarse y a tomar responsabilidad por la falta de bienestar emocional y espiritual que descubrían en sus vidas. Era aparente que se fraguaba algo nuevo y maravilloso que nos sacaría del estado de intranquilidad y confusión interna en el que nos encontrábamos. El mensaje era que existía otra manera de vivir en este mundo.

Comenzaba a manifestarse en forma activa un nuevo paradigma para proporcionar salud mental y física. Hoy día este fenómeno puede ser observado por el gran número de científicos, médicos, psicólogos, maestros, y otros que, a partir de su propia transformación, contribuyen en forma importante a la curación de los demás. Elisabeth Kubler-Ross, Judith Skutch Whitson, Ira Progoff, Norman Cousins y Stephen Levine son sólo algunos de los miles que han hecho gran impacto de esta manera.

En la década de los años setenta aparecieron y florecieron técnicas para facilitar esta transformación personal, incluyendo programas tales como *est*, Lifespring, Capacitación para incrementar la eficacia de padres de familia (P.E.T.), y otros tipos de enfoque, que incluyen psicosíntesis, gestalt, registro diario intensivo, acupuntura, meditación, visualización, música e imaginación guiada, y por supuesto, curación de actitudes.

Mi crisis emocional y personal ocurrió en ese entonces. A causa de mi desesperación, inicié un viaje interior para lograr mi propia curación. Al igual que muchos otros que han adoptado este camino, pronto descubrí que cambiar de adentro hacia afuera tendría el efecto de cambiar el mundo a mi alrededor.

Durante mi proceso de curación exploré muchas técnicas, enfoques y filosofías. La que me dió el marco de referencia que encontré mas adecuado a mis necesidades fué *Un Curso De Milagros*[1]. *Un Curso De Milagros* es una enseñanza metafísica orientada hacia la curación de la mente. Conocido también como psicoterapia espiritual, nos estimula a vernos a nosotros mismos y ver los sucesos del mundo de otra manera. El *Curso* fué escrito después de que dos psicólogos, William Thetford y Helen Schucman convinieron en que "tenía que haber otra manera" de relacionarse entre ellos y con sus demás colegas. Cuando Helen comenzó a recibir interiormente el dictado del *Curso*, había una larga historia de conflicto entre ella y William, al igual que dentro del departamento de la Universidad en que trabajaban, (para una historia más detallada sobre cómo se originó el *Curso*, véase el libro de Kenneth Wapnick *Absence from Felicity* o el libro *Journey without Distance* de Robert Skutch[2]).

El *Curso* trata solamente sobre la curación de la mente y no hace sugerencias sobre la forma en que esto pueda llevarse a cabo. Al estudiante no se le sugiere que se vuelva vegetariano, que reciba masaje Rolf, que escuche cierto tipo de música, o que cambie su comportamiento en forma alguna. Cambiar de conducta sin prestar atención a las condiciones que la crearon no conduce a la curación de la mente. El contenido del *Curso* está diseñado con miras a modificar el enfoque mental, de modo que la percepción correspondiente al espíritu sea la correcta en lugar de una visión equivocada, fruto del ego.

He encontrado el *Curso* sumamente práctico como medio de acceso al propio guía interior, y enseña como vivir en este mundo y ser feliz. Lo que se nos pide es buscar siempre dentro de uno mismo al guía interior, a fin de obtener el bien mas excelso para cada persona y situación. Para ello se necesita una tener una actitud de oración y estar dispuesto a remover los obstáculos que nos impiden escuchar esa voz interior. El estudiante siempre está en libertad de seguir esta directriz o no; sin embargo, muy pronto descubre que solamente seguiéndola obtiene la felicidad.

Los principios de curación de actitudes fueron recopilados del *Curso* por el psiquiatra Jerry Jampolsky. El aplicó estos principios universales en su trabajo con niños gravemente enfermos en 1976, año en que él y otras personas fundaron el Centro para la Curación de Actitudes en Tiburón, California. El término "curación de actitudes" fué una inspiración que tuvo Judith Skutch Whitson, durante una meditación en la que ella y Jerry buscaban ser guiados interiormente. Judith es Presidenta de la Fundación para la Paz Interior (Foundation for Inner Peace), que publica y disemina del *Curso*. Hoy en día, ella continúa este esfuerzo supervisando la traducción del *Curso* a catorce idiomas y su distribución alrededor del mundo.

La curación de actitudes es vista como una de las maneras en las que el *Curso*, que esta centrado en principios básicos universales, puede expresarse a personas provenientes de diversas tradiciones psicológicas y espirituales. No es necesario ser estudiante del *Curso* para practicar curación de actitudes. Solamente es necesario estar dispuesto a ver de otra manera y a desear buscar dentro de uno mismo la paz y ecuanimidad que brinda una sensación de bienestar emocional y espiritual.

Existen en la actualidad muchos centros, en los Estados Unidos y en el extranjero, dedicados a la aplicación de estos principios en la práctica. Cada centro es autónomo; no existe ninguna organización formal a la que pertenezcan todos. La forma en que cada centro está estructurado y la comunidad a que presta servicio, refleja los intereses de los fundadores y las necesidades de dicha comunidad. Lo que mantiene unida a esta red de curación de actitudes es solamente el conocimiento y la aplicación de los mismos principios.

En el año 1980 colaboré en la fundación del Centro de curación de actitudes en la ciudad de Washington, D.C., que en 1990 se convirtió en el Instituto de Estudios de las Actitudes (Institute for Attitudinal Studies). Los servicios brindados por el Instituto incluyen grupos de apoyo, grupos de facilitación y resolución de conflictos, grupos de estudio, cursos y talleres que ofrecen apoyo para el bienestar emocional y espiritual de personas de todas las edades, cualesquiera que sean las circunstancias de la vida en que se encuentren. Además, en el Instituto se ofrecen cursos de adiestramiento en facilitación y en resolución de conflictos, tanto a personas adultas como a jóvenes estudiantes. También se brinda adiestramiento a personas y a organizaciones acerca de como diseñar una organización efectiva, como dirigir y guiar una organización, como crear y reforzar equipos de trabajo, y como orientar las dinámicas y procesos de grupo. Los facilitadores voluntarios provienen de muy diversas orientaciones, con distintos antecedentes y experiencias, y colaboran trabajando en el Instituto, que es la vía que han escogido para servir a la comunidad y para trabajar activamente en su propia curación. Todos los facilitadores deben completar un curso de adiestramiento de seis meses.

La curación de actitudes trata sobre el trabajo tanto en el propio proceso de curación como en el servicio a los demás. Es una forma de vida; la curación de actitudes puede practicarse a cualquier hora, en cualquier lugar y con cualquier persona. Implica la curación de la mente, de manera que uno pueda vivir en este mundo con un sentido de paz, interiormente y en nuestras relaciones con los demás. Tiene una relación directa con entender la dinámica de la psique humana en sus dos niveles, consciente y subconsciente. Por encima de todo, es una forma de cuidar nuestro bienestar emocional y espiritual.

Este libro es una extensión de mi curación personal y una

expresión del trabajo de nuestro Instituto. Miles de personas, atrapadas en un sinnúmero de circunstancias problemáticas y de tensión en la vida, han asistido a programas de apoyo, talleres y adiestramiento ofrecidos por el Instituto, o han encontrado el soporte del Instituto en otras formas. La experiencia de curación de estas personas constituye la mejor prueba de validez de los principios de la curación de actitudes. Tanto para el individuo como para el Instituto, es importante examinar continuamente si la utilización de los principios de curación de actitudes afecta en alguna forma la calidad de vida y las relaciones interpersonales, si realza y aumenta el sentimiento de paz interior, o si sana actitudes dolorosas. Después de todo, la eficacia de una enseñanza es comprobada únicamente a través de su aplicación.

Hay muchos caminos que uno puede tomar para el cuidado y desarrollo de su bienestar emocional y espiritual. En su libro, *The Teachings of Don Juan*, Carlos Castañeda le pide consejo a Don Juan acerca del camino a seguir. Don Juan responde:

> Cualquier camino es uno entre un millón. Por lo tanto, debes recordar que un camino es solo un camino. Si sientes que no debes tomarlo, bajo ninguna circunstancia debes seguirlo. Para lograr tal claridad, debes llevar una vida disciplinada.

Don Juan sugiere preguntarnos:

> ¿Este camino te llama al corazón? Si es así, es bueno; si no, es inútil. Entre dos caminos que no te conducen a ninguna parte, uno te llama al corazón y el otro no. Uno hará tu jornada gozosa y, mientras lo sigas, serás uno con él. El otro hará que maldigas tu vida. Uno te fortalece, el otro te debilita.[3]

La curación de actitudes es uno de esos caminos. Para mí y para muchos otros es un camino que me llama al corazón. Si te llama, te invito a usarlo para caminar a través de tu propio dolor y sufrimiento.

La curación de actitudes es esencialmente un camino hacia la paz interior, un camino de gozo, un manera diferente de ver.

EL LIBRO COMO COMPAÑERO

EN LA BÚSQUEDA DE LA TOTALIDAD DEL SER, NO EXISTE UN CAMINO ÚNICO. EXISTE TU CAMINO. ESTE LIBRO ES TUYO PARA QUE SEA UN AMIGO Y UN APOYO, UN GUÍA Y MAESTRO, Y PARA QUE LO UTILICES TAN CREATIVAMENTE COMO TE SEA NECESARIO.

¿CUÁL ES EL PROPÓSITO DEL LIBRO?

El propósito del libro es de guiar a aquellas personas que deseen sanar las actitudes con respecto a sí mismas, a sus relaciones, eventos y acontecimientos, y se sienten llamadas a servir a los demás como una extensión natural de esa curación.

Este es un libro práctico. Lo que aprendas puede aplicarse inmediatamente en tu vida personal, en tus relaciones con familiares y amigos, en el trabajo y en cualquier circunstancia de la vida. Lo que aprendas puedes utilizarlo como un medio de apoyo a otras personas en su proceso de curación.

El libro no pretende enseñarnos a controlar o cambiar a las personas y a los acontecimientos externos. Antes bien se refiere a la curación de nuestra mente y al cambio de nuestras percepciones frente a tales personas o acontecimientos.

¿PARA QUIÉN ES ESTE LIBRO?

Encontrarás este libro útil si estás de acuerdo con las premisas filosóficas de la curación de actitudes, descritas en el Capítulo Uno, y si tienes deseos de experimentar y vivir tus relaciones con otros de modo que contribuyas a tu curación y a la de los demás.

La curación de actitudes es pertinente a todos: padres de

familia, maestros, choferes, profesionales, burócratas, personas de negocios, estudiantes. No se requieren conocimientos especiales para trabajar con el libro; sólo se necesita una mente abierta, un corazón con voluntad y muchos deseos de llevar una vida con mayor paz. El deseo de ofrecer directamente servicio a los demás no es un requisito. Si tú no sientes en este momento el llamado para servir directamente a otros, simplemente dirige tu atención a las secciones del libro que se refieren a tu curación personal.

Aún cuando la curación de actitudes tiene sus bases filosóficas en las enseñanzas metafísicas de *Un Curso de Milagros*, no es necesario que seas estudiante del *Curso* para practicar curación de actitudes ni para obtener provecho de este libro.

¿CÓMO SE ENCUENTRA ORGANIZADO ESTE LIBRO?

El libro contiene dos partes. La primera parte examina los principios filosóficos de la curación de actitudes, la naturaleza del proceso de curación, los niveles y los atributos del servicio a nuestros semejantes, así como las guías que utilizan los facilitadores para apoyar a los demás. Te recomiendo que primero leas todo el libro, sin hacer los ejercicios, para así adquirir una idea general de los conceptos. Cuando vuelvas a leer el libro y trabajes con los principios contenidos en la segunda parte, te será de utilidad revisar periódicamente la primera parte; esto te ayudará a mantener la continuidad de tu proceso interior y a reafirmar el contexto filosófico en que te encuentras estudiando y aplicando los principios y las guías.

La segunda parte está dirigida al estudio de doce principios. Cada principio te guiará en la siguiente secuencia:

Paso 1: Mensaje del principio

Esta sección comienza con una lista de las diez aserciones de mayor importancia para cada principio y describe sus características principales, dándonos las bases filosóficas que respaldan al principio. Todos los ejercicios y sugerencias para cada principio son la expresión de esas aserciones en acción. Una vez expuestas las aserciones, sigue una discusión sobre los aspectos más importantes del principio y se presentan anécdotas personales pertinentes a la aplicación del principio.

Paso 2: ¿Cuál es mi actitud?

Se presentan siete preguntas acerca de tus actitudes en la actualidad, relacionadas específicamente con cada principio. Puedes escoger entre escribir tus respuestas en un registro diario o solamente examinar las preguntas y reflexionar sobre ellas. El objetivo de estas preguntas es profundizar tu conocimiento del significado de cada principio y de su aplicación práctica en tu vida diaria.

Paso 3: Práctica del principio

A la exposición de cada uno de los principios se añaden varios ejercicios para facilitar tu proceso de curación. Estos ejercicios te ayudan a comprender y aplicar los principios en tu vida. Puedes elegir aquellos ejercicios que se aplican directamente a tu proceso o puedes practicar todos. Llevar un registro diario te ayudará en este proceso, ya que leerlo más adelante será una forma de observar tu desarrollo. También puedes grabar los ejercicios de visualización que requieren que mantengas los ojos cerrados o que dirijas la atención hacia tu interior. El tiempo que decidas dedicarle a los ejercicios dependerá de lo que sea mejor para tu proceso particular.

Paso 4: ¿He sanado mi actitud?

Se presentan siete preguntas para evaluar el progreso que has logrado con cada principio. Estas preguntas te estimulan a reflexionar sobre cualquier cambio en tu actitud. Puedes escribir tus respuestas y compararlas con las respuestas que anotaste en el Paso 2 antes de comenzar a practicar el principio.

Paso 5: Aplicación del principio en el servicio a los demás.

Esta sección reafirma el significado de cada principio y explica como puede llevarse a la práctica cuando se ayuda a otra persona. Esta sección puede serte útil aún cuando no te encuentres sirviendo a otros directamente. Las sugerencias son aplicables al papel que desempeñamos como esposos, padres, hermanos, maestros, estudiantes y amigos.

Paso 6: ¿Cómo voy progresando?

Esta serie de preguntas de autoevaluación te ayuda a ser consciente sobre la calidad y el progreso de tu habilidad para servir a los demás. Encontrarás de gran ayuda llevar un registro diario o reflexionar en tus respuestas.

¿CUÁNTO TIEMPO DEBO DEDICARLE A CADA PRINCIPIO?

No hay límite de tiempo para trabajar con cada principio. Aunque te recomiendo dedicarle un mes a cada uno, te aliento a que encuentres tu propio ritmo, de acuerdo con tus propias necesidades y naturaleza. Permite que el libro te ayude y te capacite adaptándolo a tu proceso individual. Es importante permitir el tiempo necesario para absorber y aplicar lo que estás aprendiendo, de manera que obtengas la experiencia de incorporar en tu propio ser la esencia del principio.

¿DEBO TRABAJAR CON LOS PRINCIPIOS EN ORDEN DE CONTINUIDAD?

En general, sugiero que trabajes con los principios en el orden en el que te son presentados, para asegurar la continuidad de tu proceso. El trabajo con un determinado principio es a menudo una continuación del trabajo previo en otros principios o bien lleva al lector al siguiente nivel de comprensión.

Sin embargo, te puedes sentir guiado a trabajar con los principios en un orden distinto, escogiendo aquél que específicamente se dirija a tus necesidades del momento. Los principios están presentados de manera que sea posible sacar provecho de cada uno de ellos, aunque sean seleccionados fuera de orden. Adapta el libro a la forma que mejor responda a tus necesidades.

¿QUÉ CLASE DE EJERCICIOS HAY EN EL LIBRO?

Existen varias disciplinas psicológicas y tradiciones espirituales que son particularmente compatibles con la curación de las actitudes. Estas incluyen gestalt, psicosíntesis, psicología de los sueños, psicología profunda, meditación y varias filosofías orientales. Las técnicas y herramientas que apoyan más eficazmente el proceso de curación de actitudes son: trabajar con los sueños, llevar un diario, dibujos improvisados, meditación, visualización, música, imaginación guiada, afirmaciones, comunicación efectiva y habilidad para escuchar. Estas técnicas y tradiciones, cuando son adecuadas, se integran con el sentido y aplicación de los principios y en los ejercicios que este libro presenta.

¿CUÁLES SON LOS NIVELES DE TRABAJO CON EL LIBRO?

Puedes decidir y escoger hasta qué nivel quieres comprometerte a trabajar con el libro. Puedes:

1. Leer el libro completo de una sola vez para adquirir una idea general de su contenido y luego, cuando estés preparado, regresar a trabajar con él con profundidad.

2. Trabajar únicamente con las secciones de crecimiento personal.

3. Seleccionar únicamente los ejercicios que respondan a tus necesidades.

4. Trabajar con el libro en su totalidad, incluyendo las secciones de crecimiento personal y las de servicio a los demás.

¿QUÉ QUIERE DECIR FACILITAR Y SER FACILITADOR EN EL CONTEXTO DE ESTE LIBRO?

Los términos "facilitar" y "facilitador" se utilizan para describir la naturaleza única del proceso de apoyo dentro del contexto de la curación de actitudes.

Un facilitador es cualquier persona que apoya a otra en su proceso, proporcionando un ambiente seguro, honrando el proceso de curación y manteniéndose de acuerdo con el propósito de los principios y las guías del facilitador. El papel del facilitador es crear una atmósfera en que la persona asistida pueda encontrar sus propias respuestas con mayor facilidad que si lo intentara sola. El facilitador, en la curación de actitudes, considera servir a los demás como un estado mental y como amor en acción. El capítulo cuatro explica tanto el proceso de facilitación como la actitud del facilitador.

Uno puede facilitar a otra persona dentro de una estructura formal o informal; por ejemplo, mediante una sesión privada, paseando juntos, reuniéndose para comer juntos o hablando por teléfono. Es importante recordar que los facilitadores, en el contexto de este libro, no son terapeutas profesionales. El libro usa el término facilitador para referirse a las personas que apoyan a los demás como una parte natural de la vida. El acto de facilitar no está separado de la vida diaria, es una parte dinámica de ella.

¿QUÉ SITUACIONES FACILITARÍAN EL USO DE ESTE LIBRO?

Este libro puede usarse individualmente, con otra persona o en grupos pequeños. También puede utilizarse en paralelo con una terapia o como suplemento de ella.

Unirse con alguien para trabajar con el libro puede ser

particularmente útil y de gran apoyo. Dos personas pueden servir de compañeros facilitadores, apoyándose mutuamente en su proceso; de esa manera pueden compartir entre ambos sus respuestas a las preguntas planteadas en el cuestionario presentado al final de cada principio y sus experiencias con los diversos ejercicios; también pueden guiarse uno al otro en la práctica de esos ejercicios.

El libro también puede utilizarse efectivamente en el trabajo con grupos. Una vez que los miembros integrantes del grupo hayan leído el libro y entendido su contenido y estructura, pueden decidir cómo trabajar con cada principio. Los integrantes del grupo pueden tomar turnos como facilitadores para presentar los capítulos y luego cambiar ideas sobre el mensaje del principio y las respuestas de cada uno al cuestionario. Pueden seleccionarse aquellos ejercicios que reflejen los intereses y necesidades del grupo.

A continuación se sugiere una guía de trabajo para un grupo de estudio. Esta guía supone que con anterioridad a la reunión del grupo, cada miembro, independientemente, ha leído y trabajado con el cuestionario respectivo.

Iniciar la reunión con una meditación o algún otro método de concentrarse.

Examinar las aserciones del principio y su significado.

Compartir los sentimientos y percepciones que se hayan experimentado durante los ejercicios.

Seleccionar un ejercicio para trabajar en el grupo.

Compartir entre los miembros las experiencias individuales obtenidas de ese ejercicio.

Examinar cómo se relaciona el principio con el servicio a los demás.

Compartir experiencias adquiridas en el apoyo a otros dentro del contexto de este principio.

Terminar con una meditación o ejercicio.

¿CÓMO USAR UN DIARIO JUNTO CON EL LIBRO?

Cada una de las secciones de un capítulo: ¿CUÁL ES MI ACTITUD?, PRÁCTICA DEL PRINCIPIO, ¿HE SANADO MI ACTITUD? y ¿CÓMO VOY PROGRESANDO?, se presentan sugiriendo que escribas tus respuestas en un diario. También puedes llevar un registro de tus sueños en tu diario y agregarle dibujos, afirmaciones, frases o imágenes visuales que refuercen tu proceso curativo y sirvan para el reconocimiento de tus percepciones y de tu progreso.

Llevar un diario te ayudará a observar el proceso y el progreso de tu crecimiento personal. Al proceder, te será útil leer de nuevo tus respuestas al inventario de preguntas de ese principio y observar si tus respuestas serían distintas ahora.

Si llevar un diario te presenta un obstáculo puedes simplemente reflexionar sobre las preguntas y tus respuestas. Aun más, puedes escribir palabras clave que pueden ayudarte después a recordar tus pensamientos. Puedes también hacer dibujos que representen tus experiencias en las visualizaciones guiadas. Usa la técnica que mejor te convenga. Encontrarás que según se desarrolla el proceso de curación, llevar un diario dejará de ser un obstáculo y se convertirá en una poderosa herramienta.

¿CÓMO PUEDO EXAMINAR MI PROCESO MIENTRAS TRABAJO CON LOS PRINCIPIOS?

No seas duro contigo mismo mientras trabajas con el libro y los principios. Si comienzas a sentir temor o inquietud, puedes compartir esos sentimientos con algún amigo de confianza, o posiblemente con el compañero que esté trabajando contigo en el libro. El libro puede usarse conjuntamente con una terapia y quizás pueda ayudarte a caer en cuenta que una terapia individual podría ser provechosa en esta etapa de tu vida. El Capítulo Tres te proporciona conocimiento y dirección sobre la naturaleza de tu psique y sobre el proceso de curación.

PRIMERA PARTE
CURACIÓN DE ACTITUDES

CAPÍTULO UNO

FUNDAMENTOS FILOSÓFICOS

La curación de actitudes es el proceso continuo de curación de la mente con el fin de poder gozar de paz interior. Ésto a su vez significa elegir una forma de ver el mundo que refleje el estado interior que pretendemos crear. Para hacer esta elección, debemos examinar la condición de nuestras mentes.

Hoy en día, pocas personas entienden cómo trabaja su propia mente, cómo mantenerla sana o cómo proveer ayuda para la salud y bienestar de las mentes de otras personas. Se nos enseña a leer y a escribir, a abrir una cuenta bancaria y a manejar un automóvil. No se nos enseña a hacer frente a nuestros conflictos; a relacionarnos con otros afectuosamente o a sentirnos a salvo en un mundo aparentemente inseguro.

No se nos enseña a mantener y a cuidar esa preciada parte de nosotros que experimentamos pero no vemos: la mente. Sabemos más acerca de cómo maltratarla que de cómo mantenerla saludable. Es mucho más sencillo mantener la salud de nuestra mente que recuperarla después de que ha sido dañada o fragmentada.

En 1974 me enfrentaba a las consecuencias de la negligencia y el maltrato de mi propia mente. Sentía en mí una carga de negatividad, cólera y dolor. Era el resultado de haber desatendido mis necesidades emocionales y espirituales por muchos años. Mi vida estaba llena de comunicaciones incompletas, lágrimas, ira y temores reprimidos; carecía de sentido y propósito; me había alejado de las personas allegadas a mí, y mi actitud era "yo contra ellos". Busqué alivio y consuelo en experiencias externas, en especial, en el logro personal, el trabajo, el uso de substancias nocivas y en nuevas relaciones con otras personas. Me sentía traicionada por otros, por Dios y por mí misma. No sabía qué hacer para curar mi estado mental, en especial cuando llegué a un punto que llamé "el abismo de la desesperación".

El día en que cumplí treintaicinco años recuerdo haber despertado con un pensamiento sorprendente, "Bueno, Susan, si no arreglas tus cosas en esta vida, no tendrás más remedio que regresar y hacer todo de nuevo". Me vestí y fuí a trabajar.

En ese tiempo yo era profesora y directora de un centro médico en un departamento universitario dedicado al aprendizaje neurológico y a trastornos de conducta en niños y adultos. Esa mañana entré en la oficina de una de mis colegas, quien últimamente parecía más contenta, y anuncié: "Rehuso a seguir siendo infeliz". En aquel instante supe que había elegido sanar y que iba a tomar las medidas necesarias para hacerlo.

Un domingo en la tarde, poco después de ese episodio, mi ex-marido vino a visitarme. Tenía contra él lo que creía ser un agravio absolutamente justificado e imperdonable. El traía consigo un cartapacio negro en cuyas páginas estaban escritas palabras tales como "perdón", "ausencia de culpa", "inocencia", "unión" y "paz interior". Me dijo que esas páginas eran de un libro, entonces inédito, llamado *Un Curso de Milagros*. Insistió en que me quedara con el cartapacio, diciendo que el *Curso* le había hecho mucho bien y que tal vez a mí también me ayudaría.

Tomé el libro de mala gana, y cuando él se fue, lo guardé en el rincón más obscuro del armario más inaccesible de una habitación que rara vez abría.

Unas semanas más tarde, sintiéndome aún amargada y resentida, implacable y con toda razón para estarlo, buscaba algo en ese armario y me encontré de nuevo con el cartapacio.

Por alguna razón lo abrí y esta vez mis ojos recayeron sobre las palabras "¿Cuán dispuesto estás a perdonar a tu hermano? ¿Hasta qué punto deseas paz en lugar de conflictos interminables, sufrimiento y dolor? Esas preguntas son, en realidad, la misma, aunque están formuladas de manera diferente. En el perdón reside tu paz..."[1]. Solamente porque el libro se dirigía específicamente al resentimiento y prometía un alivio al dolor emocional fue que lo saqué del armario y comencé a leerlo.

Una vez que me hube comprometido a mi propia curación, fué como si hubiese abierto una compuerta a través de la cual fluyó toda la estructura, dirección y contenido, que yo en particular, necesitaba. Experimenté lo que W.H. Murray describió:

> Antes de que uno acepte comprometerse
> existen titubeos, oportunidades de arrepentirse,
> y nada es efectivo.
> Con respecto a todos los actos de iniciativa (y creación),
> existe una verdad elemental que,
> en caso de ser ignorada, anula un sinnúmero de ideas
> y planes espléndidos:
> esta verdad es que en el momento en que uno se compromete realmente,
> la Providencia también se moviliza.
> Ocurren toda clase de sucesos para ayudarnos,
> los cuales no hubiesen ocurrido en otras circunstancias.
> Una corriente de eventos emana de la decisión,
> predisponiendo a nuestro favor toda clase de incidentes,
> encuentros y ayuda material inesperados,
> y que ningún hombre pudo jamás soñar que le llegarían.
>
> He aprendido a tenerle gran aprecio a un verso de Goethe:
> "Lo que sea que tú puedas hacer o que sueñes poder hacer, comiénzalo.
> La audacia tiene genio, poder y magia dentro de sí"[2].

Mi jornada de curación comenzó con mi introducción a una multitud de técnicas y enfoques. Leí libros y participé en cursos y talleres sobre psicología de los sueños, meditación, gestalt, misticismo, psicosíntesis, psicología profunda, cómo llevar un diario personal, tradiciones orientales y metafísica. Asistí a todas las conferencias sobre salud holística que se ofrecieron en la costa occidental de mi país entre 1974 y 1979. Ayudas visibles e invisibles intervinieron en mi vida y me guiaron cuidadosa y sabiamente. Manos amorosas me fueron tendidas y me sacaron de arenas movedizas a tierra firme.

Comencé a darme cuenta de la relación entre mi curación personal y la calidad y creatividad de mi trabajo profesional. A medida que iba sanando emocionalmente y estudiando disciplinas psicológicas y espirituales, empecé a compartir mi proceso con otros. Había una correlación directa entre los cambios en mi vida interior y lo que mi vida exterior reflejaba. Me di cuenta de que una expresión natural de la curación propia es el deseo de compartirla con los demás. Es muy cierto el adagio que dice que para mantener lo que uno reconoce como verdad es preciso compartirlo continuamente con los demás. La verdadera curación, por naturaleza, necesita ser compartida con otros.

El mayor beneficio de este intenso período de cinco años fué adquirir consciencia de que no tenía que vivir una vida de dolor emocional. Por primera vez, vislumbré la posibilidad de disfrutar de paz mental viviendo en este mundo.

Nada se aprende en forma aislada. A medida que tomaba clases, leía libros y estudiaba el *Curso*, inconscientemente integraba, tamizaba y reintegraba el material. Me di cuenta de que hay un núcleo de verdad que es la base de todas las grandes enseñanzas, ya sea que lo reconozcamos o no. Es este núcleo, en forma de fundamentos básicos acerca de la estructura del universo y nuestra relación con él, lo que se convirtió en el tamiz a través del cual filtré la nueva información. Estos mismos fundamentos se encuentran en la esencia del *Curso* y de la curación de actitudes.

> 1. Existe un Origen Divino, un Eterno, un Poder Superior, un Dios, Diosa, un Todo lo que Existe. Cada uno de nosotros es parte de este Origen al igual que una gota de agua es parte del océano sin ser el océano.

2. Cuando dejamos de lado nuestra personalidad o ego, podemos escuchar una Voz Interior que nos habla desde ese Origen. Cuando seguimos la inspiración de esa Voz Interior, el bien más excelso se alcanza de palabra o de hecho en cualquier situación.

3. Hemos creado obstáculos en nuestras mentes, que deforman, obstruyen o interfieren con nuestra capacidad de escuchar esa Voz. Estos obstáculos toman la forma de culpa, temor, ira, resentimiento, subestimación personal, competencia, condenación, negación, rechazo y cualquier otra forma de juzgarnos a nosotros mismos y a nuestros semejantes.

4. El amor es nuestro estado natural, nuestra conexión con el Origen. Cuando no experimentamos amor, simplemente significa que hemos creado obstáculos que evitan aceptar esa conexión.

5. Perdonar es reconocer la presencia de la Divinidad en cada individuo, sin reparar en lo pueda haber dicho o hecho. Por medio del perdón se desvanece el dolor del pasado y el temor al futuro. Para experimentar el perdón no necesitamos hacer nada más que percibir a la persona dentro de la identidad Divina que tenemos en común.

6. Todo lo que experimentamos en nuestras vidas y en nuestros cuerpos es un reflejo de la condición en que se encuentra la mente, ya sea sana o no.

7. Todas las mentes están conectadas. Nuestros pensamientos crean nuestra experiencia y hacen conexión con todas las otras mentes. Constantemente creamos a través de este medio. Por medio de la elección consciente nos es posible crear únicamente aquellas experiencias que promueven paz.

8. El problema básico en nuestras vidas es haber olvidado nuestra Unidad con el Origen Divino. La solución básica es recordar nuestra verdadera identidad. Todas las situaciones de conflicto son formas en que olvidamos esta identidad.
Dicho de otra manera, todo problema envuelve separación y toda solución envuelve unidad.

9. Siempre tenemos el poder de elegir tomar cualquier decisión referente a lo que creemos ser cierto o falso, a lo que haremos o no haremos y a lo que pensaremos o no. Por lo tanto, somos nosotros quienes escogemos nuestras actitudes, y no ellas a nosotros.

10. La vida es un proceso, un áula, una escuela en donde aprendemos y crecemos. Cada experiencia es una oportunidad de aprender. El propósito de la vida es aprender a practicar el perdón y estar dispuestos a compartir nuetro aprendizaje con los demás.

11. Existe una reciprocidad entre dar y recibir. Por lo tanto, la disposición a dar es esencial para nuestro bienestar, pues lo mismo que damos se refuerza dentro de nosotros mismos.

12. Nos encontramos constantemente en estado de servicio, aún sin intención, por medio del ejemplo de nuestras vidas. A la vez que nos hacemos más conscientes de nuestro estado interior, entramos al segundo nivel de servicio, en el cuál éste se convierte en un acto deliberado que proviene del corazón. En esta manera, el servicio es tanto un estado de la mente como uno de amor en acción.

A medida que estos fundamentos se convirtieron en parte integral de mi ser, asímismo ocurrió con los principios de curación de actitudes. Estos principios son un curso de estudio para sanar la mente, experimentar paz interior y ver al mundo de otra manera. El entendimiento, la curación y la integración van ocupando el lugar que les corresponde, cada vez a niveles más profundos. A semejanza de un botón de rosa, hay un desdoblamiento de capas de pétalos hasta que la flor se muestra en todo su esplendor.

PRINCIPIOS DE CURACIÓN DE ACTITUDES

1. La esencia de nuestro ser es el amor.

2. Salud es paz interior. Sanar es desprenderse del temor.

3. Dar y recibir es lo mismo.

4. Podemos desprendernos del pasado y del futuro.

5. Ahora es el único tiempo que existe y cada instante es para dar.

6. Podemos aprender a amarnos a nosotros mismos y a los demás, perdonando en vez de juzgar.

7. Podemos convertirnos en buscadores de amor en lugar de buscadores de faltas.

8. Podemos elegir la paz interior y dirigirnos hacia ella, a pesar de lo que sucede a nuestro alrededor.

9. Todos somos maestros y alumnos mutuos.

10. Nos podemos centrar en la totalidad de la vida en lugar de sus fragmentos.

11. Puesto que el amor es eterno, no hay razón para temer a la

muerte.

12. Todo lo que hacemos puede percibirse siempre como una extensión de amor o como un pedido de ayuda.

CAPÍTULO DOS

LAS DOS PREMISAS

La noche anterior a comenzar a escribir este libro, tuve un sueño. En él veía la portada de un libro en la cual se leía "To See Differently - Dostoyevski." Las palabras "to see differently" estaban imbuídas de un bello sonido y estuve repitiéndolas una y otra vez, como si fueran sagradas. Con esas palabras sentí un gran aliento. Desperté por unos momentos y continué repitiéndolas y experimentando su resonancia curativa.

Pronto me volví a dormir e inmediatamente tuve un segundo sueño:

> Estoy con un hombre extranjero (tengo la impresión de que es ruso) que está en una misión peligrosa relacionada con ayudar a personas con serias dificultades. El tiempo es de vital importancia. Me encuentro sentada a su lado y con suavidad y cariño le pongo la mano en la espalda. Mi único papel es de apoyarlo y alentarlo. No conozco los detalles de su misión y no siento necesidad de averiguarlos. Siento un amor incondicional por esta persona y tengo genuina confianza en mí misma para cumplir con mi papel. Me siento ecuánime. Sé que este hombre regresará a su país de origen una vez que complete su misión. Me siento agradecida por estar a su lado, aunque sea por tan corto tiempo.

Había leído *El idiota* y *Los hermanos Karamazov* unos treinta años atrás, durante mis estudios de posgrado, y no había pensado mucho en Dostoyevski desde entonces. La mañana siguiente a esos sueños fuí a una librería y compré todos los libros de Dostoyevski que encontré. Me llamó la atención una pequeña nota biográfica que encontré al principio de *Los hermanos Karamazov*:

> Su vida fue tan dramática y sombría como los libros que escribió. Nació en Moscú en 1821, hijo de un ex-cirujano del ejército, cuya brutalidad cuando se embriagaba era tal, que llevó a sus propios sirvientes a asesinarlo vaciándole vodka en la garganta hasta ahogarlo. Su primera novela corta llamada *Gente pobre* (1846) le trajo éxito instantáneo, pero su carrera de escritor fue truncada al ser arrestado bajo el pretexto de subversión contra el Zar Nicolás I en 1849. En prisión se le aplicó la "tortura de silencio" por un lapso de ocho meses (los carceleros usaban botas de terciopelo), para luego ser puesto frente a un pelotón de fusilamiento. Envuelto en una mortaja, frente a lo que sería su tumba, esperaba su ejecución cuando, de pronto, llegó una orden que conmutaba su sentencia. Pasó cuatro años de trabajos forzados en una prisión en Siberia, donde comenzó a sufrir epilepsia; regresó a San Petersburgo diez años después de haber salido en cadenas.
>
> Sus experiencias en la prisión, aunadas a su conversión a una filosofía conservadora y profundamente religiosa, formaron la base de sus grandiosas novelas. Mas fue su fortuito matrimonio con Anna Snikina, después de un período de extrema miseria debida a su afición compulsiva al juego, el que le proporcionó la estabilidad emocional para completar *Crimen y castigo* (1886), *El idiota* (1868-69), *Los poseídos* (1871-72), y *Los hermanos Karamazov* (1879-80). Cuando Dostoyevski murió en 1881, dejó un legado de obras maestras que influenciaron a un gran número de pensadores y escritores del mundo occidental y que lo inmortalizaron como uno de los gigantes de la literatura mundial.[1]

Sin duda alguna, Dostoyevski tuvo que "ver de otra manera"

para escribir esas novelas tan profundamente filosóficas y espirituales. En lugar de tenerse lástima y de retirarse de la vida, Dostoyevski eligió explorar las circunstancias de su vida y verlas como portadoras de mensajes pertinentes a su crecimiento espiritual. Sus obras fueron el vehículo para lograr la curación de sus experiencias pasadas, y para ese fin, tuvo que investigar como podría ver de otra manera los sucesos y las personas en su vida.

En mi búsqueda del sentido del primer sueño caí en cuenta de que Dostoyevski es un ejemplo por excelencia de una persona que no solamente eligió ver de otra manera, sino que también eligió compartir su proceso con otros. He aquí la curación de actitudes practicada hace más de cien años por un genio literario. Su proceso de curación es similar al nuestro; el contenido de las historias personales es distinto, pero el proceso de curación es el mismo. El sueño indicaba no solamente el título del libro, sino que éste debía reflejar los aspectos de "ver" y de "compartir", en la curación de actitudes.

Al segundo sueño le di el nombre de "Servicio desinteresado". Una de las metas de mi vida ha sido lograr ecuanimidad en el servicio a los demás, tal como la experimenté en este sueño. Sin embargo, me di cuenta de que para lograrla necesitaba sanar ciertas actitudes. No podía experimentar lo que es servir desinteresadamente llevando aún dentro de mí ciertos rencores, esperarando que los demás cambiaran y resistiéndome a participar de lleno en el proceso de la vida. No podía comprometerme al servicio desinteresado sin cultivar una profunda conexión con la Fuente Divina. Esta conexión era la fuente de ecuanimidad. Me dí cuenta también, de que tenía que estar dispuesta a reconocer y a llevar a cabo las tareas que se me han asignado en esta vida.

En 1987, durante un viaje a la India, tuve un sueño que ahora reconozco era un requisito necesario para el "Servicio desinteresado". El objeto del viaje había sido pasar mis vacaciones de Navidad en un ashram. Mis responsabilidades en el Instituto, cada vez más numerosas, me habían hecho poner en duda mi fortaleza física, emocional y espiritual. Sentí la necesidad de fortalecer mi espiritualidad.

Mi maestro espiritual parecía saber que me encontraba física y emocionalmente exhausta. Me asignó una agradable cabaña y pasé en silencio y solitariamente la mayor parte de las dos semanas. Fue durante ese tiempo que tuve el sueño que habría de cambiar totalmente la forma de vivir mi vida y de servir a los demás.

> Dios, representado como un hombre corpulento de edad mediana, entrega boletas de calificaciones a un gran número de personas. Lo observo cómo pasa de una persona a otra y pronto me llega el turno. En forma bastante impersonal, revisa con su dedo índice una lista de cualidades y características escritas en una hoja que sostiene con la otra mano. A media página se detiene y dice: "Susan, te falta decisión; para tener éxito en el manejo del Instituto debes estar totalmente decidida." De momento reacciono con gran indignación y le contesto: "¿Cómo puedes decir semejante cosa? Trabajo día y noche, prácticamente he renunciado a mi vida para dedicarme a mi trabajo." Y así continúo protestando encolerizada. Él espera pacientemente.
> Por fin, me detengo un momento y reflexiono en silencio. La verdad es que no me he comprometido totalmente a la tarea de dirigir el Instituto. Aún más, no me he decidido a vivir mi vida plenamente sobre la Tierra. Estoy siempre aguardando, sin desear vivir al cien por ciento por temor de que no me quede suficiente energía para "algo mejor" en el futuro. Mi actitud ha sido conservar mi energía "para lo que realmente sea mi propósito," aunque el descubrimiento de ese propósito tarde años en llegar. No estoy cien por ciento decidida a vivir mi vida plenamente el cien por ciento del tiempo. ¡Estoy frenando la energía de la vida misma!
>
> Es entonces que le digo a Dios: "Tienes razón." Sin decir más, Él pasa a la siguiente persona.

La mañana siguiente, haciendo mi resolución de año nuevo, oré para que 1988 me trajera un estado interior de determinación total para vivir una vida plena y llevar a cabo la tarea que me había sido asignada. La tarea consistía entonces en dirigir el Instituto.

Un año más tarde, durante las vacaciones de Navidad de 1988, caí en cuenta de que el sueño del "Servicio desinteresado" se refería también a la buena disposición. En aquella ocasión experimenté mi propia disposición para servir a otros. En este sueño, estuve dispuesta a llevar a cabo la tarea necesaria, con amor incondicional y sin esperar resultados ni recompensas. Una persona necesita apoyo mientras lleva a cabo su misión; mi papel es proporcionar este apoyo de manera afectuosa. No me es necesario saber cual es su misión ni tampoco estimar el valor de ella. Estoy totalmente dispuesta a desempeñar este papel mientras la persona necesite apoyo. Cuando su misión haya terminado, podrá seguir su camino y yo el mío. ¡Sería maravilloso poder mantenerse en ese estado mental todo el tiempo!

Estos dos sueños y el año que hubo por medio demuestran las dos aserciones básicas de la curación de actitudes:

1. la participación en el propio proceso de curación mediante la elección de ver de otra manera,

2. la disposición a extender o compartir incondicionalmente esa curación con otros.

Participamos en nuestro propio proceso de curación, primero, al elegir ver las circunstancias de nuestra vida de otra manera, y después, al llevar a cabo el trabajo interior necesario para obtener esa curación. Dostoyevski usó la creatividad literaria como método de trabajo interior. Yo elijo interpretar los sueños, meditar, llevar un diario y practicar los principios de curación de actitudes. El propósito del trabajo interior es lograr la armonía y curación de la psique humana. Los métodos que elija cada cual serán distintos según su estilo de aprendizaje y naturaleza de sus necesidades.

La curación de actitudes también incluye prestar servicio a los demás como una extensión de nuestra propia curación. Dostoyevski compartió generosamente su propia curación con otros a través de sus novelas. No hay duda alguna de que haber curado mi actitud de total disposición ha beneficiado a nuestro Instituto y todos los que participan en sus actividades. A medida que fué creciendo mi dedicación, también crecieron los programas del Instituto en alcance y profundidad.

El método para explicar y demostrar estas dos aserciones al lector es paralelo a la filosofía de la curación de actitudes, es decir que, enseñamos a los demás al compartir con ellos nuestro propio proceso de curación. Somos ejemplo vivo de lo que hemos aprendido a través de nuestra propia experiencia. A medida que extendemos ese aprendizaje a otros, enseñamos lo que somos. Lo que somos es un reflejo de nuestras experiencias vividas y de la forma en que elegimos verlas.

CAPÍTULO TRES

EL PROCESO DE CURACIÓN

Los antiguos estóicos y los existencialistas modernos, como Viktor Frankl, reconocen que "la última de las libertades humanas es escoger nuestra propia actitud en cualquier circunstancia, escoger nuestro propio camino." Frankl dice además: "es esta libertad espiritual, de la que no se nos puede despojar, la que le dá significado y propósito a la vida."[1]

Frankl, tal como Dostoyevski, experimentó traumas físicos y psicológicos muy severos mientras estuvo en prisión. Sus lecciones sobre la libertad espiritual las aprendió en un campo de concentración alemán. El legado que ambos nos han dejado escrito es que "el hombre puede conservar un vestigio de libertad espiritual y de independencia mental, aún en situaciones muy severas de agotamiento físico y psíquico." Las vidas de estos dos hombres dan un claro ejemplo de lo que Frankl llama "actitud heróica:"[2] esa decisión de ejercer el derecho de elegir nuestra propia actitud aún cuando se nos haya negado toda otra opción.

Si no somos conscientes de esta libertad de elegir, nos limitamos nosotros mismos y limitamos a los demás. Fijando límites, participamos en calificar al mundo de correcto o incorrecto, de bueno o malo, y de acuerdo a ello, rearreglamos las prioridades de acuerdo con tales límites. En realidad, no existe un orden de dificultad ni en los problemas ni en las soluciones. Esto fue enseñado con claridad en una clase que tomó una amiga mía:

El profesor dió al grupo una lista de "problemas" y les pidió que los acomodaran en orden de importancia. En la lista figuraban situaciones tales como: tener la enfermedad de Alzheimer, quedar paralizado después de un accidente, la muerte de un hijo, separación después de 30 años de matrimonio, la pérdida de casa y bienes, causada por un incendio, el nacimiento de un hijo severamente impedido, y otros por el estilo. Por supuesto, les tomó solo unos minutos para darse cuenta de que la lista no podía ser ordenada por grado de dificultad.

La "severidad" del problema depende de la manera en que las personas involucradas lo perciban. La manera en que cada persona parece manejar sus problemas puede diferir de su realidad interior. Las personas que realizan un acto heroico o sobreviven enormes sufrimientos, no se ven a sí mismas como héroes; simplemente hicieron lo que ellas sintieron que debían hacer en determinadas circunstancias. No podemos conocer nuestra propia fortaleza si ésta no ha sido puesta a prueba. Las personas que han tenido esta experiencia pueden convertirse en personas famosas, pero eso no significa que sean diferentes de nosotros. Tal como Neil Armstrong no pudo amanecer un día siendo astronauta, sin entrenamiento previo, Agnes Gonxha Bojaxhiu no se despertó un buen día siendo Madre Teresa. Cada uno tuvo que vencer muchas pruebas y obstáculos a lo largo de su camino.

Puede ser menos difícil escoger la "actitud heroica" cuando no hemos tenido otra alternativa, que escoger la curación de actitudes cuando parece existir una gama de opciones diferentes. La elección de sanar es usualmente precipitada por una crisis que nos lleva al punto de la "actitud heroíca"; cuando sentimos que la única elección posible es la de cambiar nuestras vidas o la de experimentar una muerte física o psicológica. Todos tenemos esta última libertad espiritual.

Manuel vino a verme por primera vez para complacer a su hija, no fue motivado por un interés consciente en curar sus actitudes. Manuel era un biólogo especializado en el estudio de las células y había dedicado la mayor parte de su carrera a investigaciones en el laboratorio de una universidad. Tenía un poco más de sesenta años cuando creyó haber hecho un gran descubrimiento sobre el funcionamiento celular, que le confirmaría lo importante que había sido haber dedicado su vida al estudio. Tenía esperanzas de que este descubrimiento lo llevaría a obtener el Premio Nobel. Presentó su descubrimiento a numerosas publicaciones especializadas, solo para ver su trabajo repetidamente puesto en duda y rechazado. Dentro de los seis meses siguientes al rechazo de sus descubrimientos por sus colegas, Manuel desarrolló un melanoma.

Como Manuel vivía en otro estado del país, decidimos que vendría a verme durante dos días en los que trabajaríamos intensamente. Después de un cordial saludo, las primeras palabras de Manuel fueron: "Yo no creo en nada de estos asuntos psicológicos y espirituales. Solo he venido a verla por amor a mi hija. Prepárese porque pienso poner en duda cada palabra que usted diga." Manuel y yo nos sentamos a la mesa en mi comedor e iniciamos nuestro diálogo de dos días. Me pidió pruebas científicas sobre la conexión mente-cuerpo y también sobre lo que había descubierto en mi experiencia profesional. Compartí con él lo que había en la literatura profesional y lo que yo había observado en mi trabajo con pacientes enfermos con cáncer. El, cortesmente, criticó y descartó cada una de las ideas que le expuse.

Al final de los dos días me sorprendió verlo comenzar a examinar sus actitudes. Empezó por examinar la calidad de sus relaciones familiares y la condición de su bienestar emocional y espiritual. Su familia se asombró al enterarse de su intención de regresar por más sesiones. Durante las siguientes entrevistas, analizó gradualmente el alejamiento entre él y su familia, y se despojó de la culpa que sentía por haber descuidado a los demás y a sí mismo. En casa, comenzó a compartir sus sentimientos con la familia, y a mejorar sus relaciones con su esposa e hijos. Comenzó a vivir su vida desde el corazón en lugar que desde el intelecto y se valoró a sí mismo física, emocional, espiritual y mentalmente.

Manuel comenzó a sentirse más feliz y más en paz consigo mismo que en cualquier otro período de su vida. Sus relaciones familiares se transformaron. Un día en que nos reunimos me dijo: "tengo este pensamiento y sé que no va a creer que estoy loco si se lo digo. ¿Sabe qué digo cada mañana cuando me despierto? Digo:

¡Gracias melanoma, gracias! Me has traído el regalo de felicidad y paz con mi familia." Manuel vivió varios años más de los que le habían pronosticado y generosamente compartió con otros la curación de sus actitudes. Cada Navidad me llamaba para compartir conmigo su alegría y el desarrollo de su proceso.

El proceso de curación de actitudes de Manuel fué una demostración de la "actitud heróica." Su historia demuestra que la curación de actitudes es un proceso multifacético que requiere compromiso, voluntad, perseverancia, estabilidad, responsabilidad, confianza y paciencia. Las etapas principales en el proceso de curación de actitudes son:

Etapa uno: Cuestionamiento de nuestras actitudes.

Etapa dos: Exploración de opciones.

Etapa tres: Comprometerse al proceso de curación.

Etapa cuatro: Permitir que el proceso se desarrolle.

Etapa cinco: Reconocimiento del crecimiento y curación logrados.

ETAPA UNO: CUESTIONAMIENTO DE NUESTRAS ACTITUDES

Si Manuel no hubiera comenzado por investigar sus actitudes arraigadas, sus últimos años hubieran sido diferentes. Inicialmente se resistió a explorar sus actitudes y la calidad de su vida. El primer "regalo" evidente que recibió del cáncer fue llevarlo al cuestionamiento de su sistema de creencias y de sus actitudes. Durante sesenta años se había identificado únicamente con su intelecto y veía su salvación en la ciencia. Descuidó las otras tres partes de su ser, la física, la emocional y la espiritual. Al ver rechazada su "contribución" científica, producto de largos años de dedicación, su vida había perdido todo significado.

Esta etapa de cuestionamiento en el proceso de curación comienza a menudo, aunque no siempre, a continuación de algún acontecimiento que quebranta la psique, y que relaja pensamientos que se han endurecido de una manera rígida e inflexible. El movimiento de energía dentro de la psique, en esta etapa de cuestionamiento, hace posible una reestructuración de la psique, de una manera más creativa y saludable. Este disturbio en la psique es usualmente llamado crisis existencial; por definición, un período en que una persona se cuestiona sobre el verdadero significado y objetivo de su vida.

León Tolstoy escribió una inspirada reseña de su propia crisis existencial que es un claro ejemplo de la etapa de cuestionamiento del proceso de curación:

> Hace cinco años, algo muy extraño comenzó a sucederme. Al principio experimenté momentos de perplejidad, como si mi vida estuviera suspendida, sin saber qué hacer ni cómo vivir, y me sentía perdido y desalentado. Pero ésto pasaba y seguía viviendo como lo hacía anteriormente. Con el tiempo, esos momentos de perplejidad empezaron a ocurrir mucho más a menudo... Siempre se expresaban por las siguientes preguntas: ¿para qué es ésto? ¿a qué me conduce?
>
> Al principio me pareció que estas preguntas eran vagas e irrelevantes. Pensé que todo era bien conocido y que si yo alguna vez necesitara hacerle frente a la solución, no me costaría ningún esfuerzo. En el momento presente no tenía tiempo para dedicarle, pero cuando yo quisiera me sería posible encontrar la respuesta. Las preguntas, sin embargo, comenzaron a repetirse frecuentemente y a exigir respuestas en forma cada vez más insistente... Comprendí que se trataba de algo muy importante, y que si esas preguntas se repetían constantemente, tendría que encontrarles una respuesta, la cual traté de buscar. Las preguntas parecían tontas, simples e infantiles, pero tan pronto como las abordé y traté de

encontrarles solución, quedé convencido que, en primer lugar, no eran infantiles ni tontas, sino por el contrario, las más importantes y profundas preguntas de la vida; y segundo, que por más que me esforzara no podría resolverlas...

...cuando pensaba hacer planes para la educación de mis hijos, me decía a mí mismo: ¿para qué?

Cuando pensaba en la fama que mis obras me traerían, me decía a mí mismo: "Muy bien, tú vas a ser más famoso que Gogol, Pushkin, Shakespeare o Moliére, o que todos los escritores del mundo, ¿y qué importa?"

No pude encontrar respuesta alguna. Las preguntas eran urgentes, exigían respuesta immediata, y si no las contestaba era imposible vivir. Pero no encontraba las respuestas...

Todo lo que tenía a mi alrededor podría considerarse como buena fortuna. Aún no tenía 50 cincuenta años, tenía una buena esposa que me amaba y a la que yo amaba, buenos hijos, una enorme propiedad que sin mucho esfuerzo de mi parte mejoraba y crecía. Era respetado por mis familiares y por mis amistades más que nunca. Era alabado por otros y, sin mucha arrogancia, podía considerar que mi nombre era famoso. Y lejos de estar loco o mentalmente enfermo, gozaba de fortaleza mental y física muy poco común entre hombres de mi clase. Podía trabajar en el campo al mismo ritmo que los campesinos, y mentalmente podía trabajar de ocho a diez horas seguidas sin experimentar ningún agotamiento a causa de ese esfuerzo...

Sentí que lo que me sostenía se había derrumbado, y que mis pies se apoyaban en el vacío. En lo que había basado mi vida ya no existía, y no quedaba nada más.

Mi vida se estancó. Podía respirar, comer, beber y dormir, no podía dejar de hacer éso, pero no tenía vida, ya que no existía ningún deseo cuyo cumplimiento yo considerara razonable. Si deseaba cualquier cosa, sabía de antemano que satisfacer o no mi deseo, sería lo mismo. Si una hada apareciera para conceder mis deseos, no sabría qué pedirle. Si bien en momentos de embriaguez sentía algo que, aún sin ser un deseo, era un hábito que quedaba como residuo de deseos pasados, en momentos de sobriedad sabía que eso era un engaño y que en realidad no existía nada que yo deseara.[3]

La resolución a una crisis como ésta comienza cuando la persona extiende el significado de su existencia más allá de lo que está definido por su personalidad, y se abre al creciente flujo de energía proveniente de su Ser Superior. En otras palabras, la persona empieza a desidentificarse con su personalidad, con su ego y con su ambiente, y extiende su identificación para incluir la dimensión transpersonal. Desarrolla una creciente curiosidad por las filosofías espirituales y metafísicas o quizá sobre las implicaciones de la física moderna. Básicamente, la persona se plantea que debe haber otra forma de ver al mundo y empieza a ver que esta otra forma es de naturaleza espiritual.

ETAPA DOS: EXPLORACIÓN DE OPCIONES

A la etapa de cuestionamiento le sigue un período en el que uno explora su disposición y voluntad para comprometerse a participar plenamente en el proceso de curación o restructuración. Una cosa es cuestionar el punto de vista que uno tiene sobre sí mismo y sobre el mundo, y otra es comprometerse de verdad a explorar activamente lo desconocido, aún sin saber cómo será esta exploración, ni en qué forma cambiará nuestra vida.

Las personas experimentan a menudo un gran temor en esta etapa; principalmente, temor a perder todo lo que hasta este punto les ha sido valioso. Es común que una persona tema que, si da el paso hacia la curación, todo en su vida externa pueda cambiar, y que tenga que dejar su trabajo, su familia, su seguridad, y aún más. Por supuesto que ésto no es verdad; a medida que la vida interior va cambiando, uno puede sentir la necesidad de cambiar las condiciones exteriores. Para entonces, sin embargo, uno considerará ésto como una ganancia y no como "una pérdida."

Una vez que Manuel reconoció que "sólo una cuarta parte de sí mismo había tenido vida todos esos años," tuvo razón suficiente para poder dar el salto y atender a sus necesidades emocionales, físicas y espirituales, las cuales había descuidado por tanto tiempo. Al principio se sintió paralizado por el miedo y la resistencia al cambio. Era como si se hubiera enfrentado a saltar en una piscina de agua helada, que por refrescante que fuera, inicialmente sería entumecedor y muy desagradable. Manuel, sin embargo, empezó a ver que prefería experimentar dolor a fin de curarse, en lugar de soportar el sufrimiento que le causaría vivir sin paz el resto de su vida.

Esta etapa plantea un desafío a nuestra disposición de suspender lo que pensamos que es verdadero, para explorar otra forma de ver nuestra vida, aunque no sepamos a dónde nos llevará esta exploración. Debemos preguntarnos: "¿Estoy dispuesto a abrir la maleta que se encuentra delante de la que estoy dejando atrás? ¿Puedo hacerle frente a las partes que desconozco o niego que existen dentro de mí y comenzar a dialogar con ellas? ¿Puedo abrirme a la posibilidad de que lo que creía cierto quizá no lo sea? ¿Tendré la paciencia para 'mantenerme firme' sin que importe cuán largo o intenso pueda ser el proceso de curación?"

El período que uno permanece en esta etapa de exploración y deliberación depende del interés y la preparación de cada uno para seguir adelante. Una persona que ha sufrido abuso físico o psicológico en el pasado necesita permanecer en esta etapa hasta que se sienta psicológicamente segura para seguir adelante. Extremo temor y confusión ante la posibilidad de no estar en control consciente amenazan la seguridad psicológica de personas que han sido sometidas a abuso. Por esta razón, estas personas deben prepararse gradualmente para su proceso de curación, cultivando paciencia y encontrando maneras de proceder lenta y cuidadosamente. Nuestro

Ser Superior está siempre presente como el guía que nos lleva poco a poco y sabiamente a través de todas las etapas.

ETAPA TRES: COMPROMETERSE AL PROCESO DE CURACIÓN

Una vez que uno se compromete totalmente a la curación de sus actitudes, puede percibir un cambio notorio en la intensidad y el ritmo de su proceso. Con este compromiso surge una energía concentrada dentro de la psique que nos ayuda a romper o liberar viejas creencias y le permite a la psique movilizarse más rápidamente hacia la integración.

Manuel se comprometió a su proceso de curación al terminar el primer fin de semana en que trabajamos juntos. Como suele suceder cuando uno se compromete, el universo empezó a apoyar la decisión de Manuel, y ocurrieron una serie de acontecimientos sincronizados. Su esposa e hijos le abrieron sus corazones inmediatamente y se dispusieron a trabajar con él en la curación de sus relaciones familiares.

Con el compromiso vienen la capacidad de decidir y la habilidad para asumir responsabilidad y el control total de nuestro propio proceso de curación. Manuel mostró su sentido de capacidad por la manera en que, con total disposición, participó en su proceso. Fue siempre evidente para todos que Manuel fue el director de su vida. Esa capacidad proviene de saber que nuestro Ser Superior está totalmente a cargo y conoce qué es lo mejor. Sentir esa capacidad es reconocer que uno posee fortaleza interior y los recursos necesarios para participar plenamente en el proceso de curación, a pesar de lo que ello involucre. La capacidad aumenta en profundidad y magnitud conforme se experimenta el progreso en la propia curación.

ETAPA CUATRO: PERMITIR QUE EL PROCESO SE DESARROLLE

La curación de actitudes no siempre es un proceso uniforme. Existen altibajos emocionles en el camino. Es importante respetar nuestro ritmo y altibajos, así como confiar en que nuestro Ser Superior nos está dirigiendo en el proceso. En el proceso de curación, es también importante tener un entendimiento sobre algunas dinámicas de la psique humana.

No hay normas acerca de la forma en que el proceso de curación se desarrolla, excepto aquellas que nosotros mismos nos imponemos. En lugar de enfocarnos en el "cómo" de nuestro proceso de curación, necesitamos abrirnos a recibir direcciones desde dentro de nosotros sobre lo que pueda ayudarnos en un momento dado. Es distinto lo que es "correcto" para cada persona.

La psique humana está compuesta de energía. Una de las leyes naturales de la psique es que esta energía se moviliza y se acomoda de acuerdo con nuestras experiencias, incluyendo las experiencias que hemos tenido en el seno materno. Por lo tanto, nuestra psique necesita reforzarse a través de experiencias para poder crecer y desarrollarse, así como para mantener su flexibilidad y sus nuevas formas de movimiento.

Las nuevas experiencias que vivamos tienen que integrarse a nuestra psique para que así ésta se conserve saludable, vital y en constante crecimiento. Demasiados cambios a la vez pueden provocar que la psique se fragmente y no pueda asimilar e integrar las nuevas experiencias ni mantener la flexibilidad de movimiento. Es común que uno sienta temor y confusión cuando esto sucede. Esto es particularmente cierto cuando demasiada energía inconsciente penetra el nivel consciente demasiado rápido.

La curación de la mente es constante y dinámica cuando permitimos que el proceso ocurra en una forma que ni aumente el temor, ni rompa los límites del ego al extremo que uno se sienta fragmentado e incapacitado para funcionar en la vida diaria.

En el proceso de curación, hay períodos de transición en los cuales los antiguos patrones no se ha disuelto y los nuevos no se han formado ni estabilizado aún. La mente puede rebelarse y resistirse al cambio, y como resultado uno puede sentirse peor en lugar de mejor. La duración de este período "de sentirse peor" depende de cuán arraigadas están en el inconsciente las antiguas actitudes y de la firmeza con que reforcemos los nuevos patrones. Este período de transición toma tiempo y necesita ser fortalecido a través de la práctica. La necesidad de fortalecer nuestro aprendizaje a través de la práctica para mantener nuestro sentido de capacidad, está descrita en las ideas expuestas por Edgar Cayce, quien nos explica que, no aplicar lo que sabemos, disipa la energía y debilita la voluntad.[4]

Hay cuatro formas principales con las que uno puede apoyarse para desarrollar una psique más flexible y enérgica y disolver los antiguos patrones dentro de ella. Los ejercicios descritos en capítulos posteriores incluyen estas formas de disolver antiguos patrones.

1. Derramando lágrimas contenidas.

Desde que nacemos empezamos a desarrollar estrategias para satisfacer nuestras necesidades psicológicas y físicas. Cuando estas necesidades no son satisfechas en una forma que nos nutre, desarrollamos estrategias para poder manejar nuestro dolor y sufrimiento; éstas toman la forma de negación. Cuando negamos el dolor, impedimos su expresión; literalmente nos tragamos las lágrimas. Estas lágrimas contenidas se almacenan en la psique y en el cuerpo. Al derramar estas lágrimas, liberamos la energía atrapada en la psique y en el cuerpo, convirtiéndola en energía disponible para otros propósitos.

2. Transmitiendo comunicaciones inconclusas.

Otra estrategia que aprendemos desde niños es la de reprimir comunicación verbal por miedo al rechazo o reprimenda. Más tarde en nuestra vida, experimentamos comunicaciones inconclusas en relaciones con esposos, colegas, maestros, hijos y aún con organizaciones. Estas comunicaciones inconclusas obstruyen la enegía en la psique y necesitan liberarse través de la expresión.

3. Liberando emociones negativas reprimidas.

Reprimir emociones de ira, culpa y temor puede ser una forma de subsistir en nuestro medio ambiente y en nuestra familia a lo largo de nuestra vida. Es necesario expresar estas emociones para liberar la energía atrapada en la psique y crear un espacio para la posibilidad del perdón. Es importante que cuando expresemos sentimientos de ira lo hagamos de tal forma que no nos aumente la culpa; de esta forma, la ira se libera realmente y no la perpetuamos.

4. Adueñándonos de todas nuestras partes.
Polaridades, en la forma de opuestos, constituyen la dinámica de la psique. Para que la energía de estas polaridades encuentre su equilibrio, uno debe reconocerlas, afirmar su existencia, sin juicio ni condena. Esto quiere decir, ser dueños de nuestras cualidades tanto positivas como negativas, lo que nos gusta y lo que no nos gusta, lo que queremos y lo que no queremos. También significa aceptar al niño y al adolescente dentro de nosotros, con todas sus partes vulnerables, sus inseguridades y necesidades. Solo cuando somos dueños de todas las partes de nuestra psique, las conscientes y las inconscientes, y mantenemos un diálogo con ellas, podemos ser libres de elegir, en determinado momento, con qué parte de nosotros queremos pensar o cuál parte queremos expresar.

Varios métodos y mecanismos sirven de apoyo al desarrollo del proceso de curación. Lo que puede ser de ayuda en el proceso de una persona, puede no serlo para otra. Hay una gran cantidad de métodos para escoger. La única forma de determinar qué camino es el mejor para ti, es pedirle a tu Voz Interior que te guíe. Manuel, por ejemplo, encontró gran ayuda en la meditación, visualización y lectura inspiracional para la facilitar su proceso. El uso de imágenes, en las cuales él dialogaba con su guía interior, le proporcionó el más claro sentido de dirección.

A través del proceso de curación, es muy importante cultivar la parte nuestra que observa sin juzgar, que llamaremos el Observador. Este testigo consciente observa lo que está sucediendo, pero no se identifica ni con los pensamientos, ni con las emociones, ni con los deseos, ni con las sensaciones. Como dice Ferrucci en su libro *What We May Be*:

> Al observarnos nos desidentificamos. En lugar de ser absorbidos por sensaciones, sentimientos, deseos y pensamientos, los observamos objetivamente sin juzgarlos, sin querer cambiarlos, y sin interferir con ellos de manera alguna. Los vemos como si existieran fuera de nosotros, como si viéramos un paisaje.
>
> Esta actitud de observación serena puede practicarse en cualquier momento de nuestra vida, y su primer efecto es el de liberación. Siento temor, observo mi temor, veo su contorno claramente, me doy cuenta de que no soy el temor, que es algo que está fuera de mí, por lo tanto, estoy libre de ese temor.
>
> ... el observador es la parte nuestra que puede observar cualquier contenido de la psique sin quedar atrapada en su atmósfera. Este hecho permite que la personalidad completa encuentre un equilibrio que de otra manera no le sería posible encontrar.[5]

Ram Dass y Paul Gorman en su libro *How Can I Help?* nos describen un poco más la parte nuestra que observa:

> Si nos imaginamos que nuestra mente es como un cielo azul, y que los pensamientos son como las nubes que lo atraviesan, podemos experimentar esa parte nuestra, la cual es diferente de nuestros pensamientos. El cielo siempre existe, contiene

las nubes, sin que el cielo esté contenido en ellas. Así es nuestro estado consciente, está presente y abarca todos nuestros pensamientos, sentimientos y sensaciones, sin ser lo mismo que ellos. Reconocer y aceptar este estado consciente, con su cualidad espaciosa y de inmensa paz, es encontrar un recurso interior de gran utilidad. Vemos que no necesitamos identificarnos con cada pensamiento tan solo porque se presenta. Podemos permanecer tranquilos y elegir aquel pensamiento que deseemos atender. Así mismo, podemos estar atentos detrás de todos estos pensamientos, en un estado que ofrece un nivel de apertura y discernimiento completamete nuevo.[6]

Cuando observamos o somos testigos de los altibajos en nuestro proceso de curación en lugar de convertirnos literalmente en esos altibajos, nos sentimos reafirmados y fortalecidos. Cultivar la consciencia de la parte nuestra que observa es nuestra ancla en esos momentos del proceso de curación en que nos da miedo perdernos en el dolor y el sufrimiento. También nos ayuda a estar al tanto de nuestro progreso, a reconocer el siguiente paso de la curación y a reforzar nuevos patrones.

ETAPA CINCO: RECONOCIMIENTO DEL CRECIMIENTO Y LA CURACIÓN LOGRADOS.

Reconocer los pasos que hemos dado en nuestro propio crecimiento es muy importante para el bienestar y la salud de nuestra psique. Al reconocer nuestros esfuerzos y nuestro crecimiento propios, aceptamos sustento e integración en nuestra psique. Validamos el trabajo realizado y nuestro sentido interno de dirección se afirma. Este reconocimiento se convierte además en nuestro maestro, al mostrarnos los pasos individuales y las formas que toma nuestro proceso de curación, que es único.

Debemos reconocer verbalmente y en voz alta cada paso que demos, por pequeño que lo percibamos. Esto puede hacerse en varias formas, por ejemplo mientras nos miramos en un espejo o repitiéndolo sucesivamente mientras conducimos el automóvil. El reconocimiento verbal y la repetición fortalecen nuestro crecimiento.

Otra forma de fortalecer lo que hemos aprendido y ganado es comunicando nuestro crecimiento a una persona en quien confiamos. La llamada telefónica de Manuel en Navidad fue su forma de afirmar su continuo proceso de curación y de fortalecerlo compartiéndolo conmigo.

El proceso de curación no es lineal, es más bien una espiral que se adentra en la profundidad de la psique, y que continúa moviéndose y expandiéndose con cada afirmación de "actitud heróica." Conforme alcanzamos un nivel de comprensión, un nuevo nivel consciente vendrá a nosostros. Al comprometernos de nuevo a nuestro crecimiento, permitimos que el proceso se desarrolle una y otra vez, enfocando problemas diferentes o el mismo problema a niveles más profundos.

CAPÍTULO CUATRO

SERVICIO A LOS DEMÁS

LA INTENCIÓN DE SERVIR

En un sueño, Dios le dijo al rey Salomón que podía pedirle lo que quisiera. El rey Salomón, dándose cuenta de que no sabía cómo guiar su reino, pidió un corazón comprensivo para poder servir a su pueblo distinguiendo lo bueno de lo malo. Dios se sintió tan complacido de que Salomón le hubiera pedido sabiduría, que también le dió lo que él no había pedido: riqueza y honores. Dios le dijo entonces a Salomón lo que debía hacer (y no hacer) para conservar esta sabiduría durante toda su vida.

En poco tiempo se llegó a conocer al rey Salomón por la sabiduría y rapidez con la que resolvía los miles de problemas que se le presentaban. El más conocido de los relatos que muestra su sabiduría es el de dos prostitutas que reclamaban ser la madre del mismo bebé. Recientemente ambas habían dado a luz a un varón, pero una de ellas había accidentalmente asfixiado a su hijo durante la noche, acostándose sobre él. El rey Salomón, en su sabiduría, pidió que le llevaran una espada para dividir en dos al niño sobreviviente. La verdadera madre rápidamente le suplicó que no lo hiciera; de esta forma Salomón supo cual de las dos era la verdadera madre y a ella le dió el niño.

La reina de Saba se enteró de la sabiduría y prosperidad del rey Salomón y fue en persona a comprobar la veracidad de las historias. Ella llegó a la conclusión de que la prosperidad y sabiduría del Rey excedían la fama que se había extendido más allá de su reino: Y le dijo "dichosas tus gentes, dichosos tus servidores que están siempre ante ti y oyen tu sabiduría".[1]

Al paso del tiempo el rey Salomón comenzó a dedicarse más y más a incrementar su poder y riquezas y a dedicarse menos a servir a su reino con un corazón comprensivo. Durante años exigió que miles de esclavos lo sirvieran construyendo un templo y palacio de oro y cultivando sus tierras. Olvidó también honrar lo que Dios le indicó hacer para cuidar el don de sabiduría que Él le había dado. Murió dejando su reino destruído por haber substituído su intención de honrar los valores espirituales por la de servir los placeres físicos y riquezas materiales. Después de su muerte, la gente a quién la reina de Saba había visto anteriormente feliz, pedía a Roboam, hijo de Salomón: "Tu padre hizo muy pesado nuestro yugo; aligera tú, pues, esta pesada carga, y te serviremos."[2]

La historia de la vida del rey Salomón es un ejemplo de los dos niveles en los que servimos a los demás. En el primer nivel, todos estamos en un constante estado de servicio, inconsciente e involuntariamente, a través del ejemplo de nuestra vida. Cuando nos volvemos más conscientes de este estado de servicio y desarrollamos nuestra propia paz interior, entramos al segundo nivel de servicio, que es un acto con intención que viene del corazón. En este nivel, servir se manifiesta como amor en acción. Si no vigilamos nuestra intención, tal como Salomón, podemos retroceder al nivel de servir solamente sin intención.

Nuestro constante estado de servicio

Porque la condición humana es estar en relación constante con los demás, estamos en un continuo estado de servicio. Mi amiga y colega Peggy Tabor Millin evoca una metáfora visual que gráficamente nos recuerda que servimos a los demás aún cuando no estamos conscientes de hacerlo.

Estaba yo en un tren un día lluvioso. El tren había aminorado la velocidad para entrar a la estación. Por alguna razón me interesé en observar las gotas de agua en la ventana. Dos gotas separadas empujadas por el viento se fundieron en una por un instante y luego se dividieron una vez más, cada una llevando consigo una parte de la otra. Simplemente, por ese roce momentáneo, ninguna de las dos volvió a ser lo que antes había sido. Al continuar cada una su recorrido tocando otras gotas, compartían no sólo su esencia sino también lo que habían recogido de la otra. Vi esta metáfora muchos años atrás y es uno de mis recuerdos más vívidos. Fue entonces que me di cuenta de que nunca tocamos tan ligeramente a las personas como para no dejarles una huella. Nuestro estado de ser afecta a las personas que nos rodean, por lo que es necesario estar conscientes de lo que involuntariamente compartimos con los demás y así poder aprender a compartirlo intencionalmente.

Mientras el rey Salomón sirvió a su gente con intención y de acuerdo con los propósitos de Dios, su gente fue feliz. Su sola presencia como líder era suficiente para asegurar la felicidad, siempre y cuando actuara desde el corazón. Una vez que empezó a sentir y actuar como si él mismo fuera la fuente verdadera de sabiduría y prosperidad, cayó de gracia y su pueblo sintió su gobierno como un yugo alrededor del cuello.

Practicar la curación de actitudes eleva nuestra consciencia acerca nuestro constante servicio a los demás, aunque no sea intencional. La gente adquiere ideas e inspiración al observar cómo pensamos, reaccionamos y vivimos. Servimos a los demás simplemente existiendo. No tenemos que hacer, decir o ser algo. Cuando estamos en paz dentro de nosotros mismos, compartimos esa paz simplemente por el hecho de existir.

Gran parte de nuestro aprendizaje y de nuestra forma de ser en este mundo es un reflejo de quienes hemos tenido como modelos a lo largo de nuestra vida. Salomón aprendió de su padre, David, "a caminar por la senda del Señor".[3] Éste fue su modelo, y cuando Dios le habló en su sueño, el escuchó, y cuando Dios le dió a escoger, escogió sabiamente. Con los años olvidó la senda de su padre, y deslumbrado por fama y riqueza tomó un camino diferente.

Joseph Chilton Pearce, internacionalmente reconocido especialista en desarrollo infantil y Alice Miller, psicoanalista especializada en adultos que han sufrido abuso durante su infancia, hacen énfasis en el impacto extaordinario que los adultos causan en las percepciones de los niños.[4] Ambos están de acuerdo en que lo que somos de adultos es un reflejo directo de los patrones que experimentamos a través de nuestra infancia y niñez. Ellos opinan que tener sanos modelos, adultos y compañeros, durante nuestra vida, es de vital importancia como guía en nuestro desarrollo físico, mental, emocional y espiritual. Al no tener la oportunidad de aprender de modelos efectivos, es decir, de personas que están más avanzadas en el proceso de desarrollo, una persona puede sentirse confusa, angustiada y carente de entendimiento y propósito.

Nosotros tomamos a otros como modelo y a la vez servimos de modelo a otros cada día de nuestra vida. Como las gotas de agua, nos tocamos unos a otros, esto puede llevarse a cabo a través de los medios de comunicación, o de un libro o simplemente al escuchar un comentario. Toda la gente que cruza por nuestro camino, ya sea vendedores ambulantes, un mendigo en el metro, un locutor de noticias, o un empleado del correo, nos sirve; a cambio, nosotros servimos a ellos. Con nuestra propia vida estamos en constante servicio, modelando para otros a través de nuestro estado de consciencia y de nuestro ser.

Servir con intención

Dentro del contexto filosófico de la curación de actitudes, servir a los demás incluye formas de ser, decir y hacer muy específicas y directas. En la curación de actitudes, servimos a los demás como una extensión natural de nuestro propio proceso de curación y de nuestra intención de servir. Servimos desde una posición de amor incondicional y respeto al proceso de la persona a quien servimos. Nos unimos y apoyamos a otros sin crear expectativas acerca del resultado que se obtendrá ni tener que saber conscientemente cuáles son sus necesidades. Facilitamos el proceso de otra persona siguiendo nuestra dirección interna, y es por eso que lo que decimos y hacemos, o lo que no decimos ni hacemos, varía de persona a persona.

Ofrecer servicio con intención, dentro del contexto de curación de actitudes incluye tanto nuestro estado de ser como nuestro amor en acción.

La vida del hermano Lawrence, de la orden de los Carmelitas, es un buen ejemplo del servicio con intención a través del estado de su ser. El hermano Lawrence vivió en un monasterio en Europa en el siglo XVII. Durante su juventud fue soldado y al ser capturado por el enemigo fue acusado de ser espía. No se le castigó con la horca porque su indiferencia total hacia la muerte convenció a sus captores de su inocencia. Después de reunirse con sus propias fuerzas armadas, cayó herido en acción y durante su convalecencia decidió abandonar las armas y retirarse a un monasterio. Por muchos años sufrió de gran angustia, tratando de encontrar paz mental. Después de tener una experiencia en la cual "percibía un rayo de luz divina, que, iluminando su espíritu, disipaba todos sus temores y daba término a su dolor"[5] el hermano Lawrence vivió el resto de su vida en esa luz.

La presencia de esta luz emanaba del hermano Lawrence ya fuera al cocinar, al reparar zapatos o al limpiar el piso. La gente viajaba grandes distancias sólo para estar en su presencia. Como en la curación de actitudes, la manera en que el hermano Lawrence servía no era por medio de lo que hacía, sino por el estado mental que mantenía durante cualquier actividad. Su manera de ser era un modelo de amor en acción que servía a los demás.

Peace Pilgrim es otro ejemplo de alguien que con intención sirvió a los demás a través del estado de su ser y de la elección de sus acciones. Hasta su muerte en 1981, caminó a través de los Estados Unidos teniendo como propósito caminar en pro de la paz hasta que hubiera paz en el mundo. Por dondequiera que caminaba conocía gente que era atraída por su estado de paz. En varias ocasiones hubo gente que admitió habérsele acercado para causarle algún daño, pero la paz que irradiaba les hizo cambiar de intención. Sus necesidades personales fueron siempre atendidas sin que ella lo solicitara. Mientras ella ofrecía su paz, la gente le respondía dándole comida y abrigo. Le pedían que hiciera una pausa en su caminar para dar charlas en la radio y en las escuelas. Ella nos enseñó lo que había aprendido: la paz empieza dentro de uno mismo y sólo así puede extenderse a todo el mundo. Nos demostró también una forma de servicio que el amor en acción puede tomar.[6]

Amor, según Scott Peck es: "la voluntad de compartir nuestro ser con el propósito de sustentar nuestro crecimiento espiritual o el de otra persona".[7] Amar es estar dispuesto a extender una mano a otro; es estar presente en tal forma que capacite a la otra persona a extraer su propia fuerza interior y su potencial, a fin de ser su propio y mejor terapeuta. Ferrucci dice:

> *El servicio es amor en acción*, aplicado y extendido deliberada y creativamente. Nosotros amamos o servimos a los demás ayudándolos a descubrir sus recursos, comprendiéndolos, transmitiendo visión, curando heridas emocionales, a través de educación, y en muchas formas más; desde el nivel físico al nivel espiritual.[8]

Muchos de nosotros sentimos el llamado a servir a los demás. Algunos somos llamados para apoyar a familiares y amigos. Otros escogen servir en profesiones dedicadas al servicio, o se sienten guiados a buscar oportunidades de extender su apoyo a otros en su comunidad. Sin reparar en las circunstancias de nuestra vida, podemos elegir ver nuestras vidas como una oportunidad de dar a los demás en una forma que refleje nuestro ser único, y de una manera que exprese amor en acción.

ATRIBUTOS DEL SERVICIO

Son nueve los atributos que caracterizan los niveles de servicio dentro de la filosofía de la curación de actitudes.

1. Constancia

Servimos a los demás por la sola virtud de nuestra existencia y sin que aparentemente intentemos hacerlo. Sin reparar en las circunstancias de nuestra vida, ni en lo que hacemos o decimos, ofrecemos a los demás la oportunidad de aprender del ejemplo que damos con nuestra vida. De esta forma, estamos en constante servicio a los demás.

2. Intención deliberada

Podemos conscientemente y con intención servir a los demás extendiendo deliberadamente nuestra mano a otro, con el propósito de sustentar su desarrollo físico, mental, emocional o espiritual.

3. Amor

El amor es el ámbito o el campo de energía dentro del cual se lleva a cabo el servicio. La certeza de que el amor es la esencia de todo ser humano es el fundamento de nuestra motivación para servir a los demás.

4. Sabiduría

Cuando nuestra intención de servir es clara, obramos con el corazón pleno de amor y seguimos con meticulosa integridad la guía que recibimos. Servimos con sabiduría y comprension.

5. Extensión

Servimos a los demás extendiendo nuestro estado mental. Si la energía que emana de nuestra presencia es edificante, elevamos a los demás. Si nuestra energía es clara y llena de paz, aquellos que nos rodean experimentarán un mayor sentido de claridad y de paz.

6. Reciprocidad

Hay una relación recíproca entre la curación personal y el servicio a otros. Conforme sanamos, extendemos naturalmente esa energía curativa a los demás. Esta extensión fortalece nuestra propia curación.

7. Capacitación

Estar al servicio es habilitar a la persona para que busque dentro de sí misma su propia fuerza y potencial, para que se convierta en su propio y mejor terapeuta. Mientras busquemos dirección desde nuestro interior en cualquier situación, no tenemos que preocuparnos acerca de qué decir o hacer; de esta forma no somos nosotros quienes actuamos y nos aseguramos de que el bien más excelso está al servicio de todos. Cuando el bien más excelso es servido, la persona a quien apoyamos se sentirá capacitada.

8. Multiplicidad

Hay muchas formas de servicio al nivel físico, mental, emocional y espiritual. Uno puede cortar el pasto del vecino que está enfermo, dar clases en las cárceles, ser voluntario atendiendo teléfonos al servicio de personas en crisis, orar por alguien, ser músico o artista, coser, hacer arreglos florales, cocinar, ofrecer nuestra amistad, trabajar en el supermercado o ser un psicoterapeuta.

9. Individualidad

La forma en que una persona sirve a los demás, refleja la motivación, intención, talento, personalidad y propósito de su vida. El estilo de servir es único en cada persona porque, como seres humanos, somos únicos.

FACILITAR: SERVICIO A LOS DEMÁS A TRAVÉS DEL APOYO ACTIVO

Facilitar y Facilitador son términos que se usan a lo largo de este libro para describir la dinámica única del proceso de apoyo dentro del contexto de curación de actitudes. Facilitar sencillamente significa "hacer fácil". El papel del facilitador es crear una atmósfera de apoyo en la que cada persona pueda encontrar sus propias respuestas con más facilidad que estando sola. Un facilitador, en curación de actitudes, está consciente de las características del servicio a los demás, y lo ve tanto como un estado de la mente, como amor en acción. Cualquier persona puede aprender a facilitar a otra. En la curación de actitudes los facilitadores no son consejeros ni terapeutas, son gente común y corriente.

Para ayudar a los facilitadores a aclarar sus intenciones en la práctica activa de los principios de la curación de actitudes, se han desarrollado ocho guías de instrucciones.

Guía 1. Nuestro propósito es dar apoyo mutuo por medio escuchar y compartir, sin hacer juicios.

Guía 2. Al arriesgarnos a mostrar nuestros estados emocionales, encontramos experiencias en común que nos facilitan la unión.

Guía 3. Nos vemos unos a otros mirando solamente la "luz" y no la "pantalla" que la cubre.

Guía 4. Apoyamos a otros mientras encuentran sus propias respuestas; no les damos ni consejos ni soluciones.

Guía 5. Cada uno de nosotros se apoya en su propia Voz Interior y confía en las respuestas que recibimos de ella.

Guía 6. No es necesario tener las respuestas para quienes apoyamos. La intención de extenderles nuestro amor es suficiente.

Guía 7. Estamos aquí para nuestra propia curación, y conforme la alcanzamos, la extendemos a los demás.

Guía 8. En cada situación escogemos paz al practicar el perdón y al despojarnos del temor.[9]

Esta guía de instrucciones para facilitadores es pertinente en la mayoría de las ocasiones en que uno desea servir de apoyo. Las únicas ocasiones en que estas no son adecuadas, es cuando es necesario intervenir directamente para salvar la vida, como en amenazas de suicidio, daño físico o en una activa adicción a drogas. Una vez que la persona entra en la fase de recuperación de su crisis, el apoyo dentro de los límites de estas guías de instrucciones son suficiente para ser de gran ayuda efectiva.

LA CALIDAD DEL SERVICIO

Hay tres factores principales que afectarán la efectividad y la calidad del apoyo que se dé a otra persona y estos son: crear un espacio de seguridad, respetar el proceso de la persona y permanecer dentro del propósito.

Crear un espacio de seguridad

Guía 1. Nuestro propósito es dar apoyo mutuo por medio escuchar y compartir, sin hacer juicios.

Guía 2. Al arriesgarnos a mostrar nuestros estados emocionales, encontramos experiencias en común que nos facilitan la unión.

Guía 3. Nos vemos unos a otros mirando solamente la "luz" y no la "pantalla" que la cubre.

No hace mucho recibí una desesperada llamada telefónica de una mujer que se encontraba muy preocupada porque a una amiga le acababan de diagnosticar cáncer de pecho. Dijo que necesitaba ayuda para "saber qué hacer" porque su amiga no seguía las sugerencias que le hacía. Me preguntó: "¿Cómo puedo hacer que mi amiga me escuche? Hay tantas cosas que puede hacer para mejorarse pero no hace nada. ¿Cómo podemos sus amigas ayudarla si no quiere que la ayudemos?"

Mientras conversábamos, me dí cuenta que esta mujer sentía que ayudaba y apoyaba a su amiga dándole cintas grabadas, libros y miles de alternativas de curación holística. También pude percibir sus propios temores, ansiedades y sentimientos de culpa acerca de la enfermedad de su amiga. Deseaba desesperadamente que su amiga se "compusiera". Cuando le pregunté cuáles eran los sentimientos de su amiga con respecto al diagnóstico, me dijo: "¡Oh, ella no habla de ellos ni tampoco hace nada!"

La base de un proceso de apoyo es la creación de un espacio de seguridad para uno mismo y la para persona a quien se desea apoyar. En este espacio, puede uno responder con sabiduría y claridad a la "petición de ayuda" de esa persona. La persona necesita sentirse emocionalmente segura antes de compartir sus pensamientos y sentimientos honestamente.

Una persona se sentirá emocionalmente segura cuando:

1. No se sienta juzgada, categorizada, comparada, evaluada o corregida.

2. Sienta que se le escucha con total atención, tal como si nadie más en el mundo existiera y que nada en el mundo es más importante que ese momento de interacción.

3. Se sienta completa con lo que tiene que decir y manifestar emocionalmente.

4. Sepa que lo que dice será mantenido en estricta confidencia.

5. Sienta que su propia experiencia es importante y única porque quien escucha refleja comprensión y total atención.

6. Sienta una conexión y unión con quien escucha, de tal forma que no haya separación alguna del tipo de tú/yo, fuerte/débil, inferior/superior.

Para crear eficazmente un espacio emocional seguro para otra persona, uno necesita:

1. Estar dispuesto a poner de lado las propias necesidades emocionales para poder estar completamente presente con la otra persona. El estar completamente presente se comunica a través de un buen contacto visual, evitando interponer historias y experiencias personales, absteniéndose de dar consejos o de interpretar lo que la otra persona dice.

2. Participar activamente en el propio proceso de curación emocional: a) sin reaccionar en una forma que se convierta en parte del problema en lugar de ser parte de la solución, b) comunicando lo que es producto de la honestidad e integridad de uno mismo con respecto a la condición de su propia mente.

3. Reconocer la situación presente y, aún más, mirar más allá de ella, viendo a la persona como un todo, como alguien sano, como un ser divino, como un hermano o una hermana.

4. Unirse a la otra persona de alguna forma en un propósito común. Esto puede consistir en escucharla o apoyarla

activamente, haciendo tareas o mandados, dándole un masaje o cocinando.

5. Confiar en uno mismo, sabiendo que se tiene la disposición y el deseo de estar con la otra persona.

6. Ser intuitivo y estar consciente de la conexión con la propia sabiduría interior para pedir dirección.

7. Compartir las propias experiencias de su vida cuando sirvan para apoyar al proceso y no para ponerse de ejemplo.

Cuando una persona me dice: "me siento tan segura contigo," me doy cuenta de que se siente segura conmigo porque me siento segura conmigo misma. Cuando una persona se siente cómoda consigo misma, los demás se sentirán seguros en su presencia. Una forma rápida de saber cuan seguro se siente uno consigo mismo es examinando cómo usa uno su tiempo cuando se encuentra solo. El ser capaz de estar solo de una manera que es significativa, constructiva, contemplativa y llena de paz, refleja un sentimiento de seguridad con uno mismo.

Además, nuestra propia seguridad incluye el grado de seguridad que sintamos frente a ciertos temas, tales como la ira, la muerte, la traición, y otros. A menos de que nos sintamos seguros en esos temas nosotros mismos, no podemos proporcionar a otra persona un espacio de seguridad para trabajar con ellos. Nuestra seguridad interior la comunicamos naturalmente a los demás sin palabras y a través de la unión de nuestras mentes, por lo que es importante para todo facilitador ser íntegro con respecto al nivel de seguridad que siente respecto de distintos temas.

Respetar el proceso de la persona

Guía 4. Apoyamos a otros mientras encuentran sus propias respuestas; no les damos ni consejos ni soluciones.

Guía 5. Cada uno de nosotros se apoya en su propia Voz Interior y confía en las respuestas que recibimos de ella.

Respetar y confiar en el proceso de curación y crecimiento de otras personas es señalarles el poder de su propia capacidad, es creer en ellos y abrirles nuestro corazón. Es reconocer su fortaleza y bondad intrínseca. Es ver más allá de su personalidad. Cuando vemos a los demás en posesión de los propios recursos interiores que les son necesarios para aprender, crecer y sanar, creamos un espacio en el cuál pueden comunicarse con su sabiduría interior y descubrir su propia unicidad.

El verdadero aprendizaje emerge de las circunstancias de la vida y de cómo respondemos y reaccionamos ante ellas. Para aprender es necesario tener experiencias internas y externas y hacer nuestras propias elecciones. Estamos en libertad de elegir nuestra actitud en cualquier circunstancia, aún cuando pensemos que lo que hemos escogido sea "un error." Como me dijo una vez un colega: "Los errores, no son errores sino pasos hacia el aprendizaje." Respetar el proceso es otra forma de respetar los "errores" que hemos cometido en los pasos que hemos dado en el proceso de aprendizaje. Al hacer nuestras propias elecciones y al hacernos responsables de ellas, nos fortalecemos espiritual y emocionalmente, y profundizamos la conexión con nuestra propia sabiduría interior.

Escuchar la sabiduría de nuestra Voz Interior para que nos guíe y dirija, nos lleva a una vida de valor, fortaleza y ecuanimidad. Cada persona tiene su propia Voz Interior que contiene y expresa la sabiduría necesaria para tener éxito en cualquier circunstancia de la vida. Nos convertimos en nuestros mejores terapeutas en tanto aprendemos a escuchar y a obrar conforme a nuestra Voz Interior. Es así como nos hacemos cargo de nuestro bienestar psicológico y espiritual.

Podemos estar tentados a aconsejar, a ofrecer interpretaciones y recomendaciones a las personas que buscan apoyo. Una parte nuestra desea que el problema se resuelva rápidamente para que tanto la persona como nosotros, podamos sentirnos mejor. Necesitamos estar atentos para no imponer nuestra voluntad a la otra persona. Respetar el proceso de cada persona significa honrar su libertad de escoger y de hacerse responsable de sus elecciones. Ann Landers recientemente escribió en su muy conocida columna de consejos: "Después de 33 años sigo encontrando muy gratificante poder escribir mi columna en el periódico. Me doy cuenta de que mucha gente que me escribe no quiere consejos; necesitan solamente a alguien que le escuche."[10]

Una de las más bellas afirmaciones de respeto al proceso de otra persona se expresa en el siguiente poema de Theodore Roszak:

Tú y yo nos conocemos como extraños,
cada uno llevando un misterio en nuestro interior.
Yo no puedo decirte quien eres,
y puede que nunca te llegue a conocer completamente. Mas
confío en que eres una persona en tu propio derecho, dotada
de una belleza y de un valor pertenecientes al tesoro mas rico
de la tierra.
Por consiguiente te hago esta promesa:
No le impondré identidades a tu ser, mas te invitaré a ser tú
mismo sin vergüenza ni temor.
Yo mantendré abierto un espacio para ti en el mundo y
defenderé tu derecho a llenarlo con una auténtica vocación.
Por cuanto dure tu búsqueda, tienes mi lealtad.[11]

He tenido la buena fortuna de haber sido apoyada dentro del espíritu de esta promesa, y he experimentado en esas relaciones, la magnitud y profundidad de mi propia curación. El espíritu de esta promesa respeta el proceso de uno mismo, así como el de la otra persona.

Uno debe practicar hacerse consciente de este proceso y de honrar su propia "verdad", sin importar que el mundo exterior esté de acuerdo o no. Esto me lo hizo ver claramente un incidente que ocurrió con mi automóvil Volvo fabricado hacía veinte años. Acababa de hacerle reconstruir el motor cuando decidí manejar hasta la casa de mis padres en Indiana. A quinientas millas fuera de Washington D.C., el sistema eléctrico del auto dejó de funcionar de pronto. Cuando paré el auto y me pregunté interiormente si la situación era seria, vi en mi mente dos cables que se pegaban uno al otro. Cuando me pregunté qué le pasaba al auto, oí las palabras "nada serio." Cuestionando este mensaje, empecé la odisea de llevar el auto a varias gasolineras y talleres. Consistentemente me dijeron que el sistema eléctrico del auto necesitaba una reparación mayor, pero dada su antigüedad, no tenían a mano las piezas de repuesto. Los presupuestos de reparación eran exorbitantes, no me sonaba como a "nada serio." Finalmente un taller de Volvo en Chicago diagnosticó el problema, un cable del motor del limpiaparabrisas se había quemado. Después de buscar sin éxito el repuesto en numerosos lugares en los se venden partes usadas, tuve que regresar a Washington con el sistema eléctrico descompuesto.

Durante todo este episodio, me sentí más y más confundida y desanimada acerca de la validez de mi Voz Interior. Por decirlo así, cedí mi propio poder, dando crédito a otros en vez de creer en mi Voz Interior. A partir de este incidente, me encontré cuestionando totalmente el proceso de mi dirección interna.

Al regresar a Washington, llevé el auto al taller de mi mecánico. Cuando el llamó y le pregunté cuál era el problema, me contestó: "¡Bueno, nada serio!, el cable del velocímetro y el del limpiaparabrisas se cruzaron, les puse cinta aislante y la reparación costará cinco dólares."

El aprendizaje que recibí de este acontecimiento no fue sobre la variedad de opiniones en el mundo de los mecánicos. Mi lección tenía que ver con confiar y honrar mi proceso en lugar de negarlo sólo porque alguien tenía un punto de vista diferente al mío.

Para ser efectivo en respetar el proceso de otra persona, es necesario:

1. Invitarla a cultivar el escuchar en su interior para obtener su

propia dirección y soluciones. (Guías para esto se encuentran en el Capítulo Dieciséis).

2. Abstenerse de dar sugerencias y ofrecer consejos.

3. No asumir que las experiencias y percepciones propias son idénticas a las de otra persona.

4. No evaluar ni juzgar como bueno o malo lo que la persona decida elegir, sino simplemente verlo como sus propias opciones en el proceso de aprendizaje.

5. Respetar el ritmo de su proceso, considerándolo como el más acertado para la persona.

6. Confiar en que su Ser Superior está totalmente a cargo de su proceso.

7. No tomar responsabilidad por sus elecciones y decisiones.

Permanecer dentro del propósito

Guía 6. No es necesario tener las respuestas para quienes apoyamos. La intención de extenderles nuestro amor es suficiente.

Guía 7. Estamos aquí para nuestra propia curación, y conforme la alcanzamos, la extendemos a los demás.

Guía 8. En cada situación escogemos paz al practicar el perdón y al despojarnos del temor.

Estas tres guías establecen el propósito de la facilitación, es decir un propósito que asegura la integridad de la relación entre la persona que facilita y la que es facilitada. Cada participante en esta relación es al mismo tiempo alumno y maestro del otro, practicando el dar y recibir recíprocamente. El propósito de cada interacción es tener la oportunidad de escoger la paz a través del perdón a nosotros mismos y a los demás. El propósito de extender amor es mantener abierto nuestro corazón hacia la otra persona. Cuando la relación de apoyo se mantiene dentro del propósito, ambas partes se sienten emocionalmente seguras y honran el proceso de curación.

Me encontraba en el proceso de escribir un manual de entrenamiento para facilitadores cuando Phil me llamó con la intención de verme para una sesión de consulta. En ese tiempo yo estaba experimentando una intensa ansiedad debido a una barrera mental que no me permitía escribir. Trece años atrás había sufrido una experiencia muy dolorosa mientras escribía mi tesis doctoral, y desde entonces había sentido mucha resistencia y ansiedad cuando me dedicaba a escribir profesionalmente.

En los últimos tres meses no me había sido posible escribir ni una sola palabra y sufría silenciosamente, usando todos los métodos de curación que conocía para tratar de romper mi barrera. La mañana en que Phil llamó, me había sentido desesperada y me había dado por vencida. Supliqué ayuda al meditar por la mañana.

Le dije a Phil que no podía verlo, ya que había reducido mi práctica y carga de trabajo para dedicar mis energías para escribir el manual. No le mencioné la angustia que sentía por no poder escribir. Phil empezó a suplicarme que lo viera, diciéndome que sólo necesitaría verme una vez y que el sabía que yo era la única persona que podía ayudarlo. Resignada le pregunté, "bueno, ¿porqué razón necesitas verme?" Me contestó: "Tengo una barrera mental para escribir. Soy profesor universitario y si no empiezo a escribir algunos artículos académicos mi puesto estará en peligro." Accedí ver a Phil.

Fue a través de mi trabajo con Phil y "su barrera," que yo trabajé a través de la mía. Vi que yo había traído todo mi trauma de hace trece años al presente. Lo estaba volviendo a vivir porque no había logrado curar el recuerdo. Cuando Phil se fue supe lo que tenía que hacer. Tuve que afirmar una y otra vez que yo estaba en el presente, en 1985, en este día, en esta casa, con esta máquina de escribir. Lo que yo quería escribir era un reflejo de mi propia vida y mis devociones, así que también necesitaba hacer de mi espacio para escribir, un espacio de devoción. Phil y yo fuimos maestro y alumno uno del otro. Experimentamos el don de dar y recibir y pudimos mantenernos en el propósito de nuestra relación de apoyo.

Mantenerse dentro del propósito también quiere decir escoger mantener el corazón abierto y extender amor cuando apoyemos a otros. A Blanche y Everard, dos facilitadores de nuestro Instituto, una maestra les suplicó que trabajaran con su clase de adolescentes con problemas. Este grupo estaba formado por adolescentes que habían sido expulsados de otras escuelas y que habían tenido ya varios problemas con la ley. Aparentemente nadie podía ayudar a esos muchachos y la maestra no veía solución alguna. El grupo incluso había forzado físicamente a un psicólogo fuera del aula.

Lo primero que Blanche y Everard hicieron, fue dividirlos en grupos de dos en dos. En aulas separadas, empezaron a enseñarles los principios de la curación de actitudes de una forma elemental. En cuatro semanas, se arriesgaron a combinar a los muchachos para las sesiones y la maestra notó que en esas cuatro semanas la clase había mejorado.

En la clase había una muchacha que parecía ser la líder del grupo y que "por lo grande y fuerte que era podía ser miembro de un equipo de fútbol." Un día Blanche estaba sentada junto a ella durante un ejercicio de visualización, cuando la muchacha empezó a agitarse. Blanche y Everard habían sido advertidos de que cuando la muchacha se agitaba, empezaba a aventar sillas y mesas, a romper cosas, a gritar y a destruir todo lo que se encontraba en su camino. La maestra y el grupo sabían que esta agitación precedía a los episodios de violencia.

Cuando Blanche se dió cuenta de que la muchacha iba a perder control, trató de dejar de pensar en lo que la maestra le había dicho que sucedería; después, sin mirar a la muchacha, Blanche se la imaginó como un ser pleno de amor y suavemente se le acercó y la tocó. La muchacha se calmó y no perdió control.

Algunas semanas más tarde, cuando Blanche y Everard decidieron dar por terminadas sus sesiones con el grupo, esta misma muchacha los sorprendió mucho diciéndoles: "¿Ustedes no nos van a dejar, verdad?"

Para tener ser efectivo en mantenterse dentro del propósito, uno necesita:

1. Reafirmar su propio objetivo de apoyar a otro, tanto antes de estar con él como durante el tiempo compartido.

2. Saber que los pensamientos amorosos pueden tener un impacto en las personas y situaciones.

3. Reafirmar la guía de instrucciones para facilitadores antes de empezar, y seguirlas durante el transcurso de la facilitación.

4. Reconocer lo importante que es volver a centrarse dentro del propósito cuando uno siente haberse desviado de este.

5. Periódicamente aclarar y evaluar, junto con la persona a quien se apoya, lo valioso y efectivo de esta relación, y volverla a orientar cuando sea necesario a fin de mantenerse dentro del propósito.

Utilizar la guía de ocho instrucciones para facilitadores, tanto en el servicio a otros como en nuestras relaciones personales y de trabajo, nos da poder y sustenta nuestro bienestar emocional y espiritual. En el Instituto, la guía de instrucciones nos ayuda a mantener el propósito y enfoque de todas nuestras actividades, ya sea en un grupo de apoyo, en una junta administrativa, en una conversación telefónica, en una clase de entrenamiento, apoyando individualmente a otra persona o en nuestras relaciones personales. Cualquier persona que desee crecer personalmente y servir a los demás, debe estar siempre consciente de los niveles y los atributos de lo que es servicio, y debe practicar esta guía de instrucciones.

SEGUNDA PARTE
LOS DOCE PRINCIPIOS

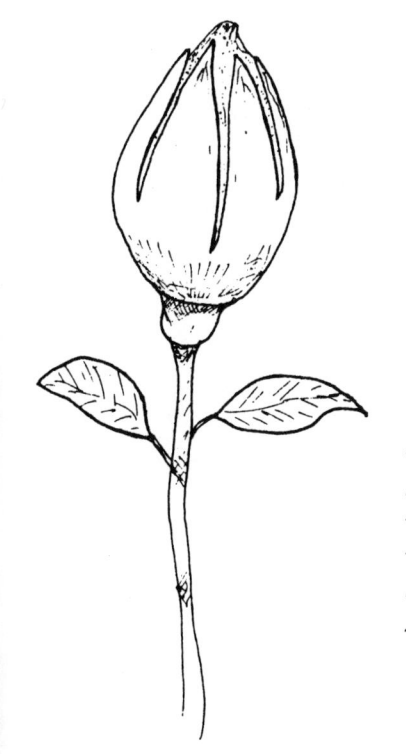

CAPÍTULO CINCO

He visto la verdad. No es como si la hubiera inventado con mi mente. La he visto, VISTO, y la imagen viva ha llenado mi alma para siempre... En un día, una hora, todo se podría arreglar de una vez. LO PRINCIPAL ES AMAR.

Feodor Dostoyevski

PRINCIPIO UNO

LA ESENCIA DE NUESTRO SER ES EL AMOR

ASERCIONES BÁSICAS

1. *Cada individuo es un destello de la luz universal; este destello es nuestra esencia.*

2. *El amor es la meta final y la más excelsa a que podemos aspirar.*

3. *El amor nos es concedido; una energía permanente en el universo y en cada ser humano; es nuestro estado natural.*

4. *Amar es ver más allá de las apariencias, más allá de la personalidad y más allá de cualquier característica especial en nuestras relaciones con los demás.*

5. *Las actitudes y emociones negativas son obstáculos para estar conscientes de la presencia del amor dentro de nosotros mismos y de los demás.*

6. *El amor nos es reflejado y nos promueve a estar conscientes del amor que llevamos dentro.*

7. *La meditación y la contemplación fortalecen el estar conscientes de nuestra esencia de amor.*

8. *El obstáculo predominante para tomar consciencia de la presencia del amor es el dudar de nosotros mismos.*

9. La consciencia de nuestra esencia de amor aumenta conforme extendemos ese amor a los demás.

10. El amor es lo que nos cura.

EL MENSAJE DEL PRINCIPIO

El primer principio de curación de actitudes abarca los once principios restantes. Sirve como los brazos que sostienen y envuelven a todos los demás principios. Este principio nos confronta al pedirnos encarar y cambiar la creencia básica de lo que sentimos que sea nuestra verdadera esencia. No es una tarea fácil, porque la mayoría de nosotros estamos profundamente convencidos de que nuestro estado inherente es inadecuado y falto de mérito. Como dijo un gran santo, la adicción más grande de la humanidad no es el alcohol ni las drogas sino la adicción emocional a dudar de nosotros mismos.

Esencia, como se define en el diccionario Webster, es "lo permanente, en contraste con lo accidental, en el elemento del ser."[1] Este principio nos dice que el amor es el elemento permanente. El amor es un don, es nuestro estado natural. Cada uno de nosotros posee este don en el mismo grado y proviene de la misma Fuente. Lo que difiere es el grado de consciencia que cada uno tiene acerca de la presencia de este don. La consciencia de nuestra esencia de amor aumenta cuando nos despojamos de la duda de nosotros mismos y cuando compartimos nuestro amor con los demás. Este don de amor, presente aunque estemos totalmente inconscientes de él, es lo que nos une con los demás y con la Fuente Divina.

En el tiempo en que yo preparaba el manuscrito para este principio en particular, ya había terminado de leer *El idiota* de Dostoyevski y me encontraba a la mitad de *Los hermanos Karamazov*. Justo como mi sueño lo había predicho, claramente veía la conexión de las novelas de Dostoyevski y la curación de actitudes y tenía la experiencia de que sus obras me servían como una luz que guiaba mi propia escritura.

Los hermanos Karamazov, el último trabajo de Dostoyevski y el de más inspiración, contiene muchos tratados filosóficos y espirituales sobre varios temas, incluyendo uno sobre el amor universal, expresado por medio del personaje del Padre Zósimo en su lecho de muerte. El Padre Zósimo, un venerable monje y sacerdote dotado de sabiduría y poderes curativos extraordinarios, fue un maestro espiritual muy querido para el novicio Alexei. Alexei, el hermano menor, es muy místico por naturaleza, en contraste con Dimitri, su hermano sensual, con Iván, su hermano intelectual, y con su atormentado medio hermano, Smerdyakov.

Alexei toma nota de las palabras del Padre Zósimo al despedirse de sus compañeros monjes. El padre Zósimo les dice que amen a la creación entera. Que habiendo comprendido el misterio de Dios, acabaremos por abarcar al mundo entero con un amor total y universal.[2]

Anterior a ésto, el Padre Zósimo había tenido un encuentro con los hermanos Karamazov y su padre, con la esperanza de encontrarle solución al gran conflicto de la familia. Al final de este encuentro, el Padre Zósimo se inclina de pronto hacia Dimitri con tal reverencia que su frente toca el piso. Más tarde le explicó a Alexei que el veía asesinato en el corazón de Dimitri. Al hacer el gesto con tal estima, el monje estaba honrando y reconociendo la esencia de amor interior de Dimitri. El esperaba que, con este gesto, la consciencia de Dimitri despertara a su verdadera esencia y que como consecuencia, el crimen no llegara a suceder.

Todos los personajes de Dostoyevski son ejemplos dramáticos del contraste entre el amor y el temor. Los personajes que actúan desde su esencia de amor son los héroes de Dostoyvski, como Alexei en Los hermanos Karamazov y Myshkin en El idiota. Sin embargo, la mayoría de los personajes de Dostoyevski se encuentran en un estado de temor, mientras luchan con la cuestión de la existencia de Dios, su esencia de amor.

En el contexto de la curación de actitudes, todas las emociones negativas como la duda de sí mismo, los celos, la confusión, la ira, el resentimiento y la condenación, se consideran como una forma de temor. El temor tiene su raíz en la creencia de que nuestras mentes se han separado de nuestra Fuente y de los demás. Porque nos parece que esta creencia es insoportable, la negamos, de manera que la reprimimos en el inconsciente. Luego proyectamos este temor reprimido en forma de ataque hacia otras personas o cosas. En contraste, el amor no se proyecta, se extiende hacia los demás. Siendo nuestro estado natural de ser, no tiene emoción opuesta.

¿Cómo puede uno experimentar la realidad de la presencia del amor, si existe conflicto, confusión y lucha en nuestra mente? Algunas veces es necesario comenzar en una forma sencilla y permitir que esa esencia se nos refleje como en un espejo a través de algo o de alguien. Kenneth Wapnick nos dice que la música de Beethoven y Mozart le sirvieron como la primera experiencia de su propia esencia de amor.[3] Hoy en día está reconocido el efecto curativo que tienen los animales domésticos con los enfermos mentales y con los pacientes geriátricos. Los animales sirven para despertar la consciencia interior del amor en estas personas.

Cuando se trabaja con cualquiera de los principios, debemos comenzar con honestidad. De acuerdo con este principio, simplemente por el deseo de ver la esencia de amor en alguien, no quiere decir que verla sea fácil o automático. Algunas veces ni aún el deseo de verla existe, no está presente. Como alguien que una vez me dijo, "Quiero querer, QUERER ver la esencia de amor en mi madre, pero en este momento no quiero." Esta persona comenzaba a trabajar con este principio aceptando con honestidad su nivel de disposición a hacerlo, lo cual es un primer paso sano y vital para ver a su madre de una forma diferente.

Invertimos tanto tiempo diciéndonos a nosotros mismos y a los demás lo que no somos. Es de vital importantancia afirmar lo que ellos y nosotros somos en verdad. Debemos conscientemente buscar evidencia de nuestra esencia de amor donde sea posible, en la música, la naturaleza, los animales o en otra persona. Debemos afirmar honestamente la actitud de conflicto en que nos encontramos, para poder crear la posibilidad de impulsarnos hacia una actitud de mayor paz.

¿CUÁL ES MI ACTITUD?

Concentra tu atención en las siguientes preguntas y escribe tus sentimientos en un diario.

1. ¿Cómo describiría la consciencia que tengo sobre mi esencia interior, tal como la define este principio?

2. ¿Quién percibo que me refleja o reflejó esta esencia, ya sea una persona viva o alguien que haya muerto?

3. ¿Con qué o con quién parezco olvidarme de estar consciente de mi propia esencia?

4. ¿Cuáles de mis actitudes sirven como obstáculos o barreras para experimentar mi propia esencia?

5. ¿Cuáles de mis actitudes sirven como obstáculos o barreras para ver esa esencia en los demás?

6. ¿Cuán dispuesto estoy a reconocer mi propia esencia de amor y la de otros?

7. ¿Dedico algún tiempo durante el día para recordar conscientemente o reflexionar sobre mi verdadera esencia por medio de la meditación o a la contemplación?

PRÁCTICA DEL PRINCIPIO

Selecciona los ejercicios que mejor faciliten y apoyen tu proceso de curación, escribiendo tus respuestas en un diario. Puedes grabar de antemano los ejercicios de visualización.

1. La práctica de conectarte con la esencia del amor dentro de ti, es esencial para poder integrar plenamente este principio en tu vida. La

manera más directa, eficiente y significativa de hacerlo es a través de la meditación. Al empezar el día con meditación estableces el tono del día. Aunque el tiempo de tu meditación te parezca inquieto y tus pensamientos parezcan fuera de control, la meditación tendrá una influencia positiva en la experiencia que tengas de tí mismo y de tus relaciones durante el día.

La meditación es un enfoque silencioso de atención hacia el interior que sirve para hacer un contacto más profundo con tu realidad espiritual interna. En la meditación alcanzas a llegar a la profundidad de tu vida interior e ir más allá de cualquier doctrina o creencia.

Existen muchas formas de meditación y es posible que tengas ya un método que usas y que prefieres. De no ser así, me gustaría recomendar el uso del mantra "hamsa," el cual significa "Soy Eso, Eso Soy." Ese es un mantra natural, puesto que son los sonidos que hacemos al respirar, con "ham" al inhalar, y "sa" al exhalar. Un mantra es un versículo de un texto sagrado que se canta o se recita, como en una oración.

Instrucciones para el mantra Hamsa:

- Siéntate en una silla con los pies descansando en el piso o siéntate en el piso o sobre una silla con las piernas piernas entrelazadas. Junta las manos ligeramente sobre tu regazo o junta los dedos pulgar e índice de cada mano y colócalas sobre tus rodillas. Mantén tu columna vertebral erguida y cómoda.

- Cierra los ojos. Respira naturalmente.

- Repite el mantra en silencio; "ham" al inhalar, (pronunciado "jam"), "sa" al exhalar.

- Concéntrate en el mantra y absórbete en él. Si te distraen pensamientos, sentimientos o ruidos, regresa calmadamente tu atención al mantra.

- Ahora medita por 20 minutos.

- Lentamente regresa tu atención al lugar donde te encuentras y abre los ojos. Puedes quedarte sentado en silencio por unos minutos y reflexionar sobre cómo quisieras que trancurra el día que comienza.

Uno puede empezar y terminar el día con meditación. Yo encuentro también, que es muy útil pasar unos minutos en silencio durante el día para conectarme con la consciencia de mi tranquila realidad interior.

2. La visualización y la imaginación guiada son dos herramientas muy útiles para la curación de la mente. La visualización es la técnica de ver mentalmente una imagen o imágenes creadas por uno mismo. Muchos atletas usan la visualización para "crear" su desempeño en anticipación del evento. La imaginación guiada es simplemente la visualización guiada desde afuera. El propósito de esta técnica es traer a la consciencia sentimientos y experiencias desde el subconsciente.

La gente experimenta la visualización de diferentes maneras. Muchos no ven las imágenes sino que las sienten, otros ven con la misma claridad con la que ven un sueño. Date la libertad de experimentar la visualización de la manera que sea propiamente tuya; no evalúes tu desempeño comparándolo con el de los demás. La experiencia de la visualización cambia con la práctica. Al principio tu mente puede divagar; te será útil pasar unos minutos en meditación para calmar la mente antes de comenzar una visualización.

Como es difícil leer y visualizar a la vez, puedes grabar los ejercicios de la visualización. Permite suficiente tiempo para procesar cada paso. Posiblemente necesites varias pruebas antes de producir la mejor versión grabada, y con las suficientes pausas para que permitan tu proceso.

Ejercicio para imaginacion guiada:

Cierra tus ojos e imagínate parado frente a ti mismo. Observa como eres ahora, y fíjate en la expresión de tu cara y en lo que parece estar comunicando tu cuerpo.

Ahora imagina un hermoso resplandor de color blanco-azul, que emana del corazón de este tú que está en frente de tí. Al crecer y expandirse ese resplandor blanco-azul, ese tú se convierte en un ser hermoso, lleno de gozo, emocionalmente fuerte y sereno, sabiendo que todo está bien y que todo es bueno. Reconoce la belleza de ese tú sabiendo que eres tú.

Calmadamente abre los ojos y lleva contigo este recuerdo de ti mismo durante todo el día. Piensa en esa persona como siendo tú, para que lo que digas o hagas durante el día provenga de esa consciencia. Si lo olvidas, calmadamente haz regresar esa imagen a tu mente y recuerda sus cualidades.

3. Escoge algo que te recuerde tu esencia y colócalo en el lugar donde vives o donde trabajas, o llévalo contigo. Puede ser un retrato, un regalo que se te haya dado, una tarjeta que hayas conseguido o que hayas recibido, un pendiente, un pequeño cristal, una vela encendida o algún otro recordatorio significativo.

4. En una hoja de papel, lista detalladamente todo aquello que sea una barrera que te impida ver tu esencia de amor. Luego, anota todas las barreras que tengas para ver esa esencia en los demás. ¿Son estas listas iguales o diferentes? Cuando sientas que haz terminado con las listas, simplemente deséchalas.

5. Con toda intención, busca evidencia de que la esencia de amor en los demás existe, sobre todo en aquellas personas con las que sientas agravio o con quienes te sientas incómodo en su presencia. Ésto puede requerir que busques una mirada, un gesto, una expresión verbal

o no verbal. Toma nota de cualquier resistencia que tengas para hacer este ejercicio. Enfócate a estar dispuesto a ver esa esencia y luego a observarla, en vez de forzarte a verla.

6. Lee cada día algo que te inspire, y permite que esa lectura fortalezca la consciencia de tu esencia de amor. Leer antes de dormir material edificante e inspirador, te asegura un descanso con más paz y una mañana gozosa el día siguiente.

¿HE SANADO MI ACTITUD?

Después de practicar los ejercicios anteriores, concentra tu atención en las siguientes preguntas y escribe tus sentimientos en un diario.

1. ¿Estoy más consciente de las veces que obstruyo mi esencia de amor así como de las veces que la extiendo?

2. ¿Tengo más consciencia de la esencia de amor en los demás, especialmente de la de aquellos con quienes me siento en conflicto?

3. ¿He alcanzado a tener menos miedo de mis propios pensamientos y de los pensamientos de los demás?

4. ¿Ha aumentado mi sentimiento de ecuanimidad, particularmente en situaciones de tensión?

5. Cuando medito en la mañana, ¿experimento el día en forma diferente?

6. ¿Tomo tiempo para volver a centrarme cuando pierdo contacto con mi esencia?

7. ¿Ha habido algún cambio notable en la calidad de aquellas

relaciones en las que he estado experimentando conflicto?

APLICACIÓN DEL PRINCIPIO EN EL SERVICIO A LOS DEMÁS

Como facilitador, este principio te proporciona un contexto filosófico dentro del cual puedes desarrollar todas tus relaciones de apoyo. Se te pide mantenerte a ti mismo y a los demás en tu corazón, con completa aceptación de la divinidad y humanidad tanto tuya como la de los demás. Stephen Levine afirma que con la práctica "cultivamos una apertura del corazón" y "empezamos a experimentar el increíble poder de este amor. Vemos que con todo nuestro miedo e imaginada falta de valía, y con todas nuestras dudas y deseos, nos es difícil mantenernos en un estado de amor todo el tiempo, pero que es más difícil no amar."[4]

El amor es la continua realidad presente que se manifiesta constantemente en tu trabajo de facilitación. La experiencia de amarse a sí mismo y la de amar a los demás, a la larga alcanza a ser indistinguible. Así como no eres capaz de amar a otra persona sin amarte a ti mismo, amar a otra persona te refleja la experiencia de amarte a ti mismo.

Como facilitador, tienes la responsabilidad de cuidarte y nutrirte física, mental, emocional y espiritualmente, para que así puedas hacerte cada vez más consciente de tu esencia de amor. No puedes ser una fuente de amor y fortaleza a menos que alimentes ese amor y esa fortaleza dentro de tí mimso. Como facilitador, no puedes crear un espacio donde los demás se sientan seguros y cómodos, mientras tu no logres sentirte seguro y cómodo contigo mismo. Los demás confían en ti cuando tú confías en ti mismo.

Debes decidir cuales disciplinas te sirven mejor como nutrición física, mental, emocional y espiritual. La disciplina de meditación y contemplación diarias es esencial. Personalmente, encuentro que es importante contemplar el significado de un sueño que haya tenido la noche anterior, la dinámica de un asunto de actualidad o una cualidad presente que quiero fortalecer dentro de mí misma. Procuro confrontar las molestias en cuanto éstas ocurren, en vez de ignorarlas o negarlas. Paso mucho tiempo en silencio y controlo y limito el tiempo que invierto en distracciones.

Como facilitador, es importante para ti ocuparte de integrar actividades placenteras en tu tarea, para que así comiences a experimentar el vivir plenamente cada día. Las palabras de Joseph Campbell sirven para inspirarnos a buscar la suprema felicidad de vivir:

> La gente dice que lo que todos buscamos es el significado de la vida. No creo que sea eso lo que realmente estemos buscando. Creo que lo que buscamos es la experiencia de estar vivos, en tal forma que nuestras experiencias de vida en un plano puramente físico tengan resonancia dentro de nuestra más profunda realidad y existencia, y así poder sentir el éxtasis de estar vivos.[5]

Apoyar a los demás es una manera en la que podemos experimentar la suprema felicidad de la vida. Al abrir tu corazón, te conviertes en un ser más activo y comienzas a vivir la vida más plenamente.

¿CÓMO VOY PROGRESANDO?

Periódicamente revisa tu progreso en la aplicación de este principio en el servicio a los demás. Toma nota de tus preocupaciones, preguntas y sentimientos en un diario.

1. ¿Cómo voy físicamente? ¿Necesito reforzar el cuidado de mi cuerpo?

2. ¿Cómo voy emocionalmente? ¿Estoy satisfaciendo mis necesidades emocionales?

3. ¿Cómo voy mentalmente? ¿Necesito reforzar mis conocimientos o incrementar mi aprendizaje?

4. ¿Cómo voy espiritualmente? ¿Necesito fortalecer mis prácticas espirituales?

5. ¿Estoy más consciente del amor a mí mismo cuando estoy sirviendo a los demás?

6. ¿Estoy más consciente de la esencia de amor en la persona a quién estoy apoyando?

7. ¿Veo más claramente cómo se relaciona servir a los demás con vivir mi vida más plenamente?

CAPÍTULO SEIS

Nada, nada en la vida es para temerse.
Solamente para entenderse.

Marie Curie

PRINCIPIO DOS

SALUD ES PAZ INTERIOR. SANAR ES DESPRENDERSE DEL TEMOR

ASERCIONES BÁSICAS

1. *La salud es un estado de ser, un estado mental que es armonioso, activo, flexible, viviente, y pleno de energía. Salud, en este contexto, no se trata de la condición física del cuerpo.*

2. *La meta de la salud es la paz interior.*

3. *La salud se logra sanando una mente temerosa.*

4. *Sanar es el proceso de remover las barreras que obstaculizan la meta de la paz interior.*

5. *El temor, expresado en sus diversas formas: ira, culpa, celos, conflicto, duda, inseguridad, confusión, es el obstáculo para la paz interior.*

6. *Toda enfermedad, tanto física como mental, es considerada como una oportunidad para curar a la mente de sus temores, y por consiguiente, como una oportunidad para el crecimiento espiritual.*

7. *Solo existen dos emociones, el amor y el temor.*

8. *El primer paso para liberarnos del temor es reconocer que el temor existe en la mente de uno y observar ese temor.*

9. *La raíz de todo miedo es la creencia de que uno esta separado de otros y de la Fuente Divina.*

10. *La curación de la mente es usualmente un proceso gradual que ocurre con el tiempo y que requiere compromiso, persistencia y paciencia. A veces, la curación ocurre instantáneamente.*

EL MENSAJE DEL PRINCIPIO

Crecí en una familia cuya filosofía era "si no posees salud física, no tienes nada." Como en la mayoría de las familias, la salud se definía primeramente en términos del funcionamiento del cuerpo. Nuestra sociedad, en general, centra su atención en la salud del cuerpo, y falla en prepararnos a desarrollar y mantener una mente y un espíritu sanos. Por ejemplo, existe muy poca educación, preparación o instrucciones especiales para aquellos que tienen el papel de más poder e influencia en la vida: los padres de familia. Como resultado, es frecuente que familias sufran grandes luchas emocionales y problemas que se acumulan a través de años y generaciones, porque nunca se les ha puesto atención.

En la curación de actitudes, salud no se refiere a la condición física del cuerpo; más bien, la definimos como un estado del ser, como un estado mental libre de conflicto, que es armonioso, activo, flexible, viviente, y lleno de energía. En ese estado, una persona está totalmente en el momento, dedicada a vivir la vida plenamente y en posición de genuina fuerza emocional y espiritual para enfrentar cualquier situación.

Uno logra la meta de salud (paz interior) a través del proceso curativo de la mente. Sanar es el proceso de ir removiendo los obstáculos hacia la meta. El temor, en sus variadas formas, es el obstáculo para la paz interior. Por consiguiente, despojarse del temor es el proceso de curación. Despojarse del temor, en sus formas variadas, suele ser un proceso gradual, como el de pelar una cebolla.

Se va desechando capa tras capa de temor hasta que queda al descubierto el centro de nuestro ser, nuestra esencia, nuestra paz interior y nuestra salud.

Por consiguiente, en el contexto de la curación de actitudes, a toda enfermedad física se le considera como una oportunidad de sanar la mente, una oportunidad de crecimiento espiritual. Este concepto es compatible con lo que escribió el renombrado cirujano Bernie Siegel autor del exitoso libro *Love, Medicine and Miracles*, y quien desarrolló un novedoso enfoque para apoyar a pacientes con cáncer. El enfoque de Siegel, en parafrasis, es:

1. Acepta tu enfermedad para que energía constructiva te sea disponible. Una actitud de resignación es destructiva y permite que la enfermedad controle tu vida. Aceptación significa reconocer que la enfermedad existe, pero que es algo que puedes dirigir, en vez de llevar a cuestas.

2. Considera a tu enfermedad como una fuente de crecimiento psicológico, como una oportunidad de reemplazar, con ese crecimiento, lo que fue perdido.

3. No juzgues a tu enfermedad, sino considérala como una nueva y positiva dirección hacia lo que se supone que deberías estar haciendo en tu vida. Esto implica que realmente todo está bien y que esta nueva dirección es intrínsecamente la correcta para ti.

4. Considera a la muerte, o al retorno de una enfermedad, como oportunidades adicionales de crecimiento, y no como fracasos. La meta no es mantenerte en vida, sino más bien vivir y disfrutar en el presente. Todos tenemos algun día que aceptar que la muerte es inevitable.

5. Concéntrate en el amor a ti mismo y en la paz mental, y tu cuerpo responderá. Tu cuerpo recibe los mensajes de la mente, y tu sistema inmunológico se fortalece. Enfocándote en tu valor intrínseco,

teniendo fé en ti mismo y reconociendo que tienes algo que ofrecerle al mundo es como se crea una vida plenamente vivida.

6. Asegúrate de que la paz mental, la aceptación y el perdón sean tus metas en la vida, no el deshacerte de tu enfermedad física. Considera la enfermedad como un temor, como un problema que tienes que enfrentar. Aprende lo que es la esperanza, el amor, la aceptación, el perdón y la paz mental, y tu enfermedad puede desaparecer en el transcurso.

7. Comprende que la única manera de alcanzar la inmortalidad es dejando tras de ti el regalo de amor. Amar es vivir.[1]

Con frecuencia, cuando una persona empieza a trabajar con una enfermedad física o mental por primera vez como si estas fuesen una oportunidad de crecimiento espiritual, tiene que encarar un temor subyacente. Éste es el miedo a despojarse del temor, el miedo a lo desconocido, el temor a lo que se pueda descubrir en el proceso. Para sacar a la superficie y desprenderse de años de temores reprimidos y negados, es necesario poseer la fortaleza de un guerrero espiritual. El guerrero espiritual representa a la parte de nuestro ser que está dispuesta y es apta para enfrentarse al dolor emocional, y que posee la fortaleza y la fuerza vital para persistir hasta completar el proceso de curación, aunque este tome muchos años.

Es de extrema importancia comprender la naturaleza de la psique. Uno puede ver a los diferentes pisos y cuartos de una casa, como una representación de los diversos niveles y funciones de la psique humana. La planta baja representa el estado consciente, los pisos altos al Ser Superior y el sótano al ego. La planta baja o el primer piso, representados por la sala, comedor y cocina, es donde nos relacionamos con otros y nos nutrimos durante las horas en que estamos despiertos. El sótano se utiliza para almacenar cosas que casi nunca se usan, cosas que queremos guardar para necesidades futuras, o cosas que aunque ya no nos son útiles, no queremos desechar. Los pisos superiores representan nuestro Ser Superior; un lugar en el que almacenamos nuestros más preciados bienes o en donde soñamos nuestros sueños más elevados. Además, por toda la casa existen armarios en donde se guarda una diversidad de cosas. Comparado con lo que está guardado o almacenado, es relativamente poco lo que es visible en una casa; así ocurre con nuestra psique. Poseemos un estado consciente en el que funcionamos en la vida cotidiana, mas muchos de sus aspectos y memorias estan guardados o almacenados, algunos muy escondidos y aún olvidados durante años, y otros que, aunque siguen siendo gran parte de nuestra realidad interior, no tienen gran uso en nuestra vida actual.

Conocí a Ana por primera vez en uno de mis talleres. Ella era una mujer de cincuenta años, y compartió con nosotros que había crecido en una familia abusiva, y que había huído de ésta a los veinte años, jurando no regresar jamás. A la vez, Ana insistía en que, al contrario de otras personas con pasados traumáticos, ella no tenía temores ni problemas. Otros tenían vidas abrumadoras, pero la de ella era feliz. Ella era una mujer exitosa, con carrera, con un esposo y una familia amorosos. Su motivo para asistir al taller era meramente para llevar a una amiga, la cual "realmente necesitaba ayuda."

Sin embargo, después de ese taller, Ana continuó regresando al Instituto y asistiendo a otros cursos. Finalmente, mientras asistía al curso de capacitación para facilitadores, comenzó a dejar de fingir. Cautelosamente comenzó a abrir las puertas de su memoria, cerradas durante largo tiempo, y a reconocer sus temores, su niñez disturbada y empobrecida, y a descartar su pretensión de bienestar y felicidad.

Al comenzar a limpiar sus "armarios mentales," ella comenzó también a limpiar los armarios en su casa. Hasta entonces, los bienes materiales le habían sido de gran importancia y rara vez desechaba algo. Mas ahora, Ana sintió una urgencia particular de desechar una colección de patrones de vestidos Vogue, que había guardado en su sótano durante veinticinco años.

Para Ana el observar simbólicamente, como observar un sueño, la limpieza de su casa resultó ser una herramienta muy útil. Los patrones de vestidos simbolizaban su deseo de aparecer totalmente integrada (como era su "viejo patrón" de vida); esos patrones estaban almacenados en el sótano de su subconsciente junto con sus memorias reprimidas. Una vez que Ana decidió dejar de engañarse, diciendo que su vida estaba bien, cuando no era así, quedó dispuesta a descartar sus antiguos patrones de vida. A pesar de que físicamente había dejado a su familia hacía treinta años, había almacenado las memorias y los patrones sin haberlos sanado.

El proceso de curación de Ana comenzó a acelerarse a medida que ella confrontaba sus miedos y se desprendía de su dolor. El estar en el grupo le permitió a Ana reconocer que era amada, mientras trabajaba en su proceso y reconocía su propia fuerza. Encontrarse en ese espacio de amor y seguridad le permitió enfrentarse a su doloroso pasado. Fué una verdadera guerrera espiritual.

Cuando nos deshacemos de temores, es de gran importancia tener lo que yo llamo un "cable con la vida", es decir, una conexión con alguien que represente el amor incondicional en nuestra vida y que lo refleje hacia nosotros. Para Ana ese cable con la vida fue el grupo del curso de capacitación para facilitadores. El cable con la vida también puede ser nuestra meditación, la vida de oración, o la participación en Alcohólicos Anónimos, o en cualquier otro programa de apoyo. Un cable con la vida es cualquier cosa que nos sirva de recordatorio de nuestra verdadera esencia mientras se experimentan tiempos difíciles al deshacernos de temores.

Sentimos temor por la creencia en nuestra separación de Dios y de la humanidad. En cualquier momento en que experimentamos o en que nos viene al pensamiento la separación, nos sentimos culpables y creemos merecer castigo. Porque esperamos ser castigados nos sentimos inseguros, y porque nos sentimos inseguros desarrollamos defensas (obstáculos) que toman la forma de alguno de los aspectos del temor. El ciclo, entonces, se repite. Nuestro temor crea una atmósfera de aislamiento y soledad; nos sentimos víctimas de los acontecimientos que nos rodean. Sin el miedo nos sentiríamos perfectamente a salvo y en paz. Es por eso que para experimentar la paz interior debemos despojarnos del temor, sanando nuestro sentido de separación y restableciendo el amor como nuestra verdadera identidad.

Mientras trabajaba en este capítulo, me preparaba para una segunda peregrinación a Medjugorje, la aldea de Yugoslavia en donde la aparición de la Virgen María ha estado ocurriendo desde 1981. Nuestra Señora ha aparecido a través de la historia y ha sido mensajera y guía en tiempos de gran conflicto. Curaciones físicas y espirituales están asociadas con estas apariciones.

Fray Jozo Zovko, que anteriormente fue párroco de Medjugorje, cuenta la historia de dos mujeres italianas, ambas en sillas de ruedas, y que fueron a Medjugorje con esperanzas de una curación física:

> La mayor de ellas fue curada y regresó a su casa gozosa de poder caminar de nuevo; la menor, Manuela, continuó en su silla de ruedas, mas se quedó allí para alabar y darle gracias a Dios. Ambas habían venido con el deseo de ser sanadas, y ambas lo fueron. Pero la curación no es solamente física, es algo que sucede en el corazón. Manuela fue sanada en su corazón. Jubilosa alababa a Dios por haber venido a ella, por iluminarle la cruz que cargaba, por mostrarle su significado y su valor. Comprendió que desde su silla de ruedas ella podía proporcionarle consuelo espiritual a muchas personas, hablándoles del amor de Dios, de la bondad, y acerca de la sabiduría que puede traer la paciencia. Manuela regresó llevando a casa un mayor gozo en su corazón que el de la mujer que regresó a casa pudiendo caminar. La Iglesia estaba agradecida por ambas bendiciones. Profundamente agradecida.[2]

Al contar esta historia, Fray Jozo comparte su convicción de que la verdadera curación es la interior. El mensaje de Nuestra Señora de Medjugorje es paz, esa paz que comienza en el corazón y que se extiende hacia fuera. Puesto que la salud es paz interior, la curación comienza interiormente.

¿CUÁL ES MI ACTITUD?

Concentra tu atención en las siguientes preguntas y escribe tus sentimientos en un diario.

1. ¿Bajo qué circunstancias estoy más consciente de temer y a qué atribuyo mi temor?

2. ¿Cuáles son mis prioridades en la vida y hasta qué punto incluyen estas la salud de mi mente?

3. ¿Qué beneficio podría sacar yo de pertenecer temeroso?

4. ¿Bajo qué circunstancias me siento emocionalmente seguro?

5. Recordando que la salud se define como la paz mental ¿cómo describiría mi salud?

6. ¿Estoy dispuesto a considerar que es necesario que la salud de mi mente debe ser una prioridad en mi vida?

7. ¿Qué obstáculos me impiden trabajar en la curación de mi mente?

PRÁCTICA DEL PRINCIPIO

Selecciona los ejercicios que mejor faciliten y apoyen tu proceso de curación escribiendo tus respuestas en un diario. Puedes grabar de antemano los ejercicios de visualización.

1. Traza una línea vertical en el centro de una hoja de papel en blanco. En lo alto de la columna de la izquierda escribe la palabra TEMOR, y en el de la derecha escribe AMOR. Durante los siguientes minutos usa cualquier palabra, frase o descripción que desees, contrastando estas dos emociones. Por ejemplo bajo

TEMOR podrías escribir "obscuridad" y bajo AMOR "luz", o bien, "fragmentación" bajo TEMOR, y bajo AMOR "integración."

Después deja tu papel a un lado, adopta una posición cómoda y cierra los ojos.

Evoca algún temor que tengas por ahora, o que hayas tenido en el pasado; podría también ser uno con relación al futuro.

¿De qué color es tu miedo? ¿De qué tamaño es? ¿Qué forma tiene? ¿Cómo se siente tocarlo? ¿Lo puedes oler? ¿Qué temperatura tiene? ¿Qué sonido emite?

Ahora personifica tu miedo de alguna manera. ¿A qué se parece? ¿A un animal? ¿Un insecto? ¿Una persona? ¿Cuáles son sus rasgos?

Mira al personaje que te asusta. Cara a cara. Ten paciencia y valor. Permanece en el proceso; no te escondas ni te alejes de tu temor.

Al enfrentarte con tu miedo, pregunta qué mensaje tiene para ti. ¿Qué es lo que te quiere decir? Toma unos momentos y conversa con él; escucha su mensaje.

Ahora imagínate ser transportados a un bellísimo valle. Tú y tu miedo se encuentran entre árboles y flores, en un prado hermoso desde el cual se ve una montaña. Te sientes seguro en ese lugar.

Juntos comienzan a subir la montaña, uno al lado del otro. Camina despacio; toma tu tiempo. Si puedes hacerlo, toma de la mano a tu miedo o sostenlo de alguna forma. Si no te parece posible hacer eso, de alguna manera permítele que camine a tu lado al ascender la montaña juntos.

Al ir ascendiendo notas que el aire se vuelve más y más puro y tú acoges el silencio de las alturas y la belleza del panorama. Permanece consciente de la presencia de la personificación de tu miedo junto a ti.

Al ir los dos ascendiendo, comienzas a notar que el miedo va cambiando lentamente; se va convirtiendo en algo diferente. Se va transformando gradualmente y quizá su transformación llegue a ser total.

Alcanzas la cima de la montaña y el sol brilla sobre ambos. Ahora aún podrías ver una transformación más de tu miedo. ¿En qué se ha convertido tu miedo? Permítele expresar su lado constructivo, su más alto potencial.

Lentamente abre los ojos y pregúntate: ¿Qué experimenté? ¿Qué transformaciones ocurrieron y qué puede esto revelarme? ¿Ocurrió una transformación o no? ¿Quise resistirme a seguir la imaginación guiada?

Si no experimentaste una transformación de tu miedo, es posible que necesites repetir el ejercicio. Es posible que tengas dificultad para reconocer y aceptar tu miedo. Para que pueda comunicarse contigo y transformarse en su potencial más alto, necesitas permitirle ser lo que es. Si juzgas de manera negativa a tu miedo o no lo aceptas como parte de ti mismo, su lado constructivo no aparecerá. De esta manera el miedo puede intensificarse y adentrarse en el subconsciente. Ferrucci describe este proceso de la manera siguiente:

> ...cualquier contenido de nuestra psique puede ser degradado (literalmente "bajado de su estado más alto"). La compasión puede convertirse en tenerse lástima, el gozo puede volverse manía, la paz convertirse en inercia, el humor decaer en sarcasmo, la inteligencia tornarse en astucia, y por el estilo. Pero lo opuesto es también

cierto: el contenido de la consciencia puede elevarse; tenerse lástima se puede convertir en compasión, y así lo demás. De hecho, nada es estático en la vida de la psique. Cuanto más nos elevamos, más cerca estaremos de la unidad. El conflicto existe en las distorsiones, pero no en la fuente. Como lo expresa Teilhard de Chardin, todo lo que asciende, converge.[3]

2. Un diálogo es una conversación entre dos personas. Como herramienta de curación, el dialogar nos permite conversar con personas o con animales, ya sean vivos o muertos, con emociones (ira, temor, etcétera), o con objetos (un árbol, el dinero, etcétera). Puedes dialogar visualisando a la persona, el animal, la emoción o el objeto. También puedes dialogar escribiéndoles y luego escribiendo su respuesta. El dialogar te brinda la oportunidad de expresar tus pensamientos y sentimientos, y con igual importancia, te brinda la posibilidad de escuchar el punto de vista de con quien dialogas. Antes de comenzar el diálogo es útil meditar durante unos minutos y pedir ser guiado, para comunicarte con claridad y honestidad.

Ejercicio de diálogo:

En una visualisación o en tu diario, dialoga primero con tu identidad infantil, luego con tu identidad adolescente, y finalmente con tu identidad adulta. Pregúntale a cada una de ellas si le tiene miedo a la soledad, a la intimidad, o miedo a que algún suceso pudiera repetirse. Pregúntales sobre necesidades que no les hayan sido satisfechas. Pregunta cual sería la recompensa por conservar los temores. Pide que te digan si el temor se relaciona con la necesidad de perdonar. Tranquiliza y consuela a tus identidades interiores. También podrías dialogar con el temor mismo. Dialoga con cada uno de ellos hasta sentir que hayas completado el diálogo. Puedes regresar a uno de los diálogos y continuarlo en el futuro.

3. Siéntate en una postura cómoda y cierra los ojos. Imagínate de pie y cara a cara con tu madre. Fíjate en la naturaleza del lazo que parece mantenerlos juntos. Este lazo puede mostrarse en forma de cuerdas, cadenas o barreras.

Pide a un Ser Santo que se una a ustedes. Este Ser debe representar el amor total e incondicional en su forma más excelsa, como el amor de Cristo.

Pide a ese Ser que rompa y disuelva el lazo que existe entre tú y tu madre. Observa como quedan libres el uno del otro.

Al continuar mirando de frente a tu madre, pide al Ser: "Sé el puente que cierre la brecha entre el amor que yo necesitaba y el amor que recibí de mi madre."

Visualiza al Ser, a ti y a tu madre, tomados de la mano mientras el Ser irradia amor total e incondicional hacia ambos.

Visualiza al Ser caminando entre tú y tu madre en un sitio hermoso en la naturaleza. Si te es cómodo hacerlo, los tres pueden tomarse de la mano o abrazarse.

Completa la visualización de la manera en que sientas que es correcta para ti. Posiblemente desees continuar sintiendo la presencia del Ser caminando junto a ti y tu madre conversando; o bien puedes desear que el Ser los deje por ahora, para que tú y tu madre puedan caminar juntos y conversar entre ustedes con amor.

Repite el mismo proceso con tu padre. Luego hazlo con cualquier persona en tu vida con quien crees tener una relación que no ha sanado.

4. Cierra tus ojos y visualiza, parada junto a un pizarrón, a alguna persona hacia quien sientas temor, ira o conflicto.

Acércate al pizarrón y escribe todos los agravios, disgustos y sentimientos que tienes acerca de esa persona. Procura hacer la lista mas completa que puedas.

Luego borra el pizarrón por completo para que quede "totalmente limpio."

Ahora mira de frente a la persona y exprésale genuinamente: "Te hago una promesa: No volver, a proyectar sobre ti lo que piense que eres, o quien piense que eres. De ahora en adelante deseo que escribas en la pizarra quien eres tú realmente."

Observa si la persona decide escribir algunas palabras; si no, deja que así sea. Al paso de los días y las semanas revisa periódicamente para ver si la persona ha escrito algo.

Cuando veas o pienses en esta persona y te encuentres interpretando su conducta y sintiéndote mal, vuelve a imaginarte borrando el pizarrón, reafirma tu promesa y ve si te es posible imaginar a esa persona escribiendo allí quien realmente es.

5. Traza una línea vertical en el centro de una página en blanco. Al lado izquierdo identifica y clasifica la lista de tus temores con frases simples como por ejemplo: "me da miedo hablar delante de un grupo." Al lado opuesto de la página escribe una afirmación positiva que refleje alguna cualidad o virtud que puedas recordar cuando te encuentres en esa situación. Por ejemplo podrías escribir: "me valoro y aprecio como ser único." Si escribes en el lado izquierdo, "me da miedo conducir en carretera," puedes escribir en el derecho, "soy cuidadoso y estoy alerta cuando conduzco." Las afirmaciones positivas deben reflejar la convicción que tienes sobre tu fortaleza, y por consiguiente, con la que puedes contar en esa situación. Utiliza estas afirmaciones en aquellas situaciones en que te encuentres temeroso.
6. Antes de comenzar tu día recita la afirmaciones que siguen, y

regresa a ellas durante el día cuando te encuentres experimentando temor o conflicto. Esta es una adaptación de un ejercicio de desidentificación en psicosíntesis, sugerido por Assagioli en su libro *The Act of Will*.

Tengo un cuerpo pero no soy mi cuerpo. Yo soy más que eso.
Mi cuerpo se puede encontrar en diferentes condiciones de salud o de enfermedad.
Mi cuerpo puede estar descansado o cansado, mas no es mi "Yo" real.
Mi cuerpo es mi preciado instrumento de acción y de experiencia, pero no es mi ser.
Tengo un cuerpo, pero no soy mi cuerpo. Soy más que eso.
Yo soy quien está consciente.

Tengo emociones, pero soy más que mis emociones.
Mis emociones son innumerables, contradictorias, cambiantes,
Aún así, sé que siempre permaneceré siendo Yo, mi ser,
En estado de irritación o de calma.
Como me es posible entender a mis emociones, observarlas y juzgarlas y luego acrecentar mi dominio, dirección y utilización de ellas, es evidente que ellas no representan quien soy.
Tengo emociones, pero no soy mis emociones. Soy más que eso.
Yo soy quien está consciente.

Tengo un intelecto, pero yo soy mas que mi intelecto.
Mi intelecto puede estar quieto o activo.
Es capaz de expansión, de despojarse de creencias que lo limiten, y de aprender actitudes nuevas.
Es un órgano de inteligencia, referente tanto al mundo interior como al exterior. Pero no es mi ser.
Tengo un intelecto, pero no soy mi intelecto. Soy más que eso.
Yo soy quien está consciente.

Soy un centro de consciencia pura de ser.

Soy un centro de voluntad,
Capaz de dominar y dirigir todas mis energías:
Físicas, emocionales, mentales y espirituales.
Yo soy quien está consciente.
Yo soy el ser. [4]

Al usar este proceso, puedes adaptarlo a tu situación actual. Por ejemplo, si tienes desacuerdos en el trabajo, podrías incluir una afirmación que comience con: "Tengo un trabajo, pero no soy mi trabajo."

¿HE SANADO MI ACTITUD?

Después de practicar los ejercicios anteriores, concentra tu atención en las siguientes preguntas y escribe en un diario tus sentimientos al respecto.

1. Habiendo afirmado que soy más que un cuerpo, emociones e intelecto, ¿experimento menos temor?

2. ¿Cuál es mi definición de salud ahora?

3. ¿Estoy más consciente de mi estado interior cuando me encuentro en una situación que me produce miedo? ¿Han cambiado mis respuestas o reacciones de alguna manera?

4. ¿Veo que el temor subyacente en todas las situaciones está relacionado con percibir alguna forma de separación?

5. ¿Estoy más dispuesto a utilizar herramientas y afirmaciones para despojarme del temor cuando éste aparece en mi vida?

6. ¿Me percato de algún cambio en mi consciencia interior cuando me encuentro en situaciones que usualmente me causan alguna forma de temor?

7. ¿Estoy consciente de proveer a mi ser emocional y espiritual de más cuidado y sustento? ¿Noto algún cambio en mi bienestar físico?

APLICACIÓN DEL PRINCIPIO EN EL SERVICIO A LOS DEMÁS

El natularista John Muir, quién es conocido por sus estudios y exploraciones de ambientes naturales en los que vivió largos períodos, contó una magnífica historia de su perro Stickeen, que solía acompañarlo en muchas de sus aventuras en el campo. Stickeen tenía una leal y duradera relación con Muir y le gustaba salir con él, aún a regiones peligrosas y durante tormentas. Esta historia en particular, ocurrió durante una expedición cruzando los glaciares en Alaska.

Al ir cayendo la noche, Muir descubrió que su perro y él se enfrentaban a una grieta enorme la cual no podía cruzarse sino por un angostísimo y precario puente de hielo. Muir sabía que no había forma de cruzar a salvo cargando a su perro. Con gran remordimiento, dejó al perro atrás. Stickeen observó atentamente como su amo cruzaba el precario puente a salvo. Muir volteó para ver a su triste y desolado perro que tanto lo amaba. Al principio el perro comenzó a pasearse frente al borde como si intentara decidirse a cruzarlo. A Muir le parecía imposible que el perro lo lograra. Después de mucha deliberación, el perro finalmente decidió cruzar.

Al fin a salvo, cuenta Muir que su perro "corría y lloraba, ladraba y rodaba con aparente histerismo ante el cambio repentino de la profundidad de la desesperación al gozo triunfante. Traté de alcanzarlo para acariciarlo y expresarle lo bueno y valiente que era, mas no se dejaba alcanzar, corría en círculos, como las hojas de un remolino de otoño, acostándose y rodando patas arriba."[5]

Esta historia es un recordatorio de cuán gozoso y extático es el enfrentar y vencer nuestros miedos, caminando por entre ellos logrando cruzar al otro lado. Muir escribe que a donde quiera que iba, le suplicaban que contara esta inspiradora historia acerca de su perro.

El contaba que Stickeen había "engrandecido mi vida," pues "a través de él, como a través de una ventana, he apreciado con una simpatía más profunda a todos mis compañeros mortales." [6] Estoy segura de que el mensaje de esta historia se dirije a muchas personas, en lo que concierne a sus propios confrontamientos con el temor, y a sus deseos de tener el valor de "cruzar al otro lado."

El papel de un facilitador es apoyar a otra persona en su proceso de reconocer sus temores, de elegir qué forma de acción tomar, de caminar a través de sus temores y luego celebrar su éxito. Como Stickeen, cada uno de nosotros tiene que encontrar su fuerza interior, comprometerse a emprender la travesía, y elegir independientemente de otros. Muir no podía hacer la elección por su perro, sin embargo, sí pudo ser el ejemplo del exitoso desenlace de dicha elección.

El amor que existía entre Muir y su perro fue la razón fundamental que motivó a éste a decidirse a cruzar. En el contexto de amor mutuo, dos personas pueden unirse como compañeros con el fin común de trascender un temor. Tu presencia y experiencia como facilitador asegura que tal camino es posible.

Debido a la manera en que este principio define la salud, puedes encontrar difícil mantenerte centrado en el propósito del proceso de apoyo. A la salud no se le considera como algo relativo al cuerpo sino a la mente. Esto no significa que se niegue al cuerpo ni a su bienestar. Lo que significa es que a pesar de lo que le esté sucediendo al cuerpo, es la mente la que determina si estarás en paz o no. Es la mente la que crea la paz interior, no el cuerpo. Como facilitador necesitas apoyar a otros dentro del contexto de esta idea, enfocándote en la curación de actitudes y no en la curación del cuerpo.

Es necesario que recuerdes que despojarse del temor es usualmente un proceso gradual que ocurre con el tiempo. Tú y la otra persona tienen cada uno su ritmo y su manera única de despojarse del temor. En general, los pasos para despojarse del temor incluyen:

Reconocer el temor.

Hacer conexión con nuestro Observador.

Confrontar el temor.

Comunicarse con el temor.

Estar dispuestos a despojarnos del temor.

Pedir por la curación de las condiciones que causaron ese temor.

Abrirse a la presencia de la gracia en el proceso.

Permanecer en el proceso que se desenvuelve.

Reconocer el progreso logrado.

Cuando se facilita a una persona que está trabajando con sus temores, es importante permanecer como testigo y no involucrarse en el proceso. Cuando alguien comparte un temor, es fácil identificarlo como propio. Si ésto sucede durante la facilitación, el facilitador se convierte en parte del problema en vez de convertirse en parte de la solución.

Tú, como facilitador, necesitas estar consciente de que tus temores y los de la otra persona pueden ser de diferente clase y naturaleza. Por ejemplo, la persona puede tener miedo a la muerte pero tú no, o tú puedes tener temor al abandono y la otra persona no. Es importante no proyectar hacia la otra persona lo que es verdad para ti y asumir que esto sea verdad para ella. Tampoco puedes asumir que lo que funciona para uno al despojarse de sus temores, funcione para el otro. Lo que puedes hacer, sin embargo, es ayudar a alguien a ver el temor como un maestro, como una oportunidad de aprender y de sanar. Tu función más importante como facilitador, es estar completamente presente y ser un testigo ante el temor del otro.

Identificarse con el temor puede obstaculizar despojarse de él, por lo tanto necesitas alentar a la otra persona a que cultive su

Observador. Desde ese punto de vista, la persona puede trabajar con su temor sin apego alguno. La utilización de los ejercicios de desidentificación ayuda al cultivo del Observador.

¿CÓMO VOY PROGRESANDO?

Periódicamente evalúa tu progreso en la aplicación de este principio en el servicio a los demás. Anota tus preocupaciones, preguntas y sentimientos en un diario.

1. ¿Soy capaz de permanecer enfocado en la definición de salud, conforme la usa este principio, o me inclino a creer que la salud es solo del cuerpo?

2. ¿Permanezco en mi Observador cuando veo a alguien en estado de temor?

3. ¿Veo claramente las formas diversas que adopta el temor?

4. Cuando el miedo brota dentro de mí mismo, ¿asumo la responsabilidad, haciendo mi propio trabajo de curación?

5. ¿Estoy consciente del ritmo de la persona que estoy apoyando y confío en que este ritmo sea el correcto para ella?

6. ¿Permanezco libre de interpretaciones y suposiciones acerca de la persona y de su proceso?

7. ¿Estoy atento a ver el temor como un maestro y a no juzgarme a mí mismo o a la otra persona por tener temor?

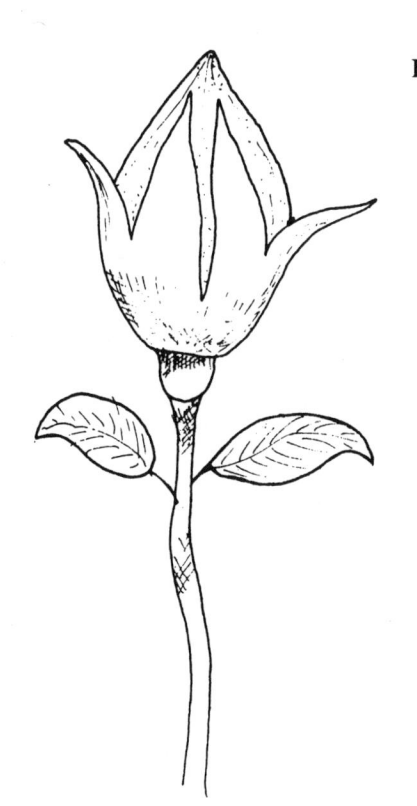

CAPÍTULO SIETE

*Somos a la vez tan dos como uno
la noche no puede ser tan cielo,
el cielo no puede ser tan sol,
yo soy a través de ti tan yo.*

e e cummings

PRINCIPIO TRES

DAR Y RECIBIR ES LO MISMO

ASERCIONES BÁSICAS

1. Estamos constantemente dando y recibiendo estemos o no conscientes de ello.

2. Los pensamientos que tenemos y compartimos, ya sean positivos o negativos, cobran fuerza en nuestra mente y son tansmitidos a la mente de los demás.

3. Dar es esencial para nuestro bienestar a lo largo de nuestra vida.

4. La unidad entre dar-recibir debe ser reconocida y sustentada a lo largo de nuestra vida.

5. Inherentemente hemos sido dotados de todo lo necesario para vivir nuestra vida plenamente y con sentido.

6. Dar sin estar abierto a la consciencia de que a la vez recibimos conduce a la fatiga, al desgaste y a la carencia de autoestima.

7. Todo lo que damos a otros lo recibimos nosotros mismos; lo que percibimos en el mundo exterior es un espejo de nuestro estado interior.

8. Para recibir todo pensamiento generoso y amoroso que se nos extienda, es necesario estar dispuestos a valorarnos y valorar a

los demás suficientemente.

9. *El verdadero dar es incondicional, no tiene expectativas ni necesita recompensa.*

10. *Podemos decidir qué es lo que queremos dar a los demás, y tenemos el poder y la libertad de convertir eso en una realidad.*

EL MENSAJE DEL PRINCIPIO

Hace algún tiempo, pensaba que dar era una cosa y que recibir era completamente lo opuesto. Tenía una actitud más bien "misionera" al pensar que existían dos grupos de personas en el mundo: los que daban, y los que recibían todo aquello que les daban los otros. Obviamente esto me conducía a un punto de vista en el que "yo" me separaba de "ellos" en mis relaciones con mi familia, mis amigos y mis colegas.

Separar dar de recibir y recibir de dar no es natural, y no sirve de sustento ni para nosotros mismos ni para los demás. Al fijar nuestra atención en dar, sin recibir simultáneamente, los mensajes que enviamos a nosotros mismos y a los demás son: "yo soy fuerte, tú eres débil," "yo tengo las respuestas, tú no," "tú necesitas ayuda, yo no." En este caso, el que da siente temor de inmediato, causado por un conocimiento secreto de sus propias debilidades, dudas y desamparo, que podrían salir al descubierto en cualquier momento.

Al orientarse a recibir sin dar simultáneamente, uno transmite un mensaje de incapacidad, desamparo y dependencia, a sí mismo y a quien da. En este caso, el que recibe está siempre atrapado en el temor de perder a quien le da, y puede vivir obsesionado con el secreto conocimiento de que ninguna persona puede verdaderamente satisfacer las necesidades de otra. En esta situación, el que dá se siente abrumado con temores de exponer su propias debilidades y muchas veces resiente al que recibe.

Ambas premisas tienen como resultado la incapacidad de ver o experimentar la fuerza interna, tanto la propia como la de los demás.

Como consequencia, no nos sentimos sustentados por nuestras relaciones con los demás ni sentimos que cuidamos de nosotros mismos.

Una clara demostración de la simultaneidad de dar y recibir ocurrió recientemente durante un taller. Uno de los ejercicios de este taller consiste en que dos participantes tomen asiento uno frente al otro durante quince minutos mirándose a los ojos, cada uno observando sus propios pensamientos y poniendo su atención en mantenerse presente con la otra persona. Este ejercicio ofrece la oportunidad inmediata de experimentar simultáneamente dar y recibir. Unos momentos después de que comenzó el ejercicio, dos participantes, Julia y David, empezaron a sollozar. Yo no tenía idea de lo que sucedía, pero decidí dejarlos en lo suyo hasta completar el ejercicio.

La historia que estas dos personas relataron es la siguiente: David era un veterano de la guerra de Vietnam y durante veinte años había llevado dentro de si un gran odio hacia todos los asiáticos, no solamente hacia los vietnamitas. Julia, que era china, cargaba con un odio a sí misma debido a su profundo resentimiento con su herencia asiática. Por supuesto, fue un "accidente" que los dos formaran pareja durante el ejercicio, aunque ambos admitieron haber intentado evitarlo. En el momento de verse cara a cara ocurrió una curación instantánea; la de David, sus veinte años de odio hacia los asiáticos representados por Julia, y la de ella, el odio a sí misma por ser oriental. En un instante, mutua y simultáneamente, se dieron y recibieron amor incondicional.

A medida que crecemos y pasamos por los años de infancia y adolescencia, nuestro balance entre dar y recibir necesita ser constantemente sustentado y apoyado, para poder llegar a ser adultos emocionalmente sanos. Los escritos de Edgar Cayce ponen repetido énfasis en que al niño, desde temprana edad, se le debe proporcionar la oportunidad de dar dentro del núcleo familiar y escolar, utilizando sus intereses y habilidades naturales. Ésto significa participar de una manera práctica y transcendente en el funcionamiento y manejo de la familia y la escuela, no como obligaciones o deberes, sino actuando en un organismo que funciona en forma armoniosa y efectiva y que incluye su singular contribución. De esta manera recibe sustento, percibe ser un participante de valía y comienza a desarrollar un sentido de su valor como individuo y a comprender el sentido de lo que es una comunidad.

En el mundo de hoy, el hogar y la escuela están estructurados de manera que dar y recibir son presentados como dos experiencias separadas. Se espera que los niños aprendan, hagan su tarea, jueguen y cumplan con sus obligaciones, como si éstas fueran tareas separadas y sin relación alguna con el verdadero propósito y significado de su vida. También se espera que los adultos posean una comprensión clara de cómo contribuir y dar a los demás, sin haber tenido ninguna experiencia o recibido alguna enseñanza formal. La falta de una temprana oportunidad para aprender a dar y recibir es el motivo de muchas de las inquietudes e incertidumbres en la juventud de hoy, ya que es aquello lo que da al individuo sentido y propósito en la vida. Si el gozo natural de dar se alimenta en el niño, él encontrará la manera de vivir su vida plenamente como adolescente y como adulto, en vez de buscar el sentido de la vida en las drogas, el dinero, los bienes materiales y los placeres sexuales.

Enfocarse en ayudar a los demás sin trabajar simultáneamente en uno mismo, puede llevar a la desilusión, a la fatiga emocional y a la falta de armonía en el ciclo de dar y recibir. Este fenómeno ocurre a menudo cuando una persona tiene necesidades emocionales insatisfechas e intenta satisfacerlas a través de una relación con una persona que necesita de su ayuda. Un sanador que no ha sanado es aquel que da esperando recibir lo que él necesita, y por lo tanto su acción de dar no proviene de una verdadera conexión con un estado interno de abundancia espiritual y emocional.

Puesto que lo que somos es lo que damos, este principio nos invita a tomar consciencia de nuestro estado interior. Nuestros pensamientos crean la energía que define lo que somos, y esa energía puede ser percibida por otros. Constantemente damos lo que somos a los demás, y, a cierto nivel, ellos identifican qué es lo que estamos dando.

¿Haz tenido alguna vez la experiencia de entrar a un sitio lleno de gente y sentir si eres bienvenido o no? Si te sientes bien acogido significa que la gente en ese lugar está abierta a sentimientos y pensamientos de aceptación. Siempre y cuando te abras a esa energía, te encontrarás en un estado recíproco y dispuesto a unirte al grupo. Las personas no solamente emanan esa acogida sino que también fortalecen esa energía en ellas mismas y, por consiguiente, reciben lo que dan; en este caso, bienvenida, apertura y aceptación.

A un nivel experimentas que se te ofrece la bienvenida de parte de ellos, y a otro nivel, tu consciencia de aceptación ha sido inspirada y te encuentras también en el mismo estado que ellos. Te identificas con esa aceptación, y de ese modo la recibes. Compartir fortalece lo que damos, y si ofrecemos nuestro estado de aceptación, eso es lo que recibimos.

Si te imaginas el signo de infinito (∞) como representante de este concepto, te darás cuenta de que la energía circula en forma de un lazo. Lo que se da regresa al lugar donde se originó; es así como funciona este principio.

Recuerdo haber experimentado con este concepto en mis años de estudiante universitaria en que también trabajaba como operadora de larga distancia. Si me tocaba un cliente contrariado, yo también terminaba por contriararme. Si a la inversa, yo le transmitía paciencia y amabilidad, el cliente se convertía en una persona agradable. Cuando el cliente era amable y yo me molestaba por algo, éste terminaba por irritarse. Descubrí que recibía exactamente el mismo estado de ánimo que yo comunicaba.

Puesto que todo el tiempo estamos dando, más nos vale hacernos responsables de ello y decidir qué es lo que deseamos extender hacia el mundo. En su autobiografía, Benjamín Franklin escribe sobre el deseo de mejorar sus relaciones y comunicaciones con los demás, y de corregir lo que consideraba ser una manera defectuosa de pensar. Descubrió que sus relaciones eran mas armoniosas y que se sentía mejor emocional y espiritualmente, cuando practicaba las doce "virtudes" que llegó a considerar esenciales. Estas incluían templanza, silencio, orden, resolución, frugalidad, laboriosidad, sinceridad, justicia, moderación, limpieza, quietud y castidad. Más tarde cuando alguien le hizo ver su orgullo, añadió humildad, convirtiendo la lista en trece virtudes. Franklin diseñó un sistema sencillo de anotar sus éxitos y fracasos en la práctica de estas virtudes en sus relaciones, hasta que llegaran a convertirse en un "hábito" natural.[1]

Al leer la vida de la Madre Teresa uno descubre que, al estar ella en un estado de paz interior, valentía y sabiduría, logrado por medio de experiencia propia, es eso lo que ella comunica a todos los que entran en contacto con ella.[2] El hermano Lawrence, Peace Pilgrim y San Francisco son también modelos de la óptima aplicación de este principio.[3] ¿Quién podrá decir que no podamos todos algún día llegar a ser como ellos, al recibir lo que se nos ofrece a través de su ejemplo?

Lo que damos es lo que recibimos. A menudo, las personas que vienen al Instituto para ser facilitadas tienen una visión muy centrada en que el mundo no está satisfaciendo sus necesidades. Mientras ellas se consideren víctimas de las circunstancias a su alrededor, no caerán en cuenta de que el mundo simplemente les está devolviendo lo que ellas han dado.

Cuando Joe vino a verme por primera vez, describía cómo las personas lo ignoraban, le negaban apoyo y ayuda, y lo rechazaban. A medida que aprendió a examinar su propia actitud, comenzó a descubrir que él excluía y rechazaba a los demás y que rehusaba darles su apoyo y su ayuda. El recibía lo que daba.

Siempre que nos encontremos culpando a otros o a las circunstancias por nuestros problemas, es necesario que examinemos cómo damos aquello por lo cual culpamos a "los demás" de darnos. Ver lo peor en otra persona, en lugar de lo mejor, es un espejo de cómo nos vemos nosotros mismos. Cuando ves lo peor en ti mismo, eso es lo que verás en otros. Cuando ves lo mejor en ti mismo, es eso lo que otros te reflejarán.

¿CUÁL ES MI ACTITUD?

Concentra tu atención en las siguientes preguntas y escribe tus sentimientos en un diario.

1. ¿Considero que dar y recibir son dos experiencias separadas y sin conexión alguna, o una sola experiencia?

2. ¿Siento que doy más de lo que recibo, o que recibo más de lo que doy?

3. ¿Qué cualidad deseo verdaderamente experimentar en mi realidad interior y en mi vida? ¿Qué estoy haciendo para crear esa cualidad?

4. Aún cuando no posea esa cualidad por ahora y se me dificulte imaginar poseerla ¿puedo vislumbrarla como una posibilidad?

5. En la actualidad, ¿en qué áreas experimento carencias en mi vida, ya sean físicas, emocionales, mentales o espirituales?

6. En la actualidad, ¿en qué áreas experimento abundancia en mi vida, ya sean físicas, emocionales, mentales o espirituales?

7. ¿Cuán bien conozco la naturaleza de mis pensamientos, y hasta qué punto estoy consciente del efecto que éstos tienen en los demás?

PRÁCTICA DEL PRINCIPIO

Selecciona los ejercicios que mejor apoyen y faciliten tu proceso de curación, y escribe tus respuestas en un diario. Puedes grabar de antemano los ejercicios de visualización.

1. Haz una lista de las cualidades que desearías cultivar y manifestar en tu vida ya sea viviéndolas, siendo su esencia y expresándolas. Sé selectivo al hacer la lista de aquellas cualidades que sientes que son esenciales para traer la armonía y gozo a tu vida. Por ahora limita la lista a cinco o seis cualidades. Colócalas en orden de prioridad, reflexionando en las que sean más

importantes de poseer y expresar actualmente en tu vida.

Selecciona la primera cualidad y escríbela en la primera línea de una página en blanco; puedes usar una página de tu diario. Centra tu atención en esa cualidad haciéndote estas preguntas: ¿Qué significa esa cualidad para mí? ¿Cómo la definiría? ¿Cómo se siente experimentarla? ¿Cuándo y en qué situaciones la he experimentado? ¿En qué situaciones desearía manifestarla? ¿Qué me impide hacerlo? ¿Qué podría usar como recordatorio para practicar esta cualidad?

En un calendario personal escribe la primera letra de esa cualidad cerca del número designado para cada día de la semana. Al ver tu calendario recordarás tu necesidad de expresar esa cualidad. Puedes colocar otros recordatorios en tu casa y en tu área de trabajo. Estos recordatorios pueden ser la palabra misma, una afirmación, o bien un símbolo. Puedes decidir hacer meditaciones o imaginaciones guiadas, orientadas específicamente a fortalecer tu comprensión y expresión de esa cualidad, y sería muy beneficioso examinarla periódicamente.

Al final de cada día, cerca de la hora de dormir, reflexiona sobre cuan consciente estás de esta cualidad y como la practicas durante el día. Cuida de no juzgarte, simplemente toma inventario sobre cuan alerta te mantuviste durante el día. Toma nota de aquellas ocasiones en las que te encontraste practicando la cualidad y observa las veces que no lo hiciste.

Dependiendo de lo que te parezca apropiado, puedes trabajar en una cualidad más de una semana o puedes elegir una cualidad para cada semana. Este ejercicio puede adaptarse a tus necesidades. Benjamín Franklin, que es nuestra inspiración para este ejercicio, trabajaba con una cualidad por semana, y al completar su lista de trece cualidades comenzaba de nuevo, de manera que el ejercicio continuaba durante todo el año. El consideraba haber completado el ejercicio cuando tenía éxito al practicar esa cualidad sin esfuerzo y automáticamente, como si fuera una parte de su ser; un "hábito." Cuando yo utilicé esa técnica para aprender a practicar la ecuanimidad en mi vida, me di cuenta de que me tomó un año completo de práctica antes de que se convirtiera en parte mía. Periódicamente hago un ejercicio de renovación cuando noto que mi ecuanimidad se ha "debilitado."

2. Pídele a alguien que haga el ejercicio contigo o hazlo sólo, mirándote en un espejo. Si lo haces con alguien, siéntense frente a frente, rodilla a rodilla, pero sin tocarse. Durante diez o quince minutos mírense los ojos, no fijando la vista, sino solamente permaneciendo presente con la otra persona. Observa tus pensamientos. Vigílalos, mas trata de no detenerte en ellos. Mientras estés con la otra persona, mantén tu atención en lo que estás dando o enviando, y de lo que estás recibiendo. Pregúntate si estás recibiendo lo que estás enviando.

Al terminar de mirarse los ojos, compartan su experiencia, poniendo atención a lo que cada uno dió y recibió.

Si haces el ejercicio frente a un espejo, mírate los ojos y ten consciencia de tus pensamientos acerca de quién eres, de lo que estás comunicando, de lo que estás enviando a la persona en el espejo y de lo que estás recibiendo de ella. Puedes anotar tus pensamientos sobre este ejercicio en un diario para reconocer y darle valor a tu experiencia.

3. Haz una lista de las cualidades físicas, emocionales, mentales o espirituales, que sientes que posees para compartirlas con los demás. Por ejemplo podrías anotar: vigor, belleza física, bondad, amabilidad, generosidad, curiosidad, compasión y así por el estilo. Observa tus pensamientos mientras completas esta lista, tomando nota de los pensamientos o recuerdos que vienen a tu mente. Fíjate si encontraste difícil pensar en cualidades para agregar a tu

lista o si hiciste alguna evaluación a tu acción de dar considerando limitaciones que tu impones.

Ahora haz una lista de las cualidades físicas, emocionales, mentales y espirituales que te han sido dadas, tales como buena salud, vigor, ojos hermosos, inteligencia, responsabilidad, capacidad de perdonar y demás. Una vez más, observa tus pensamientos y consideraciones mientras escribes tu lista.

Cuando hayas completado ambas listas hazte estas preguntas: ¿Contienen mis listas las mismas cualidades o cualidades diferentes? ¿Cuán largas o cortas son las listas? ¿Cuál lista pareció más difícil de escribir y qué es lo que eso podría indicar? ¿Me di cuenta que impuse condiciones a mi disposición para apreciar lo que tengo para dar y lo que se me ha dado?

Las listas cambiarán si las escribes periódicamente. Es posible que al principio solamente reconozcas algunas cualidades, pero al paso del tiempo y a medida que sanes y crezcas encontrarás que tus listas crecerán y cambiarán.

4. Cuando te encuentres en una situación tensa, haz el experimento de sustituir tus pensamientos por aquellos de paz y bienestar, centrando tu atención en traer a esa situación la energía de paz en lugar de temor. Observa como esto comienza a cambiar tu percepción.

5. Al final de cada día anota y agradece lo que te haya proporcionado sustento al haber dado y recibido durante el día.

¿HE SANADO MI ACTITUD?

Después de practicar los ejercicios anteriores, examina las siguientes preguntas y escribe tus sentimientos en un diario.

1. ¿Estoy más consciente de mis pensamientos y ha aumentado mi capacidad para observarlos?

2. ¿Soy más receptivo a los reconocimientos que otros me expresan o me ofrecen?

3. ¿Ha mejorado mi disposición a recibir mi propia gratitud por el progreso que estoy logrando en mi crecimiento personal?

4. ¿Me doy cuenta de que mi estado interior va conmigo a cualquier situación de tensión y que puedo escoger lo que deseo traer a ella?

5. ¿Me he vuelto más consciente de mi contribución a la vida de los demás? ¿Qué nuevas decisiones he hecho sobre lo que verdaderamente deseo darle a los demás?

6. ¿Me he puesto en situaciones donde tengo la oportunidad de dar?

7. Es mi acción de dar más incondicional y sin expectativas?

APLICACIÓN DEL PRINCIPIO EN EL SERVICIO A LOS DEMÁS

Este principio indica que, como persona que apoya a otros, te hagas responsable del estado de tu mente, sabiendo que estos pensamientos no solamente te afectan a tí, sino también a los demás.

Tu meta principal como facilitador es estar en un estado de ánimo que refleje compasión y sabiduría, y que prevenga poner en juicio a los demás, creando un espacio de seguridad donde se pueda valorar los sentimientos y a las preocupaciones de las personas a quienes se facilita. El facilitador crea un espacio en el que el menor número posible de sus pensamientos se proyectan hacia afuera.

En una ocasión trabaje con Lacey, una persona tan sensitiva a mis pensamientos, que en cualquier momento podía saber lo que yo estaba pensando. Me pidió que la apoyara de una manera incondicional y amorosa. Específicamente me pidió que no interfiriera con su proceso, que no hiciera comentarios ni interpretaciones y qué no le diera consejos. Me pidió que ni pensara en su proceso. Lacey sabía en qué momento comenzaba mi mente a pensar cualquier cosa, y me preguntaba por qué no estaba incondicionalmente presente con ella.

Pronto caí en cuenta de que el principio DAR Y RECIBIR ES LO MISMO se manifestaba plenamente en nuestra relación. Le brindé una experiencia de amor incondicional, el cuál nunca había sentido en su vida. Lacey me enseñó cómo estar y mantenerme en un estado de aceptación incondicional y curativo sin pensar en nada más, y por lo tanto sin juzgar. Tomó gran disciplina de mi parte lograr esto y hasta la fecha sé que ella me hizo un gran regalo, el cual me sirve infinitamente.

Este principio indica que, como facilitador, centres la atención en tu propia curación y aspires a mantener un estado de amor total e incondicional. Sería de gran ayuda mantener en tu mente el ideal de la Madre Teresa, el Hermano Lawrence o Peace Pilgrim. Todos los que proporcionamos apoyo necesitamos modelos de maestros que demuestran con su vida lo que verdaderamente quiere decir el estar al servicio de los demás.

Es tu responsabilidad como facilitador vigilar y observar lo que estás dando y recibiendo. De esta manera la relación es una sociedad, una oportunidad mutua de aprender y de crecer. El reconocimiento de esta oportunidad para uno mismo y para la otra persona es importante y debe ser parte del trabajo que hacen juntos.

Este principio se centra más en la calidad de la relación que en la técnica. Cada uno puede unirse al otro en la exploración de las experiencias propias y cada uno puede recibir reconocimiento y sustento.

¿CÓMO VOY PROGRESANDO?

Periódicamente examina tu progreso en la aplicación de este

principio en el servicio a los demás. Anota tus inquietudes, preguntas y sentimientos en un diario.

1. ¿Qué cualidad le comuniqué a la persona a quien apoyo mientras estuve con ella?

2. ¿Estuve consciente de recibir un regalo de la otra persona? Si fué así, ¿cuál?

3. ¿Cuán tranquila estuvo mi mente al estar con ella?

4. ¿Sentí falta o escasez de algo mientras estaba con la persona?

5. ¿Qué me reflejó la persona que me permitió tener una idea de lo que yo estaba comunicando?

6. ¿Tuve algunas expectativas de recompensa por apoyar a la persona?

7. ¿Qué crecimiento personal creo haber obtenido de la experiencia de apoyar a alguien, y que haría distinto la próxima vez?

CAPÍTULO OCHO

*Me encontraba lamentando el pasado
y con temor al futuro.
De pronto, mi Señor habló:
"Mi nombre es YO SOY".
Hizo una pausa.
Aguardé. El continuó:*

*"Es difícil vivir en el pasado,
con sus errores y lamentaciones.
Yo no estoy allí.
Mi nombre no es "YO ERA."*

*Es difícil vivir en el futuro,
con sus problemas y temores,
Yo no estoy allí.
Mi nombre no es "YO SERÉ."*

*Vive cada momento,
y verás que no es difícil. Yo estoy allí.
Mi nombre es "YO SOY".*[1]

Helen Mallicoat

PRINCIPIO CUATRO

PODEMOS DESPRENDERNOS DEL PASADO Y DEL FUTURO

ASERCIONES BÁSICAS

1. *Despojarse del pasado y del futuro significa abrirse plenamente a la gracia del momento presente.*

2. *Cuando decimos que nos basamos en nuestra experiencia, nos estamos refiriendo a las percepciones que hemos internalizado en el pasado.*

3. *Un requisito para estar plenamente en el presente es deshacernos de las percepciones del pasado.*

4. *Cuando volvemos a traer las percepciones pasadas al momento presente recreamos el pasado. De esa manera, aunque actuemos en el presente, vivimos en el pasado.*

5. *Toda vez que nos encontremos en reacción en vez de acción, estaremos transportando al presente nuestras percepciones del pasado.*

6. *Durante la infancia, se van estableciendo firmemente las percepciones que tenemos de nuestras experiencias: van formulando patrones a nuestra psique. Este acondicionamiento se transmite inconscientemente de generación en generación.*

7. Cuando llegamos a la edad adulta, proyectamos nuestro pasado hacia el mundo y percibimos lo que hemos proyectado como si viniera de fuera de nosotros.

8. Para sanar nuestras percepciones, el primer paso es hacernos responsables de ellas. Al curarnos de percepciones internalizadas, podremos vernos a nosotros mismos y a los demás de otra manera.

9. Salimos del momento presente cuando traemos a él temores o expectativas del futuro.

10. En el presente creamos el futuro. Para crear un futuro de paz, creamos un presente de paz. Así, el momento presente se transforma continuamente en futuro.

EL MENSAJE DEL PRINCIPIO

Para liberarse del pasado uno tiene que estar dispuesto a reconocer que ese pasado quedó definido conforme a las percepciones que tuvimos de nuestras experiencias. La mayoría de esas percepciones no son conscientes. La forma en que nuestros padres se relacionaron con nosotros durante la niñez y la manera en que internalizamos la dinámica de estas relaciones se mantiene en nuestro subconsciente. El caudal de conocimientos que encierra nuestro pasado, influye nuestra vida adulta porque ha sido nuestra programación básica. El adulto funciona en el presente desde el punto de vista de su niño interior. Mientras no reconozca y sane el sufrimiento de su niñez, el adulto lo transmitirá inconscientemente a la siguiente generación.

La conocida psicoanalista suiza Alice Miller ha aclarado la relación entre las experiencias de la infancia acumuladas en nuestra psique y nuestro ser adulto. Miller describe el círculo vicioso en el interior de la psique: lo que nos hicieron a nosotros se convierte en lo que hacemos a los demás. A menos de que nuestro niño interior sane sus heridas, en nuestro papel de padres transmitiremos esas heridas a nuestros hijos. Miller muestra cómo continuamos el conflicto con nuestros padres, a los que hemos interiorizado, a través de nuestros hijos, aseverando que "ellos (los padres) son incapaces de comprender a sus hijos mientras tengan que mantenerse emocionalmente alejados de los sufrimientos de su propia infancia."[2]

Charles Whitfield, un médico especializado en adicciones y abuso infantil, dice que cuando el niño interior está herido, como adultos "vivimos la vida en situación de víctimas, y encontramos difícil resolver traumas emocionales. La acumulación gradual de asuntos mentales y emocionales inconclusos puede conducir a ansiedad crónica, temor, confusión, vacío e infelicidad."[3]

Un paso esencial para despojarse del pasado es sanar las heridas de nuestro niño interior. Al visualizar nuestro niño interior podremos consolarlo y tranquilizarlo, amarlo incondicionalmente, y aceptar sus sentimientos y su individualidad. Podemos darle "nuevos padres", proporcionándole en el presente lo que necesitaba en el pasado, física, emocional y espiritualmente. Al ser adultos podemos crear una conexión con nuestro afligido niño interior. Una vez que está hecha esa conexión y la curación del nino interior ha ocurrido, los padres, como adultos, verán claramente la singularidad de cada uno de sus hijos y así podrán darles un ambiente que los sustente y sea emocionalmente sano, donde puedan desarrollarse y "ser ellos mismos." Los patrones formados por las heridas emocionales de los padres no serán proyectados hacia los hijos y así se romperá el ciclo generacional.

Alice Miller escribe que:

> ... ella puede imaginar que algún día veremos a nuestros hijos, no como criaturas a las que se puede manipular o cambiar, sino como mensajeros de un mundo que una vez conocimos profundamente, pero que hemos olvidado hace mucho tiempo, y que pueden revelarnos más profundamente los verdaderos secretos de la vida, y en particular la nuestra,

más alla de lo que nuestros padres fueron capaces de revelarnos. No necesitamos que se nos diga si tenemos que ser estrictos o tolerantes con nuestros hijos. Lo que sí necesitamos es respetar sus necesidades, sentimientos e individualidad, tanto como respetamos los nuestros.[4]

Pero ¿qué sucede con el adulto que reconoce las heridas de su propio niño interior pero está en el proceso de educar niños pequeños o tiene hijos adolescentes o adultos? ¿Qué sucede con el adulto que ahora cae en cuenta de que se ha estado expresando desde el espacio del lastimado niño interior? ¿Cómo puede un adulto sanar los patrones destructivos que ha internalizado, y vivir más plenamente en el presente? La intención de esta reflexión no es hacer que los padres u otros adultos se sientan culpables, o alberguen sentimientos de desesperanza e impotencia en cuanto a su papel de padres, o acerca de cómo fueron tratados por sus respectivos padres. Al contrario, la intención es demostrar la posibilidad de sanar al niño interior, y por ese medio, sanar nuestras relaciones con nuestros propios padres.

Siendo adultos, la curación ocurre en el subconsciente, en donde residen las heridas emocionales y espirituales del niño interior y desde el cual nos relacionamos efectivamente unos con otros, pues el subconsciente es el nivel de nuestra conexión universal. A ese nivel, todas las mentes están unidas para un propósito espiritual común, el de sanar nuestras percepciones, sanar nuestras mentes. A ese nivel somos capaces de reconocer el lazo de unión que compartimos como seres humanos. Este nivel universal reconoce que deseamos liberarnos de las ataduras a la culpa, a pesar de lo que cualquier persona haya dicho o hecho. Deseamos restablecer la conexión con la Fuente Divina, el Poder Superior. Deseamos ser perdonados y perdonar, porque no hacerlo nos mantiene prisioneros del pasado y del temor.

Naomi, una mujer de unos setenta años de edad, participó en uno de nuestros talleres, porque, según sus palabras: "necesito atender algunos asuntos importantes concernientes a mis hijos antes de que sea demasiado tarde, antes de morir." Naomi tenía tres hijos adultos, a ninguno de los cuales había visto muy a menudo durante los últimos años. Después de un amargo divorcio, los hijos habían permanecido leales a su padre y apoyado el punto de vista de éste; prácticamente habían dejado de comunicarse con ella y ésto causaba un profundo dolor en Naomi. Además, sentía un profundo pesar por el papel que había tenido durante la infancia de sus hijos, por haber causado el resentimiento que ahora sus hijos manifestaban contra ella. Según sus palabras: "no sé que hacer, ni cuanto tiempo me queda para hacerlo."

Pedí a Naomi que eligiera entre los participantes masculinos aquellos que pudieran representar los papeles de sus hijos y de su ex-marido. Les pedí que se sentaran todos en círculo, como si estuvieran reunidos de nuevo. Luego pedí a Naomi que hiciera una breve biografía y describiera rasgos de cada uno de los miembros de la familia, por ejemplo, nombre, edad, ocupación, lugar de residencia, estado civil, hijos, y episodios o hechos resaltantes en sus vidas, tales como enfermedades graves, accidentes y crisis. Le pedí que considerara a esos participantes como si fuesen en verdad sus hijos y su ex-marido, y que se dirigiera a cada uno de ellos utilizando el pronombre "tú." Le pedí dirigirse a cada uno de los miembros de su familia, y que, mirando uno a uno a los ojos, les expresara los sentimientos que nunca había expresado y que guardaba en su corazón respecto a cada uno de ellos. No debía hablar al nivel de la personalidad con acusaciones o justificaciones, sino al nivel de pensamientos y sentimientos que no les había comunicado anteriormente, acerca de su relación mutua y de los acontecimientos que ella apreciaba y de los que lamentaba.

A los participantes se les pidió que entraran en contacto con su corazón y miraran a Naomi en los ojos, escuchando con total atención y apertura, escuchándola "de verdad." Después de que Naomi sintiera que había completado su comunicación con cada miembro de la familia, su interlocutor debía responderle a su vez, expresándole sus sentimientos al nivel de comprensión y no de acusación. Esto incluía a menudo una explicación acerca de cómo cada uno se había sentido durante su crecimiento, y cómo se sentía ahora con respecto a la relación con su madre. Tanto a Naomi como a los otros miembros de la familia se les pidió que continuaran su comunicación hasta sentir que habían completado lo que tenían que comunicar.

Cuando concluyó este conmovedor ejercicio, Naomi tenía un aspecto radiante. Literalmente resplandecía de gozo y alivio por haber comunicado esos mensajes tan importantes a su ex-marido e hijos.

El lunes siguiente, Naomi me llamó con gran regocijo: ¡esa mañana había recibido una llamada de sus tres hijos! Le expresaron el deseo de verla y de reanudar su relación. Por supuesto Naomi estaba extasiada. Ahora podía iniciarse activamente el proceso de curación y como Naomi expresó: "y cuando llegue el momento, podré morir feliz y en paz."

Uno podría pensar que la llamada de los hijos de Naomi tenía una explicación lógica; ellos habían pensado en ella precisamente ese mismo lunes y decidieron llamarla. Yo pienso que lo que sucedió no puede explicarse por "lógica," sino que fue una expresión de la curación que ocurre al nivel universal de la subconsciencia, en el cual todos estamos efectivamente conectados. Jung coloca esta conexión universal y significativa en la subconsciencia colectiva y la llama sincronicidad. Esa llamada telefónica de los hijos de Naomi fue un evento sincronístico. (Examinaremos el tema de la sincronicidad más detalladamente en el Capítulo Trece.)

Yo he visto muchas veces los efectos curativos de este ejercicio en particular; algunas veces sus efectos se extienden a la realidad exterior, como en el caso de Naomi y sus hijos. Otras veces no ocurre nada exteriormente pero en la realidad interna se produce un cambio notorio en el que uno siente que su carga se ha aligerado y experimenta alivio y calma acerca de una relación en conflicto. En el caso de Naomi, la relación interna con sus hijos habría quedado curada aún si ellos no la hubiesen llamado. Además, ella recibió la bendición de poder curar su relación externa.

Escuchar y ser escuchado con el corazón encierra un gran poder curativo para la psique lastimada porque esto alínea nuevamente al corazón con la mente. Muchas de las heridas emocionales basadas en nuestra niñez estan relacionadas con experiencias de no haber sido escuchados o de no sentirnos emocional o físicamente seguros para expresarnos. Nuestro corazón se sale del alineamiento con nuestra mente, y usamos la mente para defender, proteger, justificar o acusar; cerramos nuestro corazón protegiéndonos del sufrimiento. Algunas veces, los niños necesitan hacer ésto para sobrevivir psicológicamente. No ha habido suficiente desarrollo emocional, ni se tienen las herramientas necesarias para encausarlo de otra manera, y ya que uno es demasiado joven, no puede alejarse físicamente de la situación que lo lastima. No está "mal" haber hecho esto en la niñez, sin embargo, si continuamos con esta norma de vida siendo adultos, restringimos nuestro desarrollo psicológico y espiritual.

Cuando nos deshacemos de una experiencia dolorosa y la reemplazamos por una que nos sana, restablecemos la conexión de la mente con el corazón. El corazón vuelve una vez más a abrirse y a comunicarse con la mente y se establece una relación armoniosa. Todo lo que pensamos y sentimos tiene un propósito en común. La psique es sana cuando el consciente y el subconsciente se mantienen en comunicación, siempre que el corazón y la mente estén en equilibrio.

La curación de una mente afecta a las demás porque las mentes están unidas. Cuando uno se libera y libera a otro de las ataduras a la culpa, ambos "toman consciencia" de lo que ha sucedido a un significativo nivel subconsciente. Los hijos de Naomi la "escucharon", y porque su comunicación fue tan auténtica, ella pudo liberarlos del yugo de su propia culpa. El pasado fué liberado y se quebraron los viejos patrones con los que Naomi se relacionaba. Por vivir en el momento presente, en Naomi se alinearon el corazón y la mente y ocurrió la curación.

Otro aspecto de este principio se refiere a la interiorización de nuestra experiencia. Cuando algo nos sucede, lo que acumulamos no es la experiencia en sí, sino la percepción que tenemos de ella. Esto explica cómo varias personas pueden presenciar un mismo evento y recordarlo en formas diferentes. Como parte de mi propio proceso de curación, yo comparé mis percepciones sobre algunos eventos de mi infancia con las de mis hermanos, y quedé sorprendida al descubrir que muchos eventos habían sido percibidos por ellos de una manera muy diferente a la mía.

Desde la tierna infancia, todos almacenamos nuestras

percepciones de los eventos en que participamos. Estas percepciones, una vez interiorizadas, moldean nuestra realidad interior. En el proceso de curación de nuestra psique, no es el evento el que tiene que ser sanado, sino la percepción que hemos interiorizado acerca de lo que ocurrió. Si no sanamos nuestras percepciones, continuaremos tomando decisiones basadas en ellas, y por lo tanto, continuaremos experimentando y fortaleciendo esas percepciones sin haberlas sanado. Por ejemplo, la mayoría de nosotros hemos internalizado lo que en Análisis Transaccional se llama el "padre crítico." Si no sanamos ese "padre crítico," éste continuará criticándonos. En nuestro intento de combatir al padre interior, asumimos ese papel nosotros mismos y criticamos a los demás. No es necesario que el "padre crítico" esté físicamente presente para que nos ajustemos a ese patrón.

Con la perspectiva de experiencias pasadas, desarrollamos expectativas sobre como "debería" ser el futuro. Estas expectativas se aprenden a través de nuestra percepción de la vida mientras vamos creciendo, y a través de cualquier sistema de valores que aprendimos de nuestra familia y de la sociedad. Tomamos decisiones en la vida basadas en esas lecciones tempranas, frecuentemente negando nuestras propias inclinaciones y dirección interna.

Parte de la crisis existencial de la edad madura es el reconocer que no estamos logrando nuestras expectativas, que el principio en el que hemos basado nuestras vidas es defectuoso, y que nos queda poco tiempo para el futuro. El descubrimiento de que nuestras expectativas no han sido logradas y probablemente no lo serán, puede llevarnos a la ira, a la desesperanza y a la depresión.

Muchos hombres que formaron su segunda familia en la edad madura, han encontrado que les es posible disfrutar mucho más a sus hijos, porque no están empeñados en "llegar a ser alguien". Ahora pueden simplemente *ser*. Mientras que estamos tan dedicados al futuro, también estamos asentados en el pasado, y de esta manera nos perdemos del presente. Como alguien dijo sabiamente, "La vida es un viaje, no un destino."

Permanecer en el presente entraña ser honestos con nosotros mismos acerca de lo que deseamos experimentar, y respetar lo que elegimos. La vida es cambio, podemos resistirlo o podemos fluir junto con él.

Todo lo que creamos en el presente, es automáticamente transferido al futuro. Si deseamos un futuro pacífico, creamos un presente de paz. Si queremos romper con viejas normas de percepción para estar libres de ellas en el futuro, rompemos con ellas en el presente.

Desprendernos del futuro no significa olvidarnos de nuestra responsabilidad de crear un futuro que provea sustento y seguridad para nuestro planeta; tampoco significa que no planeemos una vacación o que no revisemos el automóvil cuando vamos a hacer un viaje largo. En cambio, supone que permanezcamos abiertos al momento presente y a la gracia de lo inesperado. Naomi, al sanar sus percepciones pasadas en el momento presente del taller, creó un suceso futuro hermoso: la curación de la relación con sus hijos.

¿CUÁL ES MI ACTITUD?

Examina las siguientes preguntas y anota tus sentimientos en un diario:

1. ¿Estoy consciente de alguna percepción del presente que tenga sus raíces en mi niñez?

2. ¿Cómo describiría a mi madre y a mi padre, a quienes he interiorizado?

3. ¿Estoy consciente de alguna percepción del pasado de la cual me haya despojado?

4. ¿En mis relaciones con otros hay patrones que parecen repetirse?

5. ¿Qué porción de mi día parece dedicado a reaccionar ante situaciones o personas?

6. ¿Me es fácil o difícil hacerme responsable de mis proyecciones?

7. ¿Se diría que soy una persona orientada hacia el futuro? Y si es así, ¿cómo se manifiesta ésto en mi vida?

PRÁCTICA DEL PRINCIPIO

Elige los ejercicios que mejor faciliten y apoyen tu proceso curativo escribiendo las respuestas en un diario. Puedes grabar los ejercicios de visualización.

1. Escribe una biografía de tu madre desde su punto de vista, hablando en primera persona. Por ejemplo, "fui la segunda en nacer en una familia de cuatro hermanos. Nací en 1929 y me dieron el nombre de la hermana de mi papá. Mis padres habían emigrado de Rusia y se conocieron en el barco en que ambos viajaban a Canada...."

Hazlo de la manera mas extensa y minuciosa posible, incluyendo hechos básicos de su vida y cómo te imaginas que fueron sus sentimientos, sus sueños, gozos y penas, sus creencias, éxitos y desengaños. Continúa escribiendo detalles de su vida hasta incluir su edad actual y la situación de su vida presente. Si ha fallecido, completa su biografía con su perspectiva "desde el otro lado," incluyendo cómo se siente ahora al ver su vida retrospectivamente. Si no conociste a tu madre, o murió cuando eras muy pequeño, primero escribe su biografía tal como imagines que fue su vida, y después escribe la biografía de la persona que asumió el papel de madre para ti.

Una vez que hayas terminado, léela detenidamente, identificando los sucesos y modelos emocionales que concuerden con los que tú has observado en tu propia vida. Si encuentras situaciones en los que tú haz hecho deliberadamente lo opuesto a lo que tu madre haría, examina si de hecho se produjo el mismo resultado. Por ejemplo, si alguna vez sentiste que tu madre fue demasiado estricta, ¿te has ido al otro extremo y has vivido sin establecer límites, o educado a tus hijos estableciendo muy pocos límites? La conducta puede haber sido diferente, pero la situación la misma; es el no saber cómo propiciar un equilibrio saludable entre fijar límites o no hacerlo del todo.

Haz el mismo ejercicio con tu padre o con la persona que haya desempeñado el papel de padre en tu vida.

Reflexiona sobre lo que deseas hacer con el conocimiento que has adquirido acerca de esos patrones. Pregúntate esto: ¿Puedo afirmar que estos patrones son míos? ¿quiero conservarlos? ¿cambiar mi percepción de ellos? ¿hacer una renovación del compromiso que contraje en favor de mi proceso de curación interior? ¿puedo utilizar este conocimiento como guía para mi proceso? ¿puedo observar esos patrones con mi Observador? ¿puedo contemplarlos sin sentirme culpable, como a una oportunidad de aprender y como un don que brindo al género humano?

2. Elige a alguien con quien no hayas completado alguna comunicación. En tu diario, escríbele a esa persona una carta, conscientemente desde tu corazón, expresando los pensamientos o sentimientos que hasta ahora no has podido compartir con esa persona. Vé más allá del nivel de acusación y justificación de la personalidad; busca dentro de tu propio dolor hasta encontrar una verdad mayor y una situación de mayor vericidad. Quizá no le comunicaste honestamente a la otra persona tu propio dolor y limitaciones. Pudiera ser que no te despediste de alguien antes de su muerte. Quizá no le expresaste a alguien tu gratitud y aprecio. Cualquiera que sea la comunicación que quedó incompleta, es necesario expresarla de manera genuina centrándote en tu corazón. Continúa escribiendo hasta que sientas haberla completado.

Después, escribe una carta dirigida a ti como si viniera de esa persona. Imagínate que esa persona sabe que si recibes esa comunicación que nunca había llegado a tus manos, mejorará tu bienestar espiritual y emocional. Escribe todo lo que esa persona, si pudiera, desearía compartir contigo desde su corazón. Escribe desde su punto de vista acerca de la forma en que vivió su vida y sus emociones. Escribe hasta que sientas haber completado la carta. Para hacer esta parte del ejercicio, abre tu corazón y acepta la posibilidad de que esa persona tiene en su interior la capacidad de comunicarse a este nivel.

3. En silencio proyecta tu niño interior hacia afuera, de manera que quede de pie frente a ti. Observa qué edad tiene y de qué manera se comporta. Asegúrale que tú, el adulto, lo protegerás, alimentarás y amarás. Pregunta qué es lo que necesita y responde a sus necesidades de la manera apropiada. Pregúntale si necesita comprender algo del pasado y proporciona las explicaciones. Escucha atentamente a sus temores y alegrías; acéptalo tal como es. Abrázalo diciendo "te amo tal y como eres."

Haz este ejercicio diariamente, permitiendo que tu imaginación tome vida propia. Tu niño interior te guiará para saber indicarte como puedes proporcionarle la mejor ayuda. No temas ser su padre o madre, mas respeta su manera de ser. Proceder con demasiada rapidez puede dar como resultado atemorizar al niño herido y acabar por retraerlo aun más. Recuerda, el niño interior confía en ti, el adulto, puesto que no lo has abandonado. Lo has llevado dentro de ti todos estos años. ¡Los dos lo han logrado, han sobrevivido! Todavía están aquí juntos.

4. Haz una lista de las metas físicas, mentales, emocionales y espirituales que te gustaría alcanzar en tu vida en los próximos cinco años. Coloca la lista de lado.

Ahora, haz una lista de las metas físicas, mentales, emocionales y espirituales que te gustaría que se manifestaran en tu vida en el momento presente.

Compara las dos listas y hazte estas preguntas: ¿Hay algún paralelo entre las dos listas? ¿cómo se sentiría poner de manifiesto lo que está en mi lista por el día de hoy? ¿puedo hacerlo? ¿sólo por hoy?

¿HE SANADO MI ACTITUD?

Después de practicar los ejercicios anteriores, concéntrate en las siguientes preguntas y anota tus sentimientos en un diario.

1. ¿Me es más fácil reconocer que mis reacciones en el presente surgen de mis percepciones pasadas?

2. ¿Me es más fácil vivir mi día como una serie de momentos en el presente, sin ceder a pensamientos del pasado o del futuro?

3. ¿Estoy más consciente de cómo me expreso partiendo de mis padres interiores, y mejor capacitado para escoger conscientemente otra manera de expresarme?

4. ¿Está mi niño interior más contento y alegre? ¿Siente que puede confiar en mí y que estoy presente para él, tanto emocional como espiritualmente?

5. ¿Al escribir en mi diario percibo algún cambio en las personas con las que he completado comunicaciones que antes estaban inconclusas?

6. ¿Siento poseer más facultades en el presente?

7. ¿Estoy más consciente de hablar desde el corazón siempre que una situación así lo requiera y sea apropiado hacerlo? ¿Se sienten mejor alineados mi corazón y mi mente?

APLICACIÓN DEL PRINCIPIO EN EL SERVICIO A LOS DEMÁS

Puesto que sanar percepciones del pasado se relaciona

íntimamente con la curación del lastimado niño interior, tú, como facilitador, necesitas educarte acerca de ese concepto. Los escritos de Carl Jung, Alice Miller, Charles Whitfield e Ira Progoff son de gran ayuda. Sin embargo, el mejor maestro es el trabajo personal que haces con tu niño interior; para la mayoría de las personas éste es un proceso continuo.

Tu práctica personal de hablar desde el corazón es un requisito previo necesario para ser capaz de recomendarlo a la persona a quien estás facilitando. Cuando estás apoyando a alguien que no puede abrir su corazón ante una relación personal dolorosa, explícale lo que quiere decir comunicarse desde la consciencia del corazón y comparte con él un ejemplo propio. Preguntas que podrían facilitar comunicarse desde la consciencia del corazón son: ¿Qué le dirías a esa persona, desde tu corazón, si tuvieras su completa atención y realmente te estuviera oyendo? ¿Qué es lo que realmente quieres que esa persona te oiga decir? ¿Qué es lo que deseas que ella sepa? ¿Qué es lo que tu necesitas de esa persona? ¿Qué es lo que necesitas oir de su parte?

El facilitador da un ejemplo de como despojarse del pasado y el futuro, permaneciendo plenamente en el momento presente; para lograrlo, será de mucho apoyo mantener un buen contacto visual; tu guía interior se podrá comunicar con mayor facilidad cuando estás en el presente. Utilizando tu Observador, vigila cuando tus pensamientos se van al pasado o al futuro y cuando "no te sientas presente." Puedes dejar ir calmadamente esos pensamientos y volver tu atención a la persona a quien estás apoyando.

Estar presente emocional y espiritualmente para alguien te permite experimentar la curación; para hacer esto, debes estar en el momento presente; tu también experimentarás curación en ese momento. Cuando te encuentras plenamente en el presente, te nutres emocional y espiritualmente y puedes brindar sustento a los demás. Cuando estás en el presente es cuando puedes experimentar tu conexión más íntima con la Fuente Divina.

La forma de percibir la realidad es un reflejo del sistema singular de percepción interna de cada persona. Una misma persona puede percibir interaccion en diferentes formas, dependiendo de su estado interior y de lo que proyecta en otra persona. Un facilitador debe estar enterado de estas diferencias en percepción y proyección. Por ejemplo, lo que tú percibes puede ser diferente de lo que percibe la persona a quien estás apoyando, y es posible que la manera en que esa persona percibe su experiencia no concuerde con la tuya. Es importante pedir aclaración de las percepciones de los demás para evitar las suposiciones y reducir las proyecciones a un mínimo. Es así como esperamos crear un espacio para apoyar a los demás en el que exista confianza y dentro del cual las suposiciones y las proyecciones se reduzcan al mínimo posible.

¿CÓMO VOY PROGRESANDO?

Periódicamente evalúa tu progreso en la aplicación de este principio en el servicio a los demás. Anota tus inquietudes, preguntas y sentimientos en un diario.

1. ¿Estoy más capacitado para mantenerme emocional y espiritualmente presente con la persona a quien apoyo?

2. ¿Me es más fácil dirigir mi mente al momento presente, cuando mi atención inclina a irse al pasado o al futuro?

3. ¿Soy más consciente de hablar desde mi corazón cuando estoy con alguna persona?

4. ¿Siento que mi corazón y mi mente estan más alineados cuando estoy haciendo una facilitación?

5. ¿Confío más en la claridad de mi guía interior cuando estoy apoyando a alguien?

6. ¿Me siento dispuesto a verificar mis suposiciones y percepciones con la persona a quien apoyo?

7. ¿Estoy consciente de mis padres críticos internalizados? ¿Utilizo esa consciencia para intensificar el trabajo de curación con mi propio niño interior?

CAPÍTULO NUEVE

*Él está en todas partes.
Él es todo el universo.
Por Él y solo por Él, lo alcanzas todo.
Abandona el orgullo de creerte el hacedor.
No lleves esa carga sobre tu cabeza.*

Swami Muktananda

PRINCIPIO CINCO

AHORA ES EL ÚNICO TIEMPO QUE EXISTE Y CADA INSTANTE ES PARA DAR

ASERCIONES BÁSICAS

1. Vivir la vida plenamente es vivir cada instante en su totalidad.

2. Nuestra fortaleza interior se encuentra en el momento presente; nos desconectamos de esta fuerza cuando nos separamos del momento presente y nos transportamos al pasado o al futuro con nuestros pensamientos.

3. La curación se lleva a cabo ahora; cuando nos unimos a alguien en el momento presente, creamos un espacio para que ocurra la curación.

4. La Fuente Divina nos guía en la eternidad del momento presente; el Universo, por lo tanto, nos habla y nos guía constantemente.

5. Todo lo que necesitamos está a nuestra disposición en cada instante de nuestra experiencia humana.

6. Podemos usar el tiempo como una herramienta de aprendizaje en nuestro proceso de curación.

7. Nuestro estado natural es dar en todo momento; no podemos dejar de dar, pero podemos decidir qué es lo que queremos dar.

8. *Cada vez que damos en el momento presente nos renovamos y revitalizamos; en ese instante también estamos recibiendo.*

9. *Dar es una acción intuitiva y desinteresada, que no tiene expectativas, excepto la del extender amor.*

10. *Fortalecemos nuestra habilidad de estar intuitivamente presentes en el momento a través de la contemplación, la meditación y la oración.*

EL MENSAJE DEL PRINCIPIO

Este principio por el que se establece que tenemos la oportunidad de dar en cada instante de nuestra vida, se refiere específicamente al tema de servir a los demás. Como lo vimos anteriormente, dentro del contexto de la curación de actitudes, servicio significa servir a los demás por medio del ejemplo de nuestras vidas, a través del estado de nuestro ser y de la expresión de amor en acción. Hay nueve cualidades que cuando se consideran dentro de ese contexto, sirven de ejemplo a los demás: constancia, intencionalidad, amor, sabiduría, extensión, reciprocidad, capacidad, individualidad y diversidad de formas. (Ver el Capítulo Cuatro). Estas cualidades ponen de manifiesto la extraordinaria variedad de maneras en que uno puede servir con vitalidad y entusiasmo a la humanidad y al planeta.

Considerando la vida como una oportunidad vital y dinámica de dar en todo momento, Joel Goldsmith, docto maestro, autor y sanador, escribe: "La única razón para permanecer en la tierra es la oportunidad de amar, y cualquier persona que lo haya experimentado sabe que no hay mayor gozo que el de amar, ni gozo como el de compartir, otorgar, comprender y dar, siendo todas estas, otras formas de llamar al amor."[1] Como esta cita de Goldsmith lo indica, vivir en la tierra es un proceso dinámico, lleno de vitalidad, conmovedor y gozoso. La vida nos brinda oportunidades de dar y de amar y, a su vez, las oportunidades de dar y amar nos dan vida. Cuando nos olvidamos de ver la vida de esa manera nos deprimimos, nos aislamos, y nos desconectamos del propósito por el cual estamos en la tierra.

Todo el mundo quería a Kent. Era un atleta estrella, buen estudiante y un líder natural. Durante nuestros cuatro años de estudios secundarios lo elegimos presidente de nuestra clase. Había en el algo carismático y misterioso y uno no podía evitar apreciarlo y disfrutar de su compañía. Cuando terminó la secundaria recibió ofertas de becas de numerosas universidades. Yo pensé que seguramente un día vería su nombre impreso en los diarios como líder de alguna gran causa humanitaria. Kent se casó un mes después de terminar secundaria y se convirtió en granjero. En el curso de pocos meses, se deprimió severamente y abandonó todo contacto con el exterior. Ahora, treinta y cinco años después, vive como lo ha hecho todo este tiempo: solo y aislado en su granja.

La vida de Kent es un ejemplo de la relación dinámica que existe entre dar y recibir. Su vida nos ilustra cómo esta relación afecta nuestra salud emocional y espiritual. Durante un período Kent pareció ser capaz de vivir plenamente y aceptar la multitud de oportunidades que se le presentaban para servir. El sirvió a los demás a través del estado de su ser, de su ejemplo y de sus acciones. Recibió mucho reconocimiento y fue querido por muchos; sin embargo, la vida adulta de Kent demuestra de manera evidente que su vida interior era agitada. Una persona puede ser querida por miles y aún así sentirse desdichada. Kent se aisló a causa de una aflicción no resuelta. No aceptó más oportunidades para dar. Intencionalmente dejó de hacerlo, sin embargo, Kent continuó sirviendo a los demás de manera indirecta, a través del ejemplo de su vida. En mi caso, me enseñó que a menudo las cosas no son como parecen ser y que existe una relación entre la salud emocional y la capacidad con que uno elige dar o no dar.

Sin reparar en que elijamos intencionalmente dar o no dar, como en el caso de Kent, este principio supone que siempre tenemos interiormente todo lo necesario para vivir nuestra vida plenamente y para dar a los demás. En la curación de actitudes, reconocer esto implica reconocer la realidad de nuestra abundancia interna. Como dice Goldsmith, "En este momento preciso poseemos todo lo que se desplegará como experiencia propia durante los días venideros; esto está incorporado y contenido en nuestra consciencia, y día a día se desplegará y aparecerá como necesario en nuestra experiencia humana. Todo lo que tiene Dios es nuestro ahora mismo."[2]

Cuando la mente y el corazón están alineados, es natural que uno esté en condiciones de dar en el momento y en cada instante. Estando en el momento, uno intuye lo que ha de dar. El poder de dar proviene del momento presente. Ahora es el único momento que existe, porque ahora es el tiempo del corazón, el tiempo de la intuición y el tiempo de la Fuente Divina. Goldsmith dice que: "Dios no opera en otro momento sino el presente, un presente continuo."[3] Stephen Levine nos expresa esto mismo de otra manera:

> El amor es la óptima condición para sanar. El sanador utiliza cualquier recurso que él intuya ser el de mayor ayuda, pero su energía no puede derivarse de la mente. Su poder proviene de la apertura del corazón. Percibe algo mayor que la aflicción del cuerpo. Se dirige a la fuente de donde proviene toda curación, sin intentar obstruir o perturbar aquello que pueda permitirle el siguiente paso perfecto. No trata de anticipar al universo.[4]

Levine escribe sobre cómo dar hablándole a alguien silenciosamente desde el corazón. "Hablar de corazón" es simplemente enviar pensamientos de amor y aceptación a una persona necesitada. El propósito de hablar a otra persona de corazón es afirmar que es aceptada. No se trata de ofrecerle sugerencias ni de pedirle que cambie su manera de ser o de sentir. Una persona no se siente apoyada emocional y espiritualmente, cuando se le envían pensamientos preocupantes o que le comunican que no es suficientemente fuerte para manejar la situación. Los pensamientos tienen forma y las personas perciben los pensamientos que tenemos acerca de ellas. En momentos de tensión y de crisis, una persona necesita pensamientos que la apoyen con amor y aceptación y no pensamientos que sugieran que es débil, inaceptable o incapaz.

El concepto de hablar de corazón se relaciona con este principio porque representa dar en el momento, intuitiva y desinteresadamente. Podemos hablar de corazón a cualquiera, en cualquier lugar y en cualquier momento. Lo que uno dice específicamente, refleja lo que uno considera intuitivamente apropiado. Tal como Levine, he encontrado que ésta es una manera poderosa de dar, y que no es intrusiva sino afectuosa. Es posible hablar de corazón en el transcurso del día cuando podemos ser testigos de diversas situaciones tensas, como un conductor que maneja a alta velocidad, un enfermo mental que vive en la calle, un cajero abrumado por su tarea en el supermercado, y también en el hogar o en el trabajo. Los padres de familia que utilizan hablar de corazón han encontrado ese sistema particularmente útil con niños y adolescentes en dificultades.

Otra forma da dar en el presente es por medio de *kything*. Este termino lo empleó originalmente el angel querubín Proginoskes, para comunicarse con Meg, una joven personaje de la novela de Madeleine L'Engle, *A Ring of Endless Light*.[5] Kything es una forma de comunicarse con alguien de espíritu a espíritu. Es una manera de estar espiritualmente presente con otra persona. Los psicólogos Louis Savary y Patricia Berne definen kything de esta manera: "unirse libre y amorosamente al nivel del espíritu. A pesar de que kything es un acto espiritual elemental, es una afirmación y una experiencia de profunda unión."[6] Para practicar kything, ellos recomiendan afirmar "estoy presente con tu espíritu." Unirse espiritualmente a otra persona puede ser imaginado como dos personas en una burbuja de luz divina, colocándo a la persona en nuestro corazón, o bien usando cualquier otra imagen que nos facilite estar en comunión, espíritu con espíritu.

Por encima de todo, este principio nos pide confiar en el "ahora" de nuestra vida, viendo la belleza de nuestro proceso, no como ha sido ni como será, sino tal como es en este momento. Reconociendo que los recursos curativos están siempre presentes dentro de nosotros, vivimos hoy nuestra vida plenamente. Nuestro proceso es como el de la mariposa que, al salir de un capullo de oscuridad, emerge a una vida fresca y bella. Cada paso de nuestro proceso de transformación es necesario. En lo profundo de nuestro ser tenemos el poder curativo y la fortaleza para renovar nuestra vida y vivirla plenamente a cada instante. De esta manera ofrecemos el bien más excelso a nosotros mismos y a los demás.

¿CUÁL ES MI ACTITUD?

Reflexiona acerca de las siguientes preguntas y escribe en un diario tus sentimientos:

1. ¿Con cuánta seguridad me siento conectado con mi intuición?

2. ¿Cómo describiría el alineamiento entre mi mente y mi corazón?

3. ¿Cuán consciente estoy de permanecer en el momento presente? ¿Qué me distrae de estar en él?

4. ¿Estoy consciente de dar en mi vida personal y en el ámbito de mi trabajo?

5. ¿Qué relación veo entre dar y mi salud emocional y espiritual?

6. ¿Cómo fortifico mi conexión con el momento presente?

7. ¿He experimentado alguna vez lo que es actuar desinteresadamente y dar sin expectativas?

PRÁCTICA DEL PRINCIPIO

Selecciona los ejercicios que más faciliten y apoyen tu proceso de curación, y escribe tus reflexiones en un diario. Puedes grabar los ejercicios de visualización antes de practicarlos.

1. La función de la meditación contemplativa es de fortalecer la

receptividad del lugar interior donde reside la verdad. En silencio, adopta un estado de receptividad, escuchando y esperando. Puedes contemplar un pensamiento, una situación, una pregunta o una idea. Presenta tu necesidad de una manera sencilla, y cerrando los ojos permanece quieto. Si al principio nada sucede y no recibes respuesta, no te inquietes. Algo está sucediendo. Es solamente cuestión de tiempo para que se presente una respuesta. Contempla un tema entre uno a cinco minutos cada día y luego continúa con tus quehaceres. Escoge alguno de los temas siguientes, o utiliza uno propio.

Dar	Acción desinteresada
Vivir la vida plenamente	Consciencia del corazón
Fortaleza interior	Bienestar emocional
Curación	Bienestar espiritual
Alineamiento de mente y corazón.	
	Dios
Suspensión del tiempo	Silencio
El presente	Amor

Escribe en tu diario cualquier estado de consciencia que hayas tenido sobre el tema que contemplaste durante el día. Mantente alerta; algún conocimiento profundo puede venir desde tu interior, así como pueden manifestarse respuestas visibles en el mundo exterior. Por ejemplo, un día que estaba contemplando autoestima, camino a mi trabajo pasé a un automóvil que llevaba una calcomanía que decía: "Si me conocieras me amarías."

2. Con tu diario en mano da un paseo o sal a hacer alguna diligencia. Con naturalidad y sencillez, pon atención y escucha los comentarios de la gente. Anótalos como mensajes que te envía el universo. Por ejemplo, un día mientras esperaba el cambio de luz en un semáforo, oí una conversación entre dos hombres hablando; uno dijo "Una cosa se relaciona con la otra y todo encaja muy lógicamente," y el otro dijo "Claro, por supuesto que sí. No tiene

sentido hacer el aprendizaje tan difícil cuando no tiene que ser así". En ese instante recordé mi tendencia a ver la vida como algo complicadamente imposible, ¡algo que había estado pensando justamente ese día!

3. Piensa en alguna forma de recordar mantenerte en el momento presente. Por ejemplo, escribe mensajes para ti mismo en tarjetas pequeñas y colócalas en varios lugares en tu casa o tu trabajo; también puedes hacer que tu reloj suene periódicamente y te lo recuerde, o puedes usar algo que haga ruido, un llavero, pulsera o collar, que de vez en cuando atraiga tu atención.

4. Siéntate en silencio e imagínate rodeado de personas que tienen un papel importante en tu vida personal o de trabajo, ya sea en el presente o en el pasado. Imagínate que te acercas a cada una de ellas y les das algo que simboliza tu amor. Dá un regalo a cada uno, incluyendo aquellas personas con quienes te encuentres en conflicto. Imagina que todos tus regalos son grandes y maravillosos, algo especial y extraordinario, algo que supere los más preciados sueños de cada persona. Imagina la emoción, gratitud y gozo de cada persona aceptando tu regalo.

5. Elije a una o a varias personas por quienes estés preocupado en este momento, o a alguien con quien tengas un conflicto en tu vida personal o de trabajo. Cierra los ojos. Ubica tu consciencia en tu corazón. En silencio y hablando de corazón expresa pensamientos reconfortantes que le brinden seguridad. No le pidas que cambie su comportamiento, no hagas sugerencias ni le ofrezcas tu punto de vista. Solamente tranquilízala y acéptala. Comunícale amor y la sensación de que todo está bien. Puedes hacer este ejercicio cuando estes en presencia de esa persona, cuando hables con ella por teléfono o cuando pienses en ella.

6. Píde a alguien hacer juntos un experimento de hablar usando sólo verbos en tiempo presente. Hablen solamente en el tiempo

presente y del presente, sin hacer referencia al pasado o al futuro. Dediquen por lo menos media hora a este ejercicio. Después de completarlo, pueden intercambiar sus experiencias y hacerse las siguientes preguntas:

- a) ¿Cuán cómodo me sentí hablando sólo del presente?

- b) ¿Llegué a hacerme más consciente de mis sentidos de oído, visión, gusto, olfato y tacto?

- c) ¿Me volví más consciente de mis emociones?

- d) ¿Me olvidé de hablar en el presente y regresé a hablar del pasado y del futuro?

- e) ¿Noté algún cambio en la estructura de las frases y en el contenido de mi lenguaje?

7. Para revisar lo que significa estar al servicio de los demás, dentro del contexto de la curación de actitudes, revisa el Capítulo Cuatro.

¿HE SANADO MI ACTITUD?

Después de haber practicado los ejercicios anteriores, concentra tu atención en las siguientes preguntas y anota tus sentimientos en un diario.

1. ¿Estoy utilizando más la contemplación en mi vida?

2. ¿Me he vuelto más consciente del momento presente cuando estoy solo o cuando me encuentro en compañía de otros?

3. ¿Ha mejorado mi contacto visual cuando estoy con otras personas?

4. ¿Experimento el "dar" más espontáneamente?

5. ¿Estoy experimentando más quietud en mi meditación?

6. ¿Utilizo hablar de corazón como una forma de dar, tanto en mi vida personal como en mi trabajo?

7. ¿He experimentado algún cambio en mi consciencia de vivir plenamente y en el momento?

APLICACIÓN DEL PRINCIPIO EN EL SERVICIO A LOS DEMÁS

Este principio se dirige al espíritu de dar, la razón que tiene el facilitador para servir a los demás. Cuando sostienes el sagrado cometido de dar, estando al servicio de los demás, vives en el espíritu del momento presente. Tu corazón y tu mente están en equilibrio y eres guiado desde tu interior. Tienes el conocimiento interno de que el bien más excelso se alcanzará para todos. Provees servicio con un sentido de espontaneidad y gozo, y sabes que basta con extender amor.

Si pierdes de vista el espíritu de dar, probablemente estás experimentando el fenómeno psicológico y espiritual conocido como agotamiento ("burnout"). Este agotamiento ocurre cuando te encuentras tan agobiado por sentirte personalmente responsable en el proceso de servicio, que comienzas a encontrarte agotado, frustrado, apático, abrumado y sin sustento. Tu corazón comienza a cerrarse, te vuelves irritable e impaciente y pierdes toda inspiración y gozo en tu trabajo. Comienzas a tener pensamientos como "Bueno, y ¿yo qué? No estoy llegando a nada; lo que hago no le sirve a nadie; no sé qué haré si alguien me pide que haga algo más. Nadie me valora. Estoy cansado de cuidar de las necesidades de todas estas personas; ¿por qué no se ocupan de ellos mismos?"

Como facilitador puedes experimentar agotamiento por

cualquiera de las siguientes razones:

1. Has olvidado tener compasión de ti mismo mediante la continuación de tu propio trabajo interior.

Cuando no continúas con tu trabajo interior, no consigues detectar tus límites ni reconocer tus propias necesidades físicas, emocionales y espirituales. Te olvidas de perdonar los pensamientos de temor, dudas y juicios que has tenido sobre ti mismo y sobre las personas a quienes sirves. Mantendrás tu energía, inspiración y gozo mediante la revitalización continua de tu propio ser físico, mental y espiritual con la práctica de disciplinas emocionales y espirituales. La compasión que sientes por otros es un reflejo directo de la compasión que sientes por ti mismo. Aliviar el sufrimiento de otros comienza ocupándote de aliviar tu propio sufrimiento.

2. Has olvidado mantenerte en tu Observador.

Tan pronto como te identificas con el problema de la persona que estás facilitando, comienzas a reaccionar en lugar de responder. Te centras en las necesidades propias que no han sido satisfechas. Si se plantea un conflicto interno, es porque no puedes atender a tus propias necesidades emocionales y espirituales al mismo tiempo que atiendes a las de la persona que facilitas. Experimentarás agotamiento psicológico cuando tu atención esta dividida y no estés centrado y presente en el momento. Sentirás que la persona que facilitas sabe que no estás escuchándola plenamente y que no estás presente del todo. En ese caso, te juzgarás por ese fracaso y eso se convertirá en un aumento de tu tensión interna. Has olvidado que debes simplemente observar el proceso de la persona y mantenerte tranquilo y abierto.

3. Has perdido de vista la fortaleza interior de la persona que estás ayudando.

La meta de la facilitación es apoyar a la persona a ser su propio y mejor terapeuta. Esta meta asume que la persona a quien se facilita tiene todos los recursos interiores que necesita para llevar a cabo su propio proceso con efectividad. Cuando te olvidas de respetar el proceso de curación de la persona que apoyas, la considerarás débil e incapaz, y entonces comenzarás a sentirte totalmente responsable de su curación y bienestar. Esa contienda de responsabilidad crea fatiga emocional, y puede abrumarte. Puedes sucumbir a las necesidades que tiene tu ego de sentirse poderoso, necesario, valioso y responsable, y podrías considerar que eres tu el rescatador, el salvador y el sanador.

4. Tienes expectativas sobre el resultado.

Cuando tu motivación es la de cambiar en cierta forma la consciencia de una persona, enfrentarás resistencia. El facilitador que tiene expectativas sobre los resultados, trata de enfrentar y resistir la resistencia de la persona. Cuando insistes en impulsarte a través de la resistencia de la otra persona imponiendo tu voluntad y tus deseos, pronto te agotarás física y emocionalmente. Además, habrás creado una separación entre tu propósito y el de la persona que estás facilitando, ya que desearás la confirmación de tus expectativas y que tus resultados sean satisfechos, medidos y aplaudidos. Esa separación crea un conflicto que conduce al aumento de tensión. Has olvidado que los resultados no se pueden saber con anticipación. Has olvidado centrarte en el proceso y no en el resultado. Simplemente has olvidado dejar pasar de largo las expectativas que pasen por tu mente.

5. Has olvidado el gozo y la espontaneidad de servir a los demás.

Cuando tomas el proceso de apoyo demasiado seriamente y comienzas a prever el resultado de tu trabajo y las recompensas, perderás de vista el momento presente. Al hacer eso no experimentarás la luminosidad, gozo y espontaneidad que pueden ocurrir cuando se facilita a alguien. Estando en el Observador da una sensación de libertad al observar la cadencia del proceso de apoyo. Simplemente ver el lado absurdo, tanto de los acontecimientos de la vida como el de tus propias reacciones, puede traer a la relación de apoyo la gracia curadora del humor y de la risa.

6. Has olvidado tu principal motivo para servir.

Te sentirás frustrado y desalentado cuando el motivo y razón para ayudar a otros estan basados en esperar un resultado determinado o en satisfacer tus propias necesidades. Cuando conviertas tu perpectiva y tu llamado en una motivación más profunda, más universal y menos personal, experimentarás un sentimiento de confianza y paz interior. Reconocerás que te habías olvidado temporalmente de que tu razón para facilitar es amar a los demás. Extender amor es suficiente.

7. Piensas que eres tú el hacedor.

Cuando te identificas como hacedor, la fuente del servicio, te sientes personalmente responsable por la otra persona. Crees que el éxito y el fracaso son determinados solamente por tus esfuerzos, que tú lo hiciste, y que tú fuiste el origen de lo que sucedió. Pronto te fatigarás, tanto emocional como físicamente, puesto que mantener esta actitud requiere mucha energía. Al trasladarte al lugar del Observador puedes caer en cuenta de que el hacedor no eres tú sino la Fuente Divina fluyendo a través de ti y de la persona a quien apoyas. Por lo tanto, la responsabilidad es de la Fuente Divina, no tuya. Es preciso que te recuerdes que no es necesario cargar con ser el hacedor, y si te olvidas, debes tener compasión contigo.

¿CÓMO VOY PROGRESANDO?

Periódicamente revisa tu progreso en la aplicación de este principio en el servicio a los demás. Anota tus inquietudes, preguntas y sentimientos en un diario.

1. ¿Continúo activamente con mi trabajo interior y puedo ver cómo se relaciona con apoyar a alguien?

2. ¿Estoy consciente de alguna indicación de agotamiento interno y respondo de manera responsable?

3. ¿Estoy cada vez más consciente de mantenerme en mi Observador cuando estoy apoyando a alguien?

4. ¿Veo cada vez con mayor claridad que la persona que apoyo posee fuerza y recursos interiores?

5. ¿Estoy consciente de elegir lo que quiero dar dentro de una relación de apoyo?

6. ¿Estoy cada vez más consciente de que mi acción de dar se origina desde un espacio interior desinteresado e intuitivo en una relación de apoyo?

7. ¿Experimento cada vez menos expectativas acerca del resultado y siento menos necesidad de evaluar mi trabajo? ¿estoy conforme con no saber cuáles pueden ser los resultados?

8. ¿Me mantengo centrado en la motivación de servir al prójimo?

9. ¿Estoy cada vez más consciente de las veces que caigo en pensar que soy yo el hacedor?

10. ¿Me doy cuenta de que utilizo el método de "hablar de corazón" cuando apoyo a alguien?

CAPÍTULO DIEZ

La mayor revolución de nuestra generación es de haber descubierto que a los seres humanos, por medio de la transformación de actitudes interiores de su mente, les es posible cambiar los aspectos externos de sus vidas.

William James

PRINCIPIO SEIS

PODEMOS APRENDER A AMARNOS A NOSOTROS MISMOS Y A LOS DEMÁS, PERDONANDO EN VEZ DE JUZGAR

ASERCIONES BÁSICAS

1. *Perdonar es ser capaz de mantenernos a nosotros mismos y a los demás dentro de nuestro corazón, sin reparar en lo que haya sucedido.*

2. *Es natural querer perdonar y ser perdonado.*

3. *Perdonar es estar dispuesto a percibirnos a nosotros y a los demás, ya sea expresando amor o haciendo una petición de amor.*

4. *El perdón no niega lo que ha sucedido. Es la disposición de buscar una verdad que se encuentra más allá del hecho mismo.*

5. *El perdón reduce la tensión interior y tiene un efecto benéfico en la salud del individuo.*

6. *Perdonar es darse cuenta de que los actos dolorosos que*

cometemos, y los que cometen los demás, tienen su origen en heridas emocionales que usualmente provienen de la infancia y que no han sido curadas.

7. *El perdón es un estado de ser, una actitud. No significa que el que perdona o el perdonado deban actuar en una forma específica.*

8. *El juzgar se puede definir como cualquier creencia, pensamiento, evaluación o condenación que resulta en sentirnos aislados y separados de otros o de nosotros mismos.*

9. *El perdón es una gracia y por consiguiente, no es algo que "haces," sino algo que se manifiesta por sí mismo.*

10. *El primer paso para despojarnos de pensamientos de juicio o de censura es reconocerlos y observarlos.*

EL MENSAJE DEL PRINCIPIO

Cuando Janet se sentó frente a mí y comenzó su proceso durante un taller dirigido por mí, me impresionó la calma y confianza con que manifestó su necesidad de trabajar en la pena que sufría a raíz de la muerte de su hija, quien solo tenía dieciséis años. No sabía que lo que estaba por desarrollarse sería el ejemplo más profundo de perdón que yo jamás haya visto.

La hija de Janet, Marcie, había sido asesinada brutalmente dieciocho años atrás, y su cuerpo había sido encontrado flotando en un río. El asesino fue identificado como un habitante de la ciudad donde vivía Marcie. La familia estaba enfurecida y expresaba su ira a través de ataques verbales y procesos judiciales costosísimos contra él y el sistema legal. En medio de un ataque de furia y dolor el marido de Janet estuvo a punto de matar al asesino. Durante catorce años, los miembros de la familia consumieron toda su energía odiando a ese hombre. Deseaban venganza por el horror que había traído a sus vidas. Su pena y furia los consumía totalmente.

Finalmente, Janet y su marido decidieron visitar al asesino en la prisión y confrontarlo. Querían saber por que había cometido el crimen y por qué había elegido a Marcie como su víctima.

Lo que sucedió en ese encuentro fue algo muy inesperado. Cuando Janet y su marido enfrentaron a ese hombre, el odio que existía entre ellos se esfumó repentinamente, y sintieron amor y procupación por él. De un momento a otro reconocieron su condición humana, su dolor y pesadumbre. No sintieron odio ni deseos de venganza, sino una gran compasión y amor. Los tres se abrazaron y sollozaron a causa del gran dolor que compartían. Decidieron visitarlo periódicamente, y en el transcurso del tiempo los tres conversaron abiertamente sobre lo que sucedió y el porqué del suceso.

Janet vino a nuestro taller preparada para completar otra parte del proceso de su duelo, centrando su atención en la curación necesaria dentro de la familia. Janet expresó que había visto el éxito tan grande que había logrado enseñándole a sus hijos a odiar y que, como resultado, ellos continuaban sufriendo. Janet se comprometió a crear la curación del odio que existía dentro de la familia, y decidió convertirse en un ejemplo de amor incondicional para revocar su enseñanza anterior.

Janet ahora trabaja como consejera en un centro de emergencia que da asistencia a las familias de niños que han sido asesinados. Desde su punto de vista, Janet no cree que exista ningún asesino encarcelado que no desee confrontar a la familia que ha dañado y de ser perdonado por ella. Para perdonar al asesino es necesario que los miembros de la familia examinen de nuevo las ideas que se han formado acerca del agresor y estar dispuestos a verlo de otra manera.

La historia de Janet nos enseña el verdadero significado del perdón. El perdón ocurrió porque las personas involucradas, las "víctimas," abrieron su corazón a la persona que les había hecho daño. La consideraron a través de sus corazones como alguien que, por sí mismo, era merecedor de compasión, curación y amor. Janet vió claramente que el asesino no era diferente a ella; un ser que buscaba amor y valor en su vida.

Dostoyevski, al ser liberado de la prisión de Siberia donde vivió y trabajó con los peores criminales de Rusia, dijo que en esa prisión se transformó en una persona completamente nueva. Su experiencia fortaleció su fé y "despertó mi amor por aquellos que soportan todo su sufrimiento con paciencia." Dostoyevski vió la grandeza aún en los criminales más terribles. A través de sus novelas, una parte de él mismo parece identificarse con el criminal.[1]

La azafata Uli Derickson arriesgó su vida en 1985 para evitar que los asaltantes mataran más pasajeros en el vuelo 847 de la compañía TWA, mientras cruzaban repetidas veces el Mediterráneo, por espacio de 55 horas dijo "siempre pensé en esos hombres como seres humanos. A pesar de su comportamiento brutal (mataron a un pasajero, golpearon a dos y tenían aterrorizados a todos los demás), no me permití pensar en ellos como animales, sino que siempre traté de apelar a sus corazones."[2]

Cuando no perdonamos incrementamos nuestro sufrimiento emocional y mental. Ruth Carter Stapleton, una reconocida pastora protestante y sanadora en las décadas de 1960 y 1970 escribió que "si rehusamos perdonar, nosotros los ofendidos perderemos aun más que los ofensores." Ella explica:

> Estamos sentenciados a vivir algún día lo que no podemos perdonar. La persona que rehusa perdonar las malas lenguas, a la larga se volverá charlatana; quien no puede perdonar la traición, se convertirá en traidor. Ésto se debe a que la dificultad para perdonar una debilidad en otra persona, refleja la misma condición negativa en nosotros mismos. Si hubiésemos perdonado esa debilidad en el otro, el acto de perdonar hubiese actuado como un antídoto de nuestra propia debilidad.[3]

La actitud de perdonar verdaderamente no requiere que neguemos lo que ha sucedido. La negación es siempre nociva y conduce solamente a la inflamación de las heridas. Perdonar no significa que a los criminales se les permita quedar libres, o que se permita a alguien seguir agraviándonos psicológica o físicamente. Esto es psicológica y espiritualmente tan perjudicial para la otra persona como para nosotros mismos.

El perdón no presupone que una acción determinada se efectúe. La historia de Julia y David en el Capítulo Siete, nos da un ejemplo del perdón como un proceso y no como una acción. El perdón es un don que nos ofrecemos a nosotros mismos. Cuando David perdonó a Julia por ser asiática, se perdonó a sí mismo el odio y la ira que había encubierto bajo la etiqueta "asiático." El don del perdón lo liberó de la carga y en ese mismo proceso liberó también a Julia.

El perdón es un proceso de abrir nuestros corazones y tener compasión y que tiene como resultado que la mente se despoje de agravios. Cuando tenemos compasión hacia otra persona, la tenemos también para con nosotros mismos. Es siempre doloroso mantener a otra persona fuera de nuestro corazón. Es doloroso ser mantenidos fuera del corazón de alguien; asímismo es doloroso mantenerse a uno mismo fuera de su propio corazón.

Por encima de todo, el perdón es la gracia en acción. La gracia se origina en nuestro interior, no viene de afuera, de arriba, ni de algún otro lugar. Cuando acogemos el perdón en nuestras vidas, los agravios se esfuman, se remueve el velo y el corazón se abre. El corazón y la mente se alínean y por lo tanto los sentimientos y los pensamientos concuerdan. La gracia es la energía del perdón, una energía que disuelve los resentimientos y el dolor y abre el espacio para ver cualquier suceso de otra manera. La gracia es la fuente de la experiencia de perdonar.

¿CUÁL ES MI ACTITUD?

Centra tu atención en las siguientes preguntas y escribe en un diario tus sentimientos.

1. ¿He experimentado el perdón tal y como se define en la sección anterior?

2. ¿Me considero una persona que tiene mucho qué perdonar?

3. ¿He tenido la experiencia de abrir mi corazón a otros, particularmente a aquellos contra quienes he mantenido un agravio?

4. ¿Acerca de qué siento necesidad de perdonarme?

5. ¿Qué progreso he visto en mi proceso de perdonar durante los últimos cinco años?

6. ¿Cuál considero como el próximo paso en mi proceso de perdón?

7. ¿Cuán consciente estoy de la presencia de la gracia en mi vida?

PRÁCTICA DEL PRINCIPIO

Escoge los ejercicios que más te faciliten y apoyen en tu proceso de curación, y escribe tus respuestas en un diario. Puedes grabar los ejercicios de visualización.

1. Durante tres noches consecutivas, haz lo siguiente: enciende una vela blanca en una cuarto obscuro y obsérvala con los ojos ligeramente abiertos de manera que puedas apreciar algo de su resplandor. Dirígete mentalmente hacia la persona con quien sientes conflicto, exponiéndole brevemente tus sentimientos; algo como "Papá, sé que las cosas no han marchado bien entre nosotros. Me siento tan mal cuando pienso en ti y sé que no he sido honesto contigo." Después repite una y otra vez, durante media hora lo siguiente, "Papá, te deseo la mejor evolución posible... Papá, te deseo la mejor evolución posible..." (Se cree que este ejercicio tiene su origen en una tradición budista).

2. Stephen Levine, sugiere el siguiente ejercicio en su libro *Who Dies?*

Imagina que te encuentras gravemente herido y postrado en la sala de emergencia de un hospital, sin posibilidad de hablar o de moverte, las caras afligidas de tus familiares flotando a tu alrededor y el dolor de tus heridas comenzando a ceder después de la inyección de morfina que se te acaba de administrar. Te gustaría alcanzar a decirles algo para sentir que completas cualquier asunto pendiente, para despedirte de ellos y para superar tantos años de comunicaciones incompletas.

¿Qué dirías? Piensa en lo que ha permanecido dentro de ti sin expresarse y comparte eso cada día con tus seres queridos. No vaciles.[4]

3. Trae a tu mente una imagen clara de la persona hacia quien sientes algún resentimiento. Imagínate en interacción con ella.

Imagina que a esa persona le suceden cosas buenas y obsérvala recibiendo amor, atención y regalos de los demás.

Observa tus propias reacciones. Es una reacción natural que te resulte difícil imaginar que le sucedan acontecimientos agradables a esa persona. Con la práctica, eso se te hará cada vez más fácil.

Piensa en el papel que tú has desempeñado en esta relación tensa y de qué forma podrías reinterpretar la conducta de la otra persona. Imagínate cómo podría verse la relación desde su punto de vista.

Hazte el propósito de mantener interiormente este nuevo entendimiento.

4. Justo antes de quedarte dormido, examina los eventos del día, desde los más recientes hasta los de esta mañana. Presta atención

a cualquier sentimiento que se presente con relación a estos eventos. Hazte la sugestión de tener un sueño curativo referente a una relación en la que sientes conflicto. Repite tres veces "Hago la petición de tener un sueño curativo acerca de_____". Después repite tres veces "Recordaré mis sueños." Documenta tus sueños y dedícales tiempo de estudio.

Los sueños pueden darte una solución, definir de otra manera el problema, pueden representar alternativas, brindarte un conocimiento más profundo, o pueden proporcionarte un sentimiento tranquilizador y curativo que reemplace los sentimientos de conflicto. Algunas personas simplemente despiertan sintiéndose mejor, pero no recuerdan sus sueños. En general, darle acogida a la curación en tu vida siempre tiene un efecto constructivo y positivo, y mucho de ésto se logra durante la noche. Nuestros cuerpos y nuestras emociones pueden curarse mientras dormimos.

Las siguientes preguntas pueden serte útiles y facilitar el trabajo con tus sueños:

a. Cuando vuelves a experimentar los sentimientos que tuviste en el sueño, ¿qué te hacen recordar de tu vida presente? ¿De qué piensas que se trate el sueño?

b. ¿Qué significado literal podría tener el sueño?

c. ¿Podrías describir la primera escena del sueño? Usualmente esta primera escena es un resumen o descripción del problema, asunto, obstáculo o situación que tienes o que enfrentas en tu vida, por ejemplo, algo que te ocasiona problemas. La primera escena te indica de qué se va a tratar el sueño, o sea, el tema que se te está presentando.

¿Cuáles son las escenas intermedias del sueño? Éstos son aspectos del problema. Se puede decir que mediante el desarrollo de la historia en el sueño, las escenas intermedias de éste pueden definir y describir varios aspectos del problema.

¿Cuál es la escena final del sueño? Ésta representa o describe la solución, la resolución o la vía para superar el problema o el obstáculo descrito en la primera escena. A veces es provechoso trabajar al principio con la primera y la última escena, y después con las escenas intermedias para obtener mayor sentido sobre el significado del sueño.

d. ¿Quién es_____? ¿Qué asocias con cada persona del sueño? Descríbelas desde tu perspectiva. No presupongas ningún detalle para que puedas descubrir las asociaciones clave de los personajes principales del sueño.

¿Cómo es esa persona? Si la persona del sueño te es desconocida pregúntate que tipo de persona te imaginas que sea.

¿Puedes reconocer o sentir esa parte tuya que se parece a la persona en el sueño? La mayoría de los símbolos en los sueños representan un aspecto de quien los sueña, por lo que esa persona representa un aspecto de ti mismo.

¿Cómo te relacionas con esa persona?

¿Puedes hablar como si fueras esa persona en el sueño y transformarte en ella?

e. ¿Puedes definir cada uno de los objetos más importantes del sueño? Nuevamente, exprésate como si tú fueras ese objeto.

f. Para ayudarte a resumir la esencia del mensaje de tu sueño, ¿puedes ponerle título al sueño como si fuera una novela o una obra de teatro?

5. En una hoja de papel has una lista de las cosas por las cuales te perdonas, escribiendo: "Me perdono por _____, Me perdono por_____, Me perdono por _____". Anota no solamente sentimientos y actitudes en general sino que escribe también acontecimientos específicos por los que sientas pesar. Deja la lista a un lado y al día siguiente revísala; si algo más se te ha ocurrido, agrégalo. Sé sincero e íntegro. Deja la lista a un lado. Al tercer día, vuélvela a leer y agrega más cosas si lo crees necesario. Ese mismo día quémala o destrúyela, con una actitud de compasión hacia ti mismo y hacia todas las personas involucradas en la lista. Afirma que te liberas a ti mismo de toda pena o falta de perdón y que todo está bien.

También puedes hacer este ejercicio con algún amigo de confianza, expresando lo que sientes necesario perdonarte hasta que te sientas satisfecho. Al final de cada cosa que compartes tu amigo debe responder "estás perdonado." Pide a tu amigo que te recuerde ser específico en caso de que tus frases sean vagas. Por ejemplo una frase muy general podría ser "Me perdono por haberle pegado a Tommy"; más específico sería "Me perdono por pegarle a Tommy cuando derramó la leche."

6. Imagínate flotando entre nubes grises, estas nubes representan los agravios que todavía mantienes contra ti mismo y contra los demás. Imagínate que te deslizas entre las nubes y que te tropiezas con ellas suavemente. Te das cuenta de que las nubes no te lastiman; rozan tus mejillas y tu cara, y las haces a un lado suavemente mientras caminas entre ellas. En el transcurso del tiempo comienzas a vislumbrar una luz más allá de las nubes y empiezas a dirigirte hacia ella. De la misma forma en que las nubes continúan tropezando contigo, tu continúas dejándolas rebotar y haciéndolas a un lado muy calmadamente. Finalmente, comienzas a ver el completo fulgor de la luz y entras en ella sabiendo que estás seguro y que te encuentras dentro de ella.

¿HE CURADO MI ACTITUD?

Después de haber practicado los ejercicios anteriores, lee cuidadosamente las siguientes preguntas y escribe en un diario acerca de tus sentimientos.

1. ¿Estoy más consciente ahora de cuándo excluyo a alguien de mi corazón?

2. ¿Siento que mi corazón se va suavizando un poco más hacia aquellos contra quienes tengo algun agravio?

3. ¿Tengo más compasión y paciencia hacia mí mismo?

4. ¿Tengo más capacidad para observar los pensamientos con que enjuicio, en vez de detenerme en ellos?

5. ¿Me dicen que parezco estar más en paz conmigo mismo?

6. ¿Estoy consciente de ver menos al mundo como si estuviera compuesto de víctimas y verdugos?

7. ¿Estoy siendo más capaz de elegir pensamientos de amor en vez de pensamientos que critican?

APLICACIÓN DEL PRINCIPIO EN EL SERVICIO A LOS DEMÁS

Para practicar el perdón es siempre necesario dejar de juzgarse a uno mismo y a los demás. Vigilando atentamente nuestros pensamientos nos es posible escuchar y apoyar a una persona sin evaluarla ni juzgarla y de esta manera crear un espacio en el que nos es posible recibir a esa persona en nuestro corazón y mantenerla incluída en el perdón.

Una vez visité a una maestra de escuela primaria en su aula

porque me habían dicho que ella aplicaba los principios de la curación de actitudes. Cuando entré al salón noté, suspendido del techo, un cartel en letras grandes que decía JUZGAR. Con curiosidad le pregunté acerca de esto, "A sí," replicó, "en segundo grado, JUZGAR fue suspendido."

La mayoría de nosotros no tuvimos la suerte de que se nos enseñara a no juzgar cuando éramos niños. Los largos años de práctica nos incitan a seguir criticando, categorizando y comparándonos con los demás. Ésto es especialmente tentador cuando alguien pide ayuda. Con pensamientos críticos o consejos, no creamos un espacio resguardado para que la persona comparta sus experiencias ni para que explore confiadamente alternativas, entendimientos, conocimientos profundos y opciones. Como facilitador, puede ser que continuamente te encuentres perdonándote por estos juicios. La meta es cultivar la parte de la mente que observa y que calmadamente deja pasar tales pensamientos de largo. De esta manera la mente tiende a convertirse en más silenciosa y la intuición se agudiza y emerge con mayor claridad para indicarnos lo que debemos decir o hacer.

Puedes también invitar la presencia de la gracia en una relación de apoyo e invitar a la otra persona a hacer lo mismo. Esta invitación a la gracia es dirigida directamente a la Fuente Divina. Cuando te aprecias suficientemente para abrir tu corazón a la posibilidad del perdón, abres el camino para que esa Fuente sea curativa. Esa ayuda acelera y facilita el proceso de curación. La gracia llega sin necesitar algún mérito de tu parte; es la esencia de tu amor en acción y está disponible en el momento en que verdaderamente te abres a esa posibilidad.

Sólo en la medida en que hayas experimentado personalmente el perdón, podrás brindar un espacio suficientemente amplio para que la persona con quien estás trabajando haga lo mismo. Si por ejemplo, tú te has perdonado por alguna adicción, ya sea a la comida, a determinadas sustancias o a relaciones personales, serás un instrumento natural por medio del cual se le transmita a otros la misma clase de curación. Es por ello que los alcohólicos en recuperación son eficaces con aquellos que aún siguen bebiendo. Si por ejemplo, has sanado la relación con tu padre, sabes que se puede lograr, y por lo tanto mantienes abierta esa posibilidad para la persona con quien trabajas.

En mi propia vida he tenido la experiencia de sanar emocionalmente de severo abuso y descuido psicológico y espiritual. Por lo tanto mantengo abierto el espacio y la posibilidad de sanar espiritual y emocionalmente para cualquier persona que tenga una historia similar. Teniendo conocimiento de que la curación es posible y que es una realidad, mantengo con mucha naturalidad ese pensamiento o esa energía.

En calidad de facilitador, necesitas observar tus propias experiencias, tomando nota de las condiciones humanas singulares por las que eres una avenida de curación. Encontrarás que es útil hacer una lista de ellas, por ejemplo "Sé lo que es ser traicionado. Sé lo que es crecer sin padre. Sé lo que es ser alcohólico. Sé lo que es mudarse trece veces en quince años. Sé lo que es experimentar el gozo del perdón de un agravio que creí que era imposible perdonar." Esta lista refleja la multitud de condiciones humanas por medio de las cuales puedes cultivar la compasión, no sólo hacia ti mismo, sino hacia los demás. Esta lista demuestra también la magnitud de los dones que han surgido de tu propio dolor y sufrimiento y que ahora tienes al alcance para ofrecer a otros.

¿CÓMO VOY PROGRESANDO?

Periódicamente, examina tu progreso en la aplicación de este principio en el servicio de los demás. Toma nota de tus inquietudes, preguntas y sentimientos en un diario.

1. ¿Estuve consciente de mantener mi corazón abierto durante el tiempo que pasé con la persona que estaba apoyando?

2. ¿Pude realmente escuchar la experiencia de la persona, suspendiendo todo juicio crítico y abriéndome a escuchar desde

mi interior lo que debería decir o hacer?

3. ¿Pude observar la similitud de las experiencias de la otra persona con las mías sin tener necesidad de interrumpir para compartir mi historia?

4. ¿El oír las experiencias de otra persona ha tenido como resultado poder perdonarme a mí mismo con mayor facilidad?

5. ¿He estado fortaleciendo el uso del Observador a través de meditar regularmente?

6. ¿He invitado y acogido la gracia en mi relación de apoyo y lo experimento como una realidad en mi vida?

7. ¿Me es más posible ver la verdad de una situación en vez de fijar mi atención en los hechos?

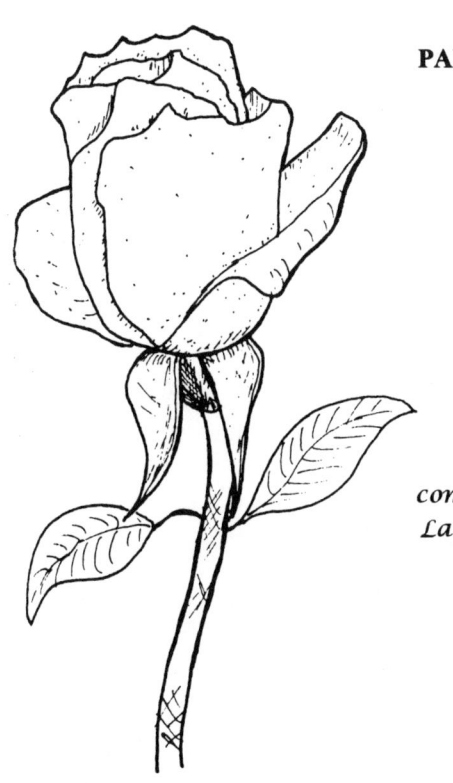

CAPÍTULO ONCE

*Se te ha dado una oportunidad más,
como obsequio y como responsabilidad.
La pregunta no es ¿por qué sucedió así,
o a dónde te conducirá,
o qué precio tendrás que pagar?
La pregunta sencillamente es
¿cómo estás haciendo uso de ella?
Y acerca de eso,
solamente uno puede discernir.*

Dag Hammarskjöld

PRINCIPIO SIETE

PODEMOS CONVERTIRNOS EN BUSCADORES DE AMOR EN LUGAR DE BUSCADORES DE FALTAS

ASERCIONES BÁSICAS

1. *Ser buscador de amor es ver la esencia de amor en nosotros mismos y en los demás, más allá de la personalidad.*

2. *Ser buscador de faltas es fijarse solamente en la personalidad.*

3. *Ser buscador de amor es ver el valor y la oportunidad de aprendizaje en cada circunstancia.*

4. *Ser buscador de faltas es considerarse uno mismo y a los demás como víctimas de las circunstancias.*

5. *Tanto ser buscador de amor como ser buscador de faltas puede cristalizarse en un hábito y por lo tanto convertirse en una forma de vivir.*

6. *Se puede optar por alimentar los pensamientos que buscan amor o por los que buscan faltas.*

7. *Todos los pensamientos genuinos de amor hacia nosotros mismos y hacia los demás se conservan en el universo.*

8. *Las faltas que vemos en los demás reflejan las que vemos en nosotros mismos. Ésta es la ley de proyección.*

9. *El amor que vemos en los demás es reflejo del amor que existe en nuestro interior. Ésta es la ley de extensión.*

10. *Al reconocer que somos buscadores de amor, nuestro bienestar espiritual y emocional se sustenta y fortalece.*

EL MENSAJE DEL PRINCIPIO

Siempre he considerado este principio como el principio de San Valentín por un acontecimiento que ocurrió hace algunos años en ese día.

Después de una conferencia que di, Ned, un caballero ya jubilado y muy culto me llamó para pedirme que viera a Mary, su esposa por cuarentaiún años. Me describió a Mary como una persona atormentada e inquieta, insinuando la posibilidad de que ella podría estar mentalmente enferma. El cuadro que Ned pintó de la condición mental de Mary fue tan sombrío que acepté verla inmediatamente. Para mi sorpresa, en vez de la persona que me había descrito, me encontré con un alma hermosa y un espíritu amoroso y que también era muy infeliz en su matrimonio.

Después de mi primera sesión con Mary, le dije a Ned que de la única manera que continuaría viéndola sería si el viniese con ella. Al principio no le agradó mi estipulación, pues no veía la necesidad de su presencia, pero por fin accedió.

Durante las primeras sesiones Mary y Ned se echaron en cara todos los agravios de cuarenta y un años de matrimonio. Para poder mediar pacíficamente, establecí una lista de reglas de comunicación básicas. En las semanas siguientes, según cada uno practicaba fielmente estas reglas, sus conflictos comenzaron a resolverse. ¡Ante mis propios ojos los vi enamorarse de nuevo!

A Mary le gustaba especialmente la aserción básica acerca de ser buscadores de amor en lugar de buscadores de faltas. Ella optó por comprometerse a aplicar esto en su vida diaria. Después, cuando fue participante en un curso para facilitadores en el Instituto, fue este principio el que ella escogió para desarrollar ante el grupo como parte de su aprendizaje. Mary presentó su lección sobre ser buscadora de amor el día siete de febrero; tres días más tarde murió repentinamente de un ataque al corazón. En el día de San Valentín se ofreció un servicio en honor y conmemoración de su vida.

Al hablar con Ned, caímos en cuenta de que durante los seis meses en que los tres habíamos trabajado juntos, Mary había centrado su atención en "terminar los asuntos que tenía pendientes" en su vida, curando su relación con Ned y con otros miembros de la familia. Su familia la vió más feliz que nunca. Durante los últimos seis meses de su vida, Mary y Ned se dedicaron a aprender y a ser buscadores de amor. Esta lección, y su práctica, les proporcionó paz y curación que compartieron con las personas que los rodeaban.

Nuestras mentes están firmemente programadas para encontrar errores. La mayoría de nosotros hemos estado expuestos a años de programación con vistas a que nuestros pensamientos comparen, evalúen, condenen y categoricen. Desarrollamos una maestría en buscar faltas. Encontramos faltas en el clima, la ropa y los cuerpos, las noticias, los miembros de la familia, los plomeros, electricistas y otros trabajadores que nos prestan servicios. ¿Cuán frecuentemente dirigimos nuestros pensamientos y palabras a la apreciación y al reconocimiento de otra persona o de nosotros mismos?

Aún cuando la mente escucha algo positivo, tratará de contradecirlo buscando alguna falta. Un día mientras esperaba pacientemente en una parada de autobuses, una mujer anciana de aspecto pobre se sentó junto a mí. Como yo trataba de convertirme en buscadora de amor, decidí iniciar una conversación amistosa con ella de esta manera, "Mmm, ¿Cree que lloverá hoy?" Sin titubear respondió "Bah...¿Cómo voy a saber? No soy profeta."

Una divertida historia que Roy Pinyoun relata en su libro *Greener Pastures*, nos demuestra claramente lo fuerte que puede ser nuestra tendencia a encontrar faltas:

> Un barbero que estaba cortándole el pelo a un hombre, le preguntó, "¿Va a tomar vacaciones este año?" El hombre le respondió, "Sí, precisamente mañana mi esposa y yo volamos a Roma donde pasaremos un par de semanas." Barbero: "¿Por qué línea aérea viaja?" Cliente: "por United." Barbero: "No se vaya por United, el servicio es pésimo, la comida detestable, las azafatas son feas y será un vuelo muy pesado. ¿Dónde se hospedarán en Roma?" Cliente: "En el Hilton." Barbero: "No se hospede allí, no le gustará. La comida es malísima, las camas son duras y nadie le hará caso. Usted puede encontrar un lugar mejor que ese." Barbero: "¿Qué piensan hacer en Roma?" Cliente: "Pensamos tratar de conseguir una audiencia con el Papa." Barbero: "Tome mi consejo, no pierdan su tiempo; no podrán acercársele, habrá diez mil italianos alrededor, oliendo a ajo, y lamentará haberse acercado al lugar." El cliente pagó su cuenta y se fue.
>
> Tres semanas más tarde regresó el cliente. El barbero preguntó, "¿Fueron a Italia?" Cliente: "Sí." Barbero: "¿Cómo viajaron?" Cliente: "Nos fuimos por United. Fue un viaje maravilloso. Un vuelo tranquilo, la comida excelente, el servicio muy bueno y las azafatas extraordinarias. No pudo haber sido mejor." Barbero: "¿Dónde se hospedaron?" Cliente: "En el Hilton; hermoso hotel, la comida buenísima, las camas suaves y las habitaciones maravillosas." Barbero: "¿Vió al Papa?" Cliente: "Sí, sí lo vimos; pudimos estar casi media hora con él, éramos media docena de personas y no tuvimos que esperar más de cinco minutos. Fue lo mejor del viaje." Barbero: "Bueno, ¿y qué le dijo?" Cliente: "Cuando me arrodillé a sus pies para recibir su bendición, me miró y exclamó: "¡Por amor de Dios, hombre! ¿Dónde le hicieron ese atroz corte de pelo?"[1]

El lugar más común para encontrar faltas es dentro de la familia. Se critica a los parientes, se juzga su comportamiento y se hacen evaluaciones y comparaciones. Esta actitud de crítica y esta forma de comunicación se convierten en un hábito de la mente desde el principio de nuestras vidas. Hay una tendencia a creer que decir algo positivo acerca de algún miembro de la familia inflará su ego, o que no es necesario expresar los pensamientos buenos acerca de sus miembros. Ésto resulta muy nocivo para la psique. La psique necesita ser sustentada y apreciada por otros y por nosotros mismos. La psique se fortalece cuando se le da reconocimiento y validez a su propósito.

No hay forma de percibir los defectos de los demás si no los hemos visto primero en nosotros mismos. Ya que nos consideramos culpables de tener ese defecto, rápidamente lo vemos en otros. Esta es la ley de la proyección. El entendimiento de esta ley nos permite utilizarla provechosamente en nuestro propio aprendizaje. Cada vez que juzgamos o encontramos falta en otra persona, es necesario reconocer ese mismo defecto en nosotros mismos; podemos ver que esa falta nos proporciona una lección más que aprender y la oportunidad de despojarnos de otro temor o agravio.

Me encantan las plantas. En una época llegué a tener cuarenta, acomodadas bellamente en una esquina de mi oficina en la universidad. Un día una persona vino a verme y después de mirar al conjunto de plantas verdes y saludables, me dijo señalándolas: "Susan, esa planta necesita agua." Sentí gran enojo hacia ella por haber encontrado falta con una de mis plantas. Después, cuando reflexioné sobre el acontecimiento y examiné mi enfado, adquirí dos descubrimientos profundos acerca de mi reacción, cada uno de los cuales representaba viejos agravios y faltas contra mí misma y contra otros. El primer descubrimiento fue que interpreté su comentario en el sentido que yo era descuidada. Para mí, las plantas representan seres vivos que requieren cuidado y sustento. A raíz de mi intensa reacción emocional a su comentario, me di cuenta que albergaba rencores contra mí misma, por las veces en que había sido desconsiderada con seres vivientes, y contra todas aquellas personas que no habían sido consideradas conmigo. También proyecté sobre su observación, que esa persona me estaba corrigiendo por algún daño que yo había causado. En ese tiempo era muy sensible a que alguien me corrigiera. Comprendí que todavía albergaba dentro de mí un resentimiento contra mi propia "parte interior que corrige," y contra aquellas personas que yo sentía me habían corregido continuamente durante mi niñez. Mi trabajo de curación implicaba perdonarme a mí misma y a otros por el daño que percibía se me había hecho. Todo este proceso fue el resultado de reconocer que había basado mis proyecciones en el comentario de la persona que me visitó aquel día.

Para entender la ley de la proyección y utilizar sus mensajes positivamente en nuestro crecimiento debemos ver más allá de la forma en que una situación se presenta, para recibir al mensaje que nos brinda. Debemos abstraer el tema desarrollado en el evento y preguntarnos luego qué faltas o culpas encontramos en nosotros mismos o en otros y qué es lo que ese suceso nos hace recordar. Mientras trabajaba con este concepto, un hombre hizo esta pregunta: "¿Usted sugiere, que si reacciono con mucha indignación cuando me entero de que una persona violó a alguien, quiere decir que yo también soy violador?" Le contesté: "Quizás no literalmente, pero la violación simboliza la imposición de la voluntad de uno sobre la de los demás, y la invasión de su espacio. ¿Ha hecho usted eso alguna vez?"

Podemos proyectar nuestras faltas y errores hacia organizaciones, eventos y objetos, así como también hacia ideas, cuerpos y personas. Si por ejemplo, reaccionamos con gran negatividad a la forma en que opera alguna organización, y cuestionamos su integridad, puede ser muy útil interrogarnos acerca de cómo nos sentimos acerca de nuestra propia habilidad para organizar y de la integridad con que vivimos y trabajamos.

¿CUÁL ES MI ACTITUD?

Examina las siguientes preguntas y escribe tus pensamientos en un diario.

1. ¿Cómo puedo definir a un buscador de amor?

2. ¿Cómo defino a un buscador de faltas?

3. ¿Cuáles son algunas de las razones que me hacen encontrar falta conmigo mismo y con los demás?

4. ¿En qué situaciones encuentro faltas?

5. ¿Me considero más como un buscador de faltas o como un buscador de amor?

6. ¿De qué manera expreso la búsqueda de amor hacia mí y hacia los demás?

7. ¿Estoy consciente de mis proyecciones hacia otras personas, lugares y cosas? ¿Cuáles son esas proyecciones?

PRÁCTICA DEL PRINCIPIO

Escoge los ejercicios que más faciliten y apoyen tu proceso de curación y escribe tus respuestas en un diario. Puedes grabar con anterioridad los ejercicios de visualización.

1. Selecciona una situación en la que estuviste consciente de ser un buscador de faltas. Anota la situación y luego cierra los ojos y vive de nuevo los acontecimientos centrando tu atención en lo que se dijo y se hizo y en lo que sentiste y pensaste en ese momento. Después escribe lo que te pareció más importante de esa situación.

Una vez más cierra los ojos y vive de nuevo la situación, pero esta vez permanece con tu atención enfocada en encontrar amor hasta que se presente por lo menos una vez, aunque sea de forma muy sutil.

Ten presente en tu consciencia y anota el hallazgo de amor que te haya parecido ser más importante en esa situación.

2. Durante una semana, al final de cada día, haz una lista reconociendo cualquier crecimiento que hayas notado en ti mismo. Este debe ser un reconocimiento genuino acerca de ti puede ser muy sutil, como decirnos, "me felicito por haberme levantado la primera vez que sonó el despertador", o "me felicito por haber hecho cita para obtener ayuda con la preparación de mi declaración de impuestos," o "me felicito por haber meditado diez minutos hoy."

3. Elige una persona con quien te gustaría llevar una relación más armoniosa. En una columna escribe las faltas que encuentras en esa persona. En una columna adyacente, escribe los hallazgos de amor que encuentres en ella. Observa cuál de las dos listas es más larga. Si la lista de faltas es más larga que la de cualidades, continúa con el proceso hasta que ambas listas sean iguales. Periódicamente regresa a la lista y vé si puedes agregar más hallazgos de amor.

4. Dibuja un rectángulo grande en una hoja de papel como si fuera un pizarrón. Elige una persona en la que encuentres faltas y anótalas en el pizarrón. Desecha ese papel o quémalo. Una vez más, dibuja otro rectángulo que represente un pizarrón; esta vez abre tu corazón a que sienta lo que esa persona le gustaría que supieras o entendieras acerca de ella, y lo cual te ayudaría a comprender su comportamiento. Escribe eso en el pizarrón; observa tu disposición para hacerlo. Es posible que sea necesario regresar periódicamente al pizarrón y agregar pensamientos al respecto.

5. En una tarjeta escribe afirmaciones sobre cinco hallazgos de

amor acerca de ti mismo y llévala contigo por una semana. En momentos de tensión o cuando te encuentres buscando faltas en ti, lee la tarjeta. Cuando escribas tus afirmaciones, utiliza oraciones cortas y positivas en tiempo presente y en primera persona, tales como, "Me considero persona valiosa y digna."

6. Enciende una vela al final del día por la salud y bienestar de alguna persona a quien le hayas encontrado faltas durante el día, honrando su bien más excelso. Puedes afirmar: "Honro a (nombre de la persona) y su valía en el mundo." Luego deja de pensar en esa persona y en la injusticia que sentiste. Permite que la oración y la afirmación lleven a cabo el trabajo de curación.

¿HE CURADO MI ACTITUD?

Después de practicar los ejercicios anteriores, lee cuidadosamente las siguientes preguntas y escribe de tus sentimientos en un diario.

1. ¿Me he hecho más consciente de las situaciones en que me pongo a buscar faltas y cuánto tiempo les dedico?

2. ¿Estoy más consciente de las muchas formas que existen para buscar amor y cuáles son las que uso?

3. ¿Puedo reconocer mis proyecciones y soy capaz de usarlas constructivamente para mi propio crecimiento?

4. ¿Ha aumentado mi sentimiento interior de aceptación propia y hacia los demás?

5. ¿Qué cambios he observado en aquellas relaciones en las que he estado reconociendo el amor?

6. ¿Ha aumentado la afirmación que recibo de otros mediante su

reconocimiento de mi actitud de ser buscador de amor?

7. ¿Estoy dispuesto a tomar tiempo diariamente para reconocer mi propio crecimiento y mis propios logros?

APLICACIÓN DEL PRINCIPIO EN EL SERVICIO A LOS DEMÁS

Nuestro Instituto incorpora al trabajo que hacemos en grupos o individualmente las mismas guías de comunicación que surgieron del trabajo que hice con Mary y Ned. Las hemos encontrado de gran utilidad para fortalecer y curar nuestras relaciones personales y de trabajo, así como las relaciones con los que apoyamos. A menudo las compartimos con las personas que apoyamos, pues ellos pueden encontrarlas útiles en sus propias relaciones.

GUÍAS DE COMUNICACIÓN

1. Comparte tu experiencia propia expresándote siempre en primera persona, usando el "yo responsable."

2. Verifica lo que tiendes a presuponer y a entender sobre el punto de vista de la otra persona.

3. Mantente alerta al uso de palabras o frases obstructoras; por ejemplo: tú siempre, tú nunca, nada, todas, absolutamente, cada vez, nadie.

4. Evita errores en las comunicaciones acordando clara y previamente quién será responsable de qué en cada situación.

5. Observa como usas juicios, justificaciones, correcciones, comunicación de padres a hijos, defensas, ataques y desdenes.

6. Observa tus comunicaciones utilizando tu Observador.

7. Mientras escuchas, observa y repara en tus pensamientos. ¿Estás verdaderamente escuchando? ¿Te encuentras en el momento presente? ¿En lugar de escuchar estás ensayando lo que vas a contestar? ¿Estás consciente de respetar el paso y el ritmo de la persona?

8. Toma nota de las interrupciones. Asegúrate de que la persona haya terminado de expresarse, tanto verbal, como emocionalmente.

9. Mira directamente a la persona mientras hablas o escuchas. Mantente alerta a los mensajes no verbales, ya sean tuyos o de otra persona.

10. Observa tu disposición a aprender una forma nueva de comunicarte, a darle acogida al cambio y al crecimiento y a romper viejos patrones.

11. Evalúa honestamente la calidad y clase de compromiso que deseas que exista en tu relación con otra persona. Observa cómo expresas ese compromiso en tus comunicaciones.

12. Pregúntate en cada circunstancia personal e interpersonal:

    - ¿Deseo escoger mi actitud en esta situación?

    - ¿Qué elijo ser: buscador de faltas o buscador de amor?

    - ¿Es ésta una interacción afectuosa para ambos, ya sea verbal o no?

Cuando estás apoyando a alguien, pueden pasar por tu mente toda clase de pensamientos evaluadores y buscadores de faltas; por ejemplo: "estoy aburrido... necesito ir de compras... caramba, este necesita un corte de pelo...verdaderamente entiendo lo que me estás diciendo...debería adelgazar... tienes muchas puntos fuertes...sí, eso me pasó a mi una vez y mi historia es mucho más interesante que la tuya... puedo ver que realmente deseas curar tu actitud..." Tú escoges los pensamientos que quieres sustentar y los que no quieres. Para hacer esa elección es necesario que te hagas consciente de la parte de tu mente que observa o atestigua tus pensamientos; de esa manera tú seleccionas los pensamientos que son buscadores de amor o buscadores de faltas.

Como facilitador en la relación de apoyo, eres responsable tanto de tus proyecciones, como de examinar en qué forma estas tienen que ver con tu propio proceso de curación. Necesitas examinar el contexto en que ocurrió algún trastorno. Examina los sentimientos y pensamientos que de allí broten y explora hasta encontrar la falta o el agravio que aún albergas en contra de ti o de otra persona. Tu capacidad para trabajar con tus propias proyecciones está directamente relacionada con tu habilidad para asistir a los demás a encontrar las suyas. Necesitas seguir practicando para adquirir la facilidad de ver de esa manera las contrariedades que ocurren, a menos de que hayas adquirido previamente la costumbre de ver la vida desde ese punto de vista.

¿CÓMO VOY PROGRESANDO?

Periódicamente evalúa tu progreso al aplicar este principio al servicio de los demás. Anota tus inquietudes, dudas y sentimientos en un diario.

1. ¿Estoy completamente presente con la persona a quien estoy apoyando, o mi mente está llena de distracciones?

2. ¿Con cuánta atención pienso que la otra persona siente que se le escucha?

3. ¿Estoy aumentando mi capacidad de mantenerme en mi Observador?

4. ¿Soy cada vez más consciente de escoger mis pensamientos cuando estoy con otra persona?

5. ¿Como facilitador, soy capaz de encontrar pensamientos de amor hacia mí mismo?

6. ¿Ha aumentado la cantidad y la frecuencia con que extiendo mis hallazgos de amor a los demás y a mí mismo?

7. ¿Puedo reconocer más fácilmente mis proyecciones e identificar su significado?

8. ¿Veo claramente la relación que existe entre este principio y la guía para facilitadores que dice que "extender amor es suficiente"?

CAPÍTULO DOCE

*Cada árbol, cada hoja y cada estrella
muestra que el Universo es parte
de esta exclamación común,
que toda vida tiene distinción
y es apreciada.
Y que todo aquello que es amado
jamás perecerá o se perderá*

Madeleine L'Engle

PRINCIPIO OCHO

PODEMOS ELEGIR LA PAZ INTERIOR Y DIRIGIRNOS HACIA ELLA, A PESAR DE LO QUE SUCEDE A NUESTRO ALREDEDOR

ASERCIONES BÁSICAS

1. *Nuestra meta primordial en este mundo es alcanzar la paz.*

2. *Desde la paz en nuestras mentes extendemos la paz al mundo.*

3. *La paz es el resultado de haber curado nuestras heridas emocionales a través de habernos despojado de pensamientos de separación.*

4. *Estar en paz es estar unidos a la Fuente Divina; esta conexión es nuestra verdadera identidad.*

5. *Para dar paz tenemos que ser paz, y para conservarla es necsario que la extendamos a los demás.*

6. *Nuestra seguridad en este mundo no se encuentra en el exterior; debemos buscar la seguridad dentro de nuestra mente. Nos sentimos seguros cuando tenemos paz interior.*

7. *La paz interior es nuestro estado natural y como tal no tiene extremo opuesto; se experimenta como quietud mental.*

8. *La paz interior proviene de saber que tenemos el poder de elegir nuestra actitud en cualquier circunstancia. Cuando nuestra mente está en paz llevamos paz a cualquier situación.*

9. *Paz interior es saber que somos más que nuestros cuerpos y que nuestra seguridad no se basa en el mundo físico.*

10. *La salud, en el contexto de la curación de actitudes, es paz interior.*

EL MENSAJE DEL PRINCIPIO

Este principio es uno de los más difíciles de practicar en el mundo de hoy. A causa de la información que recibimos por los medios de comunicación, radio, prensa y televisión, y por nuestra propia experiencia, sentimos una falta de seguridad emocional y física. Nuestro mundo externo parece estar lleno de peligros, debido a la presencia de conductores descuidados, asesinos, ladrones, traficantes de drogas, gente que abusa de los niños o de otras personas, llamadas telefónicas obscenas o clientes enfurecidos.

Quienes prestan servicios al público están conscientes del comportamiento imprevisible de la humanidad. Uno puede sentir que se le engaña a cada instante al descubrir que la gente y las cosas no son lo que aparentan ser. Necesitamos estar constantemente alertas. El temor puede prácticamente consumirnos al vivir en un mundo que nos parece inseguro. A esto le añadimos todos los temores de la infancia y aquellos que aprendimos en el pasado.

Afortunadamente existe otra manera de ver el mundo y el temor que éste produce; consiste en tratar de encontrar la seguridad en nuestro interior y no en el mundo externo.

Mis propios temores del mundo exterior alcanzaron gran magnitud un verano hace quince años, cuando alguien que pasaba por la calle disparó descuidadamente; la bala entró por la ventana del salón de mi casa y muy cerca del sofá donde me encontraba sentada. Este incidente causó que brotara el enorme temor de ser herida física o psicológicamente por otras personas o por eventos exteriores, el cual había acumulado a lo largo de mi vida. De pronto volví a hacer contacto con temores reprimidos durante años, desde mi niñez hasta mi edad adulta. Un amigo mío me dijo una vez que yo era la persona más temerosa que conocía. En ese tiempo yo lo negué, pero el incidente del disparo hizo que su observación fuese válida. De pronto sentí enfrentarme a algo que seguramente todos los que vivimos en la tierra enfrentamos: temor.

Cuando examiné mis temores del mundo exterior, observé con cuanta desesperación buscaba sentirme segura en el mundo. Deseaba que hubiera seguridad entre la gente, que las máquinas fueran seguras y que nuestro medio ambiente fuera seguro. Sin embargo, el mundo exterior me parecía imprevisible e inseguro. No sabía en qué momento sería "atacada" de nuevo. Me sentía continuamente sarandeada por el mundo sin saber cómo me trataría. Me sentía desvalida. No sabía vivir de ninguna otra manera que no fuera a través del temor.

En el tiempo en que sucedió el incidente del balazo, estudiaba la psicología de los sueños y había aprendido una técnica llamada "incubación de sueños," que es sencilla y eficaz. En la incubación de los sueños uno programa sus sueños para resolver problemas personales o para recibir la guía necesaria acerca de diversos asuntos y decisiones. Lo primero que debes hacer es escribir sobre el asunto determinado, viéndolo desde diferentes perspectivas, y despojándote de todos tus sentimientos, tu lógica y tus confusiones. Después, escribe la pregunta de manera sencilla y directa; por ejemplo mi pregunta fue: "¿cómo puedo sentirme segura en un mundo lleno de temores?"

Este es el sueño que tuve esa noche:

> Me encuentro de pie junto a Jesús, tan cerca que nos tocamos ligeramente hombro con hombro. Estamos parados en medio de una burbuja. La burbuja se siente sólida y es de textura

gelatinosa. Puede verse a través de ella claramente. De pronto veo que unos monstruos muy grotescos con forma de animales atacan la burbuja. Temo que nos puedan alcanzar y hacernos daño; sin embargo, cada monstruo que llega a tocar la burbuja se disuelve. Algunos de ellos se desvanecen en cuanto tocan la burbuja, otros entran parcialmente en la burbuja antes de desintegrarse, y algunos penetran casi hasta tocarnos. Una sucesión de monstruos hace el intento de traspasar la burbuja y alcanzarnos, pero uno por uno se deshacen. Un monstruo desaparece apenas a unos centímetros de nosotros.

Jesús me dice entonces: "Mientras estés a mi lado no tienes nada que temer."

Desperté sabiendo que había tenido un sueño en el que había recibido una enseñanza espiritual. Me sentía en éxtasis. Se me había enseñado cómo responder a tantos temores del mundo exterior. El sueño me había indicado dónde se encuentra mi verdadera seguridad: dentro de mí misma, de pie al lado de Jesús, un símbolo viviente de mi conexión interna con Dios.

Otra manera de usar los sueños para curar el temor, es conscientemente invitar a alguien para que nos ayude en el sueño que nos terroriza. Por medio de tu invitación puede lograrse durante el sueño mucha curación emocional en la psique. Uno puede curar resentimientos, heridas emocionales y relaciones personales. No es necesario que la otra persona esté viva para que la curación se lleve a cabo, ya que ni la muerte ni el divorcio rompen una relación.

Dentro del sueño velado de nuestra vida diaria, podemos encontrar alguien o algo que nos sirva de conexión y nos ayude a desprendernos del temor durante el transcurso de ella. Los escritos de Edgar Cayce sugieren leer el salmo noventa y uno y rezar el Padre Nuestro en momentos de temor. Esto tiene el mismo efecto que mi sueño sobre Jesús, ya que nos vuelve a conectar con nuestra Fuente Divina y al momento de hacerlo nos sentimos seguros nuevamente.

Yo me curé del temor que sentía de ser importunada con preguntas mientras daba conferencias a algun grupo numeroso, encontrando un "ángel" entre la audiencia, alguien que emanara amor y aceptación incondicional. Cada vez que sentía temor durante mi discurso miraba a mi ángel y volvía a conectarme con mi seguridad interior. Más de una vez, al terminar la conferencia, la persona que me sirvió como ángel se acercó a abrazarme cariñosamente y cuando le dije "tú fuiste mi ángel," me contestó "sí, lo sé."

Este principio nos indica también que llevemos paz mental a toda interacción con otros, especialmente a las que son tensas y nos producen temor. Cuando aportamos esta energía de paz a los conflictos, contribuimos a sanar la situación, pues no agregamos energía negativa de temor. Siempre nos sentiremos sustentados habiendo manejado una situación de conflicto con ecuanimidad. La ecuanimidad es un estado de equilibrio mental.

A principios de los años ochenta se me pidió asistir a una conferencia privada entre veintiún representantes de Egipto, Israel y los Estados Unidos por una semana. El grupo incluía líderes y expertos militares, políticos, religiosos, médicos, académicos y expertos en relaciones exteriores. El propósito de la conferencia, convocada poco después de las conversaciones en Camp David, era crear un ámbito en el cual se pudieran ventilar diferencias y esclarecer comunicaciones y crear un sentimiento de hermandad. Al invitarme, uno de los principales organizadores me pidió que me sentara en una esquina del salón de conferencias y "pensara paz." Me dijo "te veo como una batería que puede propagar energía de paz en el salón de conferencias y vamos a necesitar la mayor energía de paz que sea posible." De modo que me sente allí, pensando paz y siendo la "batería" para propagar e intensificar energía de paz.

Cuando empezó la conferencia, vi a los veintiún miembros como una gran familia, con diferentes puntos de vista, muchos resentimientos y una larga historia de grandes desaveniencias. Esta "familia" había pasado años resistiéndose a la comunicación y por lo tanto a cualquier resolución. Expresaban abiertamente la tremenda desconfianza que sentían unos de otros.

Los tres primeros días los pasaron discutiendo y acusándose unos a otros. Al final del tercer día, un miembro del grupo árabe se puso bruscamente de pie y golpeando la mesa empezó a gritar de una manera muy alterada. Sentía que la conferencia era una "pérdida de tiempo" y una demostración insoportable de mentiras e hipocresía, y amenazó con retirarse de la conferencia. Vi a la persona que me había invitado escribiendo apresuradamente una nota que, para mi sorpresa, fue entregada en mis manos y decía: "Susan por favor trabaja más intensamente!!!"

Una parte mía captó el humor de su nota y otra parte trabajó con más intensidad extendiendo más paz alrededor del salón.

Por fortuna el hombre que se había exasperado no abandonó la conferencia sino que regresó al día siguiente. A partir del cuarto día me tocó ser testigo de una bella demostración de bondad humana y de hermandad. "La familia" empezó a resolver la insuficiencia de sus comunicaciones. Se explicaron y aclararon asuntos históricamente relacionados con guerras y prejuicios, y para el séptimo día reinaba una sensación de hermandad en la conferencia. El grupo al fin había desarrollado lazos de unión y se había orientado a su propósito común de traer más paz al mundo a través de crear mayor paz entre ellos. Ese grupo ha continuado reuniéndose a lo largo de los años y ha mantenido sus lazos como socios para la paz.

Otro aspecto importante de este principio es la seguridad de que no estamos solos en nuestra búsqueda de paz interior, el cual es el primer paso hacia la paz mundial. Hay mucha gente en el mundo que comparte esta visión y caminan junto a nosotros como compañeros poderosos. Al abrir nuestro corazón hacia los demás, ellos también nos abren el suyo. Sencillamente, la verdad es que la paz del mundo empieza con nuestra paz interior. Cada uno de nosotros, sin embargo, debe decidir si quiere vivir con paz interior o no. Algún día esta paz interior se verá reflejada en el mundo exterior a medida que más y más gente comparta esta visión, y es así como sucederá.

¿CUÁL ES MI ACTITUD?

Considera las siguientes preguntas y escribe tus sentimientos en un diario.

1. ¿Cuán intenso y extenso es el temor que le tengo al mundo exterior?

2. ¿Qué relación observo entre mis temores internos y mi manera de vivir?

3. ¿He intentado alguna vez traer mi presencia de paz a una situación de conflicto?

4. ¿Hasta qué punto trato de basar mi seguridad en el mundo exterior en lugar de buscarla en mi interior?

5. ¿Hasta qué punto considero que la paz interior es necesaria para la paz exterior?

6. ¿Cuánto tiempo de cada día vivo en estado de paz interior?

7. ¿Tengo ideas preconcebidas sobre cómo cambiará mi vida cuando tenga paz interior? ¿Hay alguna parte mía que tema los cambios imprevistos que pueden ocurrir?

PRÁCTICA DEL PRINCIPIO

Escoge los ejercicios que mejor te faciliten y apoyen en tu proceso de curación, escribiendo tus respuestas en un diario. Puedes grabar los ejercicios de visualización.

1. Usando la técnica de incubación de sueños, pide ayuda para curar tu temor, ya sea un temor específico o temor en general. Te

recomiendo que utilices como guía los siguientes pasos:

Paso 1: Explica tu temor escribiendo en detalle sus diferentes aspectos en tu diario, tales como su historia a lo largo de tu vida, cómo te ha controlado, cómo ha decidido por tí, cómo se ha manifestado en tu cuerpo, cuándo parece presentarse, cómo te has manejado con él.

Paso 2: Anota la pregunta que le harás a la parte tuya que sueña escribiéndola de manera directa y sencilla. Basta con hacerte una sola y concisa pregunta.

Paso 3: Coloca tu diario o papel y pluma junto a tu cama, de tal forma que lo puedas alcanzar con facilidad.

Paso 4: Justo antes de dormirte, repite tres veces, "Recordaré mis sueños."

Paso 5: Anota tu sueño inmediatamente al despertar para que no se te olvide ni se regrese al subconsciente.

Trabaja con tu sueño siguiendo las sugerencias que se dieron en el Capítulo Diez.

Puedes pedirle a alguien que te ayude con la facilitación de tu sueño. No descartes ningún sueño que tengas después de haber pedido recordarlo; aún un simple fragmento de un sueño puede brindarte profunda visión y dirección. Puedes usar esta técnica varias veces hasta que obtengas total cooperación de la parte de tu "yo" que sueña.

Si has tenido un sueño temeroso y te despertaste a la mitad de él, siéntate en silencio durante el transcurso del día y complétalo en tu imaginación. Continúa trabajando con tu sueño de esta forma hasta que tengas un sentimiento de haber alcanzado resolución.

2. Toma asiento en una posición cómoda y cierra tus ojos. Respira profundamente y relájate. Toma consciencia de la tensión que pueda haber en tu cuerpo y simplemente suavízala. Aspira profundamente y utiliza la exhalación para relajarte.

Ahora, imagina encontrarte en un lugar en la naturaleza en donde te sientes muy seguro. Puede ser un lugar que ya conozcas o puedes crear uno con tu imaginación. Debe ser un lugar donde te sientes completamente seguro. Permanece allí con todos tus sentidos como si realmente estuvieras allí.

Si sientes que ese lugar no es totalmente seguro, cámbialo hasta hacerlo completamente seguro. Agrega lo que tengas que agregar y cambia lo que tengas que cambiar. Haz que ese lugar sea absolutamente seguro.

Permanece en tu lugar seguro unos diez minutos.

Abre tus ojos calmadamente, regresando al lugar en donde te encuentras sentado, y trayendo a tu consciencia tu lugar seguro. Si lo deseas, puedes hacer un dibujo espontáneo de la esencia de tu lugar seguro. Escribir en tu diario. Contemplar tu experiencia. Compartirla con alguien. Haz lo que pienses que te sea más útil.

A través del día, la semana, el mes, vuelve a tu lugar seguro en momentos de tensión. Concéntrate en introducir al ámbito del presente el sentimiento que te proporciona tu lugar seguro.

3. Toma asiento en silencio y relaja tu cuerpo. Respira profundamente varias veces.

Escoge un árbol que te guste e imagínalo frente a tí. Éste es tu árbol, un árbol con el que sientes que puedes comunicarte.

Observa qué clase de árbol es. Observa su tronco, sus ramas, sus hojas su tamaño y su altura.

Ahora muy calmadamente empieza a subir al árbol. Encuentra un lugar en el árbol en donde te sientas cómodo. Siéntate en ese lugar y permite que el árbol te sostenga, permítele que te aliente y anime, siéntete seguro en este árbol.

Tú y tu árbol pueden hacer lo que quieran. Puedes quedarte acurrucado en él, o pueden ir a dar un paseo, a correr o saltar. Pueden bailar. Ya sea cualquier cosa que elijan hacer, quédate en el árbol y él te llevará a salvo en sus ramas. Tú y el árbol son un par lleno de alegría. Disfruta el gozo y el apoyo que el árbol te ofrece en la forma en que mejor te parezca. (Practica esto alrededor de 5 minutos).

Ahora comienza a despedirte del árbol, sabiendo que siempre puedes volver a estar con él.

Cuando te sientas cómodo, abre los ojos.

En momentos de tensión, puedes traer a la memoria la imagen del árbol que te ha protegido y permitir que esa experiencia te ayude a volver a conectarte con tu fortaleza y calma interiores.

4. Establece como meta tu intención de extender paz en una situación de tensión o de conflicto. Esa oportunidad puede surgir en tu familia, en el supermercado, en tu oficina, o mientras conduces tu automóvil.

En el momento que encuentres que estas reaccionando en lugar de responder, te darás cuenta de que no estás en un estado de paz. Reorienta tu intención a pensamientos que extienden paz y armonía. Puedes hacerlo en una manera similar a hablar de corazón. (Ve el Capítulo Nueve).

Observa cómo tu propio estado interior comienza a cambiar. No crees expectativas acerca de ningún cambio exterior, solamente obsérvalos y déjalos ir. Concéntrate solo en tus pensamientos interiores de paz.

5. Piensa en cómo puedes apoyarte a ti mismo, particularmente durante momentos en que sientas temor o que esperes sentirlo. Te servirá tener un símbolo o una frase que te inspiren. Debe ser algo que te recuerde tu seguridad interior, tu conexión con tu esencia de amor. Utiliza algo concreto que sabes que te ayudará, de la misma forma en que a mí me ayudó encontrar un "ángel" entre las personas que escuchaban mi conferencia. Empieza a usar ese símbolo y observa cualquier cambio en la intensidad de temor.

6. Continúa fortaleciendo tu consciencia interior y tu conexión a la Fuente Divina, meditando con regularidad, utilizando la contemplación y la oración.

¿HE SANADO MI ACTITUD?

Después de practicar los ejercicios mencionados, examina cuidadosamente las siguientes preguntas y escribe sobre tus sentimientos en un diario.

1. ¿Extiendo con más regularidad pensamientos de paz en situaciones conflictivas?

2. ¿Me siento mejor conectado con mi divinidad interior?

3. ¿Ha aumentado mi sentimiento de seguridad interior?

4. ¿Percibo de otra manera las situaciones externas?

5. ¿He observado algún cambio en la intensidad o extensión de alguno(s) de mis temores?

6. ¿Utilizo espontáneamente la visualización del árbol o del lugar seguro como un medio de reconectarme con mi seguridad interior?

7. ¿Experimento algún cambio en mi determinación de traer paz al mundo fortaleciendo mi propio estado de paz interior?

APLICACIÓN DEL PRINCIPIO EN EL SERVICIO A LOS DEMÁS

Este principio, más que ningún otro, nos indica que seamos ejemplo de una manera de vivir en el mundo. Nos pide que observemos cuando caemos en la creencia de que el mundo externo o el cuerpo necesitan corrección, que necesitan ajustes. Si apoyas a alguien cuya vida exterior está en crisis, deberás poner especial atención para no dejarte absorber por el drama de las circunstancias exteriores como si en ellas se encontrara el secreto de su paz interior

Como un maestro que demuestra paz, tú traes a la relación de apoyo la posibilidad de paz interior. Para crear esta posibilidad, debes hacer tu tarea, practicando tus disciplinas espirituales y haciendo tu trabajo interior para que vivir en paz sea una realidad.

Te será útil recordar que a menudo la gente expresa que siente temor a la paz interior. Nuestras mentes parecen relacionar la paz interior con pasividad, con servir de "alfombra" a los demás, con dejar de divertirse. La realidad es que sucede exactamente lo contrario. Cuando se experimenta paz interior, llega a nuestra disponibilidad un caudal de tremenda energía física, mental y emocional a la que no teníamos acceso cuando nuestra mente vivía en conflicto. Al no haber más restricción en la energía de la psique, utilizada en mantener conflictos, esta energía queda disponible para otros fines. Cada vez que se desata una obstrucción de energía en la psique humana, se experimenta una elevación de consciencia. La psique se encuentra más integrada, más flexible y más armónica. Todas sus partes están en comunicación unas con otras. Vivimos nuestra vida exterior desde un lugar interior de gozo, felicidad y vitalidad, todos los cuales son síntomas de la paz interior.

Los escritos inspiracionales de James Allen expresan la especial contribución que ofrece alguien que se encuentra sereno y en paz viviendo en este mundo. El escribe:

> La serenidad de la mente es una de las hermosas joyas de la sabiduría. Es el resultado de un largo y paciente esfuerzo de autocontrol. Su presencia indica una experiencia madura, y un extraordinario conocimiento de las leyes y los mecanismos del pensamiento.
>
> Un hombre se vuelve sereno conforme se entiende a sí mismo como un ser cuyo pensamiento ha evolucionado, pues esa destreza tiene como resultado la comprensión de los demás. En la medida en que desarrolla un entendimiento correcto y puede ver cada vez más claramente las relaciones internas de las cosas por la acción de causa y efecto, deja de lado el desasosiego, el acaloramiento, la preocupación y la aflicción, y permanece equilibrado, firme y sereno.
>
> Habiendo aprendido a tener dominio de si mismo, el hombre sereno sabe como adaptarse a los demás y éstos, a su vez, respetan su fuerza espiritual y sienten que pueden aprender de él y confiar en él. Mientras más sereno se vuelve un hombre, mayor es su éxito, su influencia y su poder para el bien.[1]

La paz interior trae consigo unidad de propósito, claridad de la mente y fortaleza de carácter. Cuando funcionas desde el centro de tu propia paz, los demás se sienten atraídos hacia ti simplemente por el bienestar que experimentan. Todos nos sentimos atraídos hacia aquellos que demuestran serenidad, porque la virtud de su presencia parece reordenar nuestras prioridades y bendecirnos con su paz. Tú puedes convertirte en esa presencia para los demás.

¿CÓMO VOY PROGRESANDO?

Periódicamente revisa el progreso que hayas realizado en la aplicación de este principio en el servicio a los demás. Anota tus inquietudes, preguntas y sentimientos en un diario.

1. ¿Aporto más paz interior a mis relaciones de apoyo?

2. ¿Siento que experimento con mayor frecuencia un estado de paz interior en mis relaciones personales, en mi hogar y en mi trabajo?

3. ¿En situaciones de tensión y cuando estoy con la persona a quien apoyo, puedo volver a centrarme con mayor facilidad?

4. ¿Como facilitador, tengo mayor sentido de ecuanimidad cuando sucede algo inesperado en una relación de apoyo?

5. ¿La persona a quién apoyo refleja que se siente emocionalmente segura en nuestra relación?

6. ¿Ha aumentado el número de personas que me buscan como fuente de apoyo y consuelo?

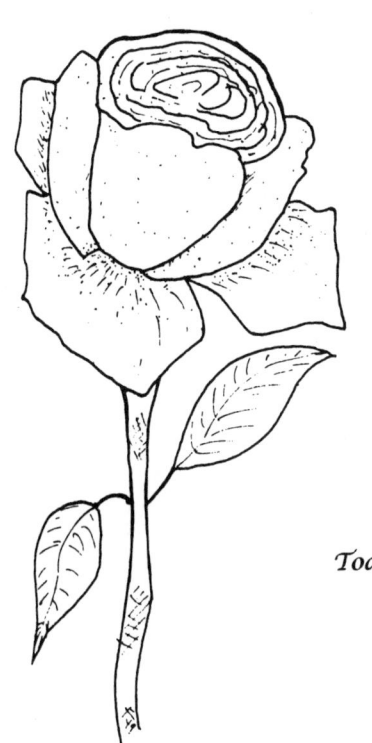

CAPÍTULO TRECE

Aprender es encontrar lo que ya sabes.
Hacer es demostrar lo que sabes.
Enseñar es recordar a los demás que
saben tanto como tú.
Todos son aprendices, hacedores, maestros.

Richard Bach

PRINCIPIO NUEVE

TODOS SOMOS MAESTROS Y ALUMNOS MUTUOS

ASERCIONES BÁSICAS

1. *Cada encuentro, no importa con qué o con quién, es una oportunidad para aprender.*

2. *Un maestro es cualquier persona que haga resaltar en tu consciencia una cualidad que temporalmente has olvidado que es parte de ti mismo, ya sea positiva o negativa.*

3. *Un maestro te brinda una oportunidad de perdonarte a ti mismo por cualquier resentimiento que, sin caer en cuenta, has estado albergando en contra de tí mismo.*

4. *Aquellas personas a quienes valoramos con la más alta estima o por quienes tenemos muy poca estima son nuestros mas grandes maestros.*

5. *Maestros y alumnos se presentan cuando están preparados para encontrarse, no existen los accidentes. Esto es la sincronicidad.*

6. *Puedes encontrar maestros en personas, objetos, enfermedades, accidentes, obsequios, acontecimientos, animales, naturaleza, prácticamente en cualquier cosa; es así que el universo nos enseña en una manera constante y significativa. Este es un aspecto de la sincronicidad.*

7. Siempre estamos enseñando y aprendiendo; se nos ha dado la facultad de elegir lo que deseamos enseñar y lo que deseamos aprender.

8. Un maestro de curación puede verse como alguien que temporalmente se encuentra un peldaño más arriba que su alumno.

9. Un maestro por demostración es aquel que enseña a otros a través del ejemplo de su vida, mientras los demás observan y aprenden de su proceso.

10. El universo es generoso ya que nos proporciona múltiples y repetidas oportunidades para aprender lecciones que nos guían hacia la realización de nuestra verdadera esencia.

EL MENSAJE DEL PRINCIPIO

Carl Jung, quizá el más famoso analista de este siglo, escribió hacia los últimos años de su vida sobre un principio en el universo y al cual le asignó el término de sincronicidad. Escribió que al nivel del inconsciente colectivo, todos estamos conectados en el universo en forma significativa, incluyendo entidades vivas y objetos.[1] La sincronicidad explica la unión de las mentes. Un ejemplo concreto de sincronicidad sería recibir una llamada telefónica de alguien con quien has soñado recientemente o tener el nombre de alguien en tu mente y enterarte de que esa persona se encuentra mal de salud.

La analista jungiana Jean Bolen escribió en su libro *The Tao of Psychology*:

> La sincronicidad es el principio que conecta nuestras psiques (cuando la relación entre causa y efecto es eliminada por la imposibilidad de una explicación racional) a un acontecimiento externo, dentro del cual experimentamos una extraña sensación de estar entrelazados interna y

externamente. En la experiencia de un acontecimiento sincronístico, en lugar de sentirnos como entidades separadas y aisladas en la inmensidad del mundo, sentimos la conexión con los demás y con el universo a un nivel profundo y significativo.[2]

La sincronicidad tiene un papel principal en el principio de curación de actitudes en el que somos alumnos y maestros los unos de los otros. Desde el punto de vista de este principio las cosas que suceden y las personas con las que nos relacionamos son consideradas como oportunidades para aprender y son de gran ayuda en nuestro proceso de curación, si elegimos utilizarlas de esta manera. El proceso de curación se acelera cuando las personas agudizan su consciencia al apoyo espiritual y emocional que el universo proporciona a través de la sincronicidad y trabajan con la simbología de la misma manera que con los sueños.

La sincronicidad puede reconocerse en una de estas tres maneras. Puede ser una coincidencia que sucede entre un pensamiento o sentimiento y una situación externa. Por ejemplo, has estado deseando tener una computadora portátil y durante esa misma semana alguien te ofrece una, o expresas el deseo de hacer un determinado viaje y recibes el boleto como regalo de un amigo.

La sincronicidad también puede tomar la forma de un sueño, visión o intuición acerca de un evento que está sucediendo en ese momento pero en un lugar geográficamente diferente. Ejemplos de esta forma de sincronicidad pueden ser: tener un sueño repetitivo acerca de una familia que conoces y que está confusa y preocupada y te enteras después que al mismo tiempo que tuviste el sueño, uno de los miembros de esa familia había muerto inesperadamente; o sentir los síntomas de un ataque al corazón al mismo tiempo que, a tres mil millas de distancia, tu madre está sufriendo uno.

La tercera forma de sincronicidad es la de un presagio o presentimiento, sueño, visión o intuición acerca de algo que va a suceder en el futuro y que en efecto sucede. Yo recuerdo que mi abuela solía de pronto sacar del armario, lavar y planchar, el vestido negro que sólo usaba en funerales, preparándose para la muerte de algún familiar que ella presentía que sucedería; en menos de un mes esa muerte ocurría.

Conocí a Clare cuando ella tenía catorce años y he estado a su lado durante muchos años acompañándola a traves de crisis de drogadicción, accidentes, problemas familiares, abuso sexual y problemas con sus relaciones personales. A la edad de ventiún años, y después de varios accidentes en los que estuvo en peligro de perder su vida y en un momento de desesperación, Clare acordó tomar un fin de semana de taller intensivo en nuestro Instituto. Fue en ese taller en el que ella pudo desprenderse de años de angustia y dolor y aceptar el apoyo afectuoso que otras personas le brindaban.

Poco tiempo después, Clare comenzó a ver mariposas. Mariposas la saludaban al salir de su casa cada mañana y revoloteaban a su alrededor dondequiera que caminaba. Sus amistades le hacían inesperados regalos adornados con mariposas, se las encontraba en las tiendas, las ventanas, dondequiera que mirara. Consideradas como un símbolo de transformación, las mariposas parecían reconocer y celebrar la metamorfosis de Clare. También le servían como recordatorios exteriores para que ella practicara y reforzara lo que había aprendido. En compañía de las mariposas Clare iba en camino a una vida nueva.

Yo alenté a Clare a mantenerse alerta a todos los acontecimientos a su alrededor sabiendo que con frecuencia, eventos sincronísticos son especialmente dramáticos después de una experiencia de gran intensidad emocional. Al poco tiempo vino a verme muy afligida pues un pájaro había muerto súbitamente al estrellarse con su automóvil. Ese acontecimiento parecía preocuparle mucho a Clare. Consideramos que ese evento era sincronístico y juntas trabajamos en él como lo haríamos con un sueño. Cuando le pregunté a Clare qué era lo que el pájaro hubiera querido decirle después de morir, me contestó: "Aquí estoy volando libremente sin reparar hacia donde voy." Al trabajar con esa imagen, Clare se dió cuenta de que creatividad es la parte de ella que se parece al pájaro en su libre volar y que a causa de las decisiones que ella ha tomado esa creatividad se encuentra en un serio peligro de morir. Ella compartió que "después de todos esos años de usar las drogas, las relaciones sexuales y el peligro como una manera de expresar mi creatividad, ahora debo de encontrar otra manera de hacerlo. Espero no haber destruído mi habilidad de ser creativa y libre en el sentido más elevado." Le pregunté a Clare qué había hecho después de que el pájaro se estrelló contra su auto. Ella me contestó que al principio no había querido ver, pero que luego regresó y lo había mirado con mucho dolor y compasión por la valía y el propósito de vida del pájaro. Le dije "Clare, tú vas a estar bien; le has hecho frente a lo que hiciste y te has hecho responsable de ello. Has sentido pesar y compasión por ti misma. Ahora puedes seguir adelante," y eso mismo ha hecho.

Trabajar con los símbolos en nuestra vida diaria puede ayudarnos enormemente en nuestro proceso de curación. Como Clare, cada uno de nosotros tiene esa oportunidad y puede hacer esa elección. La sincronicidad es el afectuoso ayudante que nos proporciona el universo.

Conocí a Sam cuando yo era estudiante de post-grado y él era el ministro capellán en la Universidad. Sam era un hombre apuesto y agradable y me enamoré de él. Sin embargo, Sam no demostraba ningún interés por mí. Después de graduarme, me fui a vivir a Alaska en donde obtuve mi primer trabajo profesional. Sin previo aviso, Sam llegó a mi puerta y pidió que me casara con él. Le dije que no. Se enfureció y yo me enfurecí. Se fue; regresó; el culpó a Dios y yo lo culpé a él. Finalmente, le escribí una carta mordaz y nunca más hizo contacto conmigo.

Veinte años después, en nuestros cuarenta, Sam y yo simultáneamente decidimos buscarnos para hacer las paces. Ninguno de los dos teníamos idea del lugar o de las circunstancias en las que el otro vivía. En el mismo año y sin saberlo (¡la sincronicidad de nuevo al rescate!) ambos nos habíamos mudado desde dos diferentes ciudades de nuestro país a la ciudad de Washington, D.C.

Una mañana al ir subiendo las escaleras de la estación del metro, Sam bajaba, nuestras miradas se cruzaron y nos reconocimos.

En ese momento yo no tenía idea de que Sam me había estado buscando, como tampoco él la tenía de que yo lo buscaba. Las primeras palabras de Sam fueron "Mira, he tenido un increíble resentimiento contra ti por veinte años. He permitido que mi ira hacia ti haya afectado mi vida durante todos estos años y ya no quiero tener ese resentimiento contigo. ¿Podemos hablar sobre ésto?"

Y así fue que se iniciaron una serie de reuniones. Al principio Sam tomó la posición de haber sido herido por mí injustamente y yo tomé el punto de vista de que el mayor problema era de él. Cada uno veía al otro como verdugo y a sí mismo como víctima. Yo no recordaba haberle escrito una carta en un tono acusativo y colérico, como él me aseguraba que yo lo había hecho. La carta que me mostró estaba rota y gastada y se la sabía de memoria.

Hablamos interminablemente sobre la verdad acerca de cada uno y lo que realmente sentíamos pero que no nos habíamos dicho en el pasado. Reconstruímos nuestras historias y fuimos lo más sinceros que pudimos, pero nuestra relación continuaba siendo difícil. Comencé a impacientarme y a sentir cada vez más que el que tenía el problema era Sam y no yo.

Así fue que un lunes por la mañana, una hora antes de que nos volviéramos a reunir, me senté en silencio a meditar y en un momento de desesperación pedí "Dios mío, permíteme ver lo que está pasando aquí." De pronto me vino un pensamiento a la mente "Susan, te haz olvidado que Sam es tu hermano."

En ese instante me di cuenta de que había mantenido a Sam fuera de mi corazón como si fuese una manera de lidiar con mi dolor emocional con respecto a nuestra situación. Había dejado de verlo como un ser humano con su propio propósito y contribución al mundo. Sobreviví una experiencia que ahora reconozco que fue sumamente dolorosa para mí, alejándome del dolor y negándolo todos estos años. Me había sentido culpable de lo que había hecho y había proyectado el problema en Sam.

Cuando Sam llegó esa mañana, le confesé que reconocía ahora que mi manera de manejar mi dolor en nuestra relación había sido dejándolo fuera de mi corazón y manteniéndolo al margen de la humanidad por veinte años. Le dije que ahora caía en cuenta que yo había cargado con gran culpa por haber hecho eso, y que podía en verdad verlo como mi hermano, que lo consideraba como a otra alma bella en el mundo que vivía su vida y que tenía todo el derecho de estar aquí. Tomé la responsabilidad de lo que había pensado durante todos estos años. Me hice responsable.

Sam me sorprendió al decirme entre sollozos "Ésas son precisamente las palabras que he estado esperando escuchar de ti por veinte años." Se desvanecieron todos los conflictos y se completó el aprendizaje que teníamos que hacer juntos.

Sam y yo fuimos alumnos y maestros uno del otro. Aprendí de Sam que yo había negado y proyectado mi culpa hacia él en forma de ira, convirtiendo a Sam en verdugo y a mí en víctima. El presente que Sam me dió fue su insistencia y empeño en trabajar en nuestra relación, como él dijo, hasta que "pueda liberarme del resentimiento que siento contra ti." En cualquier ocasión que nos separamos de los demás, rehusando ver que compartimos nuestra humanidad, nos sentimos culpables. El santo hindú Maharaji solía decir "No arrojes a nadie fuera de tu corazón," a lo que Stephen Levine ha agregado "Porque cuando arrojas a alguien de tu corazón, también te echas fuera a ti mismo."[3] No solamente había arrojado a Sam fuera de mi corazón, sino que también yo misma me había echado fuera de él.

Como maestra, le dí a Sam la historia que quizá el jamás pueda compartir conmigo. En la actualidad Sam es ministro de una iglesia frente a la cual he pasado todos los días rumbo a mi trabajo durante cuatro años; cada vez que paso le envío mi agradecimiento y le deseo lo mejor. Hasta ahora no nos hemos vuelto a encontrar.

En nuestras vidas, los maestros más significativos son generalmente las personas con las que tenemos relaciones primarias, como padres, hermanos, hijos, y esposos. Puesto que estas relaciones son de por vida, nos proporcionan repetidas oportunidades para aprender a perdonar y a amar incondicionalmente. Ni la muerte ni el divorcio descontinúan una relación. Podemos continuar considerando a alguien que ha muerto, o a un ex-cónyuge, como un maestro que nos ofrece oportunidades para aprender.

Para aprender de una relación no es necesario permanecer en ella. No existen reglas establecidas sobre qué hacer en una relación con problemas. El propósito de cualquier relación es de aprender lo que tiene para ofrecer. Una persona puede ser maestra, ya sea en demostración de sus cualidades, o mostrando la naturaleza del proceso de curación. También puede servirnos despertando en nosotros una reacción negativa, una cualidad negativa interna que necesitamos reconocer y perdonar.

Maestros en demostración son aquellas personas que enseñan el proceso de transformación y curación a través del ejemplo de sus vidas. A menudo aprendemos más observando cómo respoden las personas ante ciertas situaciones, o cómo viven su vida, que mediante cualquier enseñanza filosófica puedan sostener como verdad. Un maestro en demostración puede guiarnos y ser una ayuda a lo largo del camino, alguien que nos toma de la mano y nos conduce a través de tiempos difíciles. Semejante maestro es alguien que puede mostrarnos el contraste de elegir una vida de sufrimiento o una vida de gozo. Su vida misma puede ser una demostración de una de estas elecciones. Es importante identificar quienes son esos maestros en nuestra vida y permitirnos aprender de ellos. Ese es el regalo que nos dan.

Uno de mis más memorables maestros de demostración fue una mujer a quién vi solamente una vez. Lo que ella vino a enseñarme fueron los efectos que se producen al escoger el resentimiento, el odio y la amargura en lugar de elegir el perdón. Me llamó y me pidió una consulta, pues su ex-marido había asistido a uno de mis talleres y le había hablado de mí. Ella deseaba hablar conmigo acerca de algunos asuntos de su vida. Cuando entró, me dijo "¡Cómo se atreve usted a ayudar a mi esposo! Él me ha traicionado, ha traicionado a sus hijos, se ha ido con otras mujeres y ahora está metido en estos locos asuntos espirituales. Él dijo que usted le había ayudado. ¡Cómo se atreve a ayudarle! ¡Él no se lo merece!" Así inició su historia acerca del gran dolor emocional en a su matrimonio, y el cual había sido quebrantado por traiciones de toda clase. Durante diez años había estado albergando este dolor y mientras la miraba podía ver la angustia en su cara y la amargura en sus ojos. Me reveló que era alcohólica, que no tenía amigos, y que su vida no tenía objeto ni sentido.

¡Ella estaba relatando mi historia! Su matrimonio y el mío eran casi idénticos. El día que vino a su cita, 10 de agosto, era exactamente el décimo aniversario que yo había mentalmente marcado como el día en que mi matrimonio se había derrumbado. El regalo de aniversario que el universo me brindó era algo que simbolizaba lo que yo misma podría haber elegido. Vi los efectos de escoger diez años de amargura y de falta de perdón. Caí en cuenta lo cerca que estuve de elegir el mismo camino que esa persona. Ese mismo día renové el compromiso a mi propio proceso de curación y tuve gran compasión por la parte mía que esa persona representaba. Ella demostró con su vida una eficaz enseñanza para mí, por lo que siempre le daré profundo reconocimiento.

¿CUÁL ES MI ACTITUD?

Examina las siguientes preguntas y escribe tus sentimientos en un diario.

1. ¿Hasta qué punto veo a todas las personas y las cosas que entran en mi vida como posibles maestros?

2. ¿En qué forma sirvo de maestro para los demás?

3. ¿Soy consciente de quiénes son mis maestros en demostración?

4. ¿Qué capacidad tengo de ver la verdad a un nivel más allá de las apariencias?

5. ¿Estoy consciente del principio de sincronicidad en mi vida?

6. ¿Cuándo he sido particularmente consciente de eventos sincronísticos en mi vida?

7. ¿He elegido lo que deseo enseñar y aprender en esta vida?

PRÁCTICA DEL PRINCIPIO

Selecciona los ejercicios que mejor faciliten y apoyen tu proceso de curación escribiendo tus respuestas en un diario. Puedes grabar de antemano los ejercicios de visualización.

1. Haz una lista de las personas que sientes que te han servido o te sirven como maestros en demostración. Junto al nombre de cada uno describe en unas cuantas palabras lo que sientes que estás aprendiendo de ellos.

2. Anota algún suceso reciente en el que hayas experimentado e identificado la sincronicidad. Trabaja con él como trabajas con los sueños, preguntándote lo siguiente:

- ¿Qué sentimientos experimenté durante y después del acontecimiento sincronístico?

- ¿Qué comentario puede estar haciendo el evento acerca de mi vida actual?

- ¿Parece este evento comentar acerca de alguna decisión que he tomado o alguna experiencia que he tenido recientemente?

- ¿Este acontecimiento me está poniendo sobre aviso de alguna manera acerca de alguna oportunidad de poner más atención, elegir o afirmar algo?

- ¿Específicamente qué es lo que este evento me está enseñando?

Escoge a los personajes principales, los animales, los objetos, los eventos y sus cualidades y habla como si tú fueras ellos. Escribe el mensaje que cada uno tiene para ti. Mantén un diálogo con cada uno de los protagonistas del evento.

3. Repite el proceso del ejercicio #2, mas ahora escoge un acontecimiento en tu vida que no parece ser sincronístico pero que se podría describir como inquietante, incómodo o que te produce ansiedad; algo que sientes que no es bueno.

4. Elige una relación pasada o presente acerca de la cual sientas incomodidad o conflicto. Puede ser una persona que esté viva o que haya fallecido. Escribe el nombre de esa persona al principio de una página en blanco. En el lado izquierdo de la hoja haz una lista de todos los sentimientos negativos y cualidades que esta persona despierta en ti. Hazla lo más completa posible.

Frente a cada aspecto negativo escribe su cualidad opuesta en la forma de un valor. Si por ejemplo has escrito: "no me dice cómo se siente", puedes anotar como su opuesto "el valor de la comunicación." Si escribiste "sólo le interesan las cosas materiales," podrías poner al frente "el valor del crecimiento espiritual."

Después de completar tus listas dibuja un círculo alrededor de los valores más importantes que esa persona te haya enseñado.

Al final del papel escribe a esa persona una breve nota de agradecimiento. Si lo consideras apropiado puedes enviársela por correo. Puesto que las mentes están unidas, también es efectivo el ofrecer el pensamiento de curación al universo.

5. Dibuja lo que se llama un "gráfico de línea de la vida." El siguiente es un ejemplo:

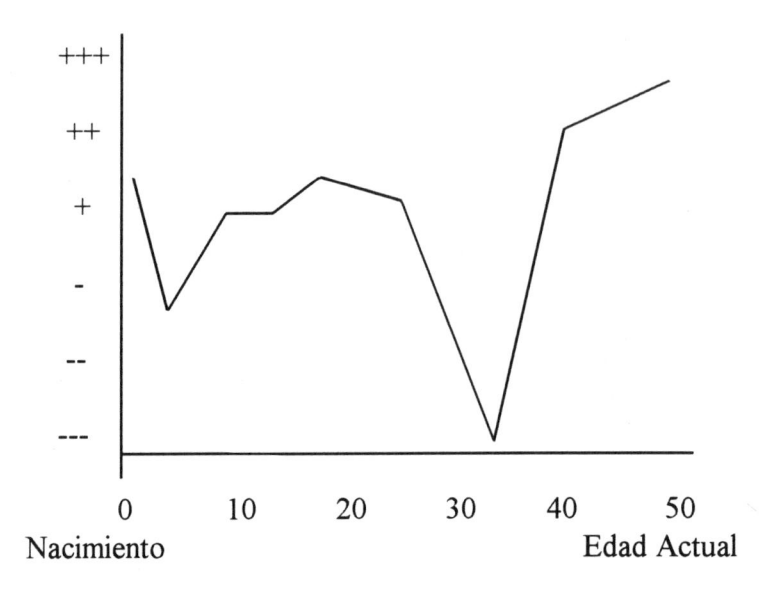

```
+++

++

+

-

--

---
     0    10    20    30    40    50
Nacimiento                  Edad Actual
```

La línea horizontal indica los años que hasta ahora has vivido, empezando en "0" para indicar tu nacimiento y después de ese punto marcando intervalos de 5 o 10 años hasta llegar a tu edad actual.

A la izquierda de la línea vertical se encuentran índices de cómo recuerdas esos años; los tres signos menos "---" representan los más negativos y los signos mas "+++" los más positivos. Mientras revisas tu vida, dibuja una línea que refleje los momentos positivos y negativos. Puedes recordar acontecimientos específicos de dolor y de gozo.

Por ejemplo, mi línea gráfica de la vida, como aparece en el diagrama muestra un signo "+" marcando el día en que nací. Yo puse esta marca porque se deseaba mi nacimiento y porque ocurrieron varios presagios positivos cerca del tiempo en que nací, los que hicieron muy felices a mis padres. La primera línea de alguna significancia inclinada hacia abajo ocurrió cuando yo tenía cinco años, cuando mi madre sufrió una depresión post-parto después del nacimiento de mi hermana. A esa edad sentí que emocionalmente había perdido a mi madre. Mis primeros años de escuela fueron bien, pero a la edad de siete años mi abuelo abusó sexualmente de mí. Este acontecimiento fue la causa de mucho dolor para mí y para mi familia. Como puede verse, en el transcurso de mi vida experimenté eventos tanto positivos como problemáticos. A la edad de treinta y cinco años sufrí una depresión muy severa. Desde entonces he ido experimentado mucha curación y paulatinamente sintiéndome más positiva acerca de mi vida.

Trabaja en tu propio diagrama. Toma tiempo para reflexionar en los eventos de tu vida y el efecto que tuvieron en ti en ese tiempo. Si no tienes en la memoria como te sentías a cierta edad, marca lo que te parezca intuitivamente correcto.

Después de completar el diagrama, pregúntate lo siguiente:

- ¿Qué he aprendido de los diversos acontecimientos en mi vida, tanto de los que me causaron dolor, como de los que me brindaron gozo?

- ¿Observo algún patrón en mi vida, o un cierto tipo de evento que se repite una y otra vez?

- ¿Puedo observar mi diagrama sin juzgarme ni censurarme?

- ¿Qué me ha enseñado hasta ahora mi vida?

- ¿Cómo me siento en el momento actual con mi vida y cómo la describiría?

- ¿Cómo me imagino que se verá la línea de mi vida en

los años futuros?

6. Lee de nuevo el Capítulo Siete. Haz una comparación y contrasta el principio TODOS SOMOS MAESTROS Y ALUMNOS MUTUOS, con el principio DAR Y RECIBIR ES LO MISMO.

¿HE SANADO MI ACTITUD?

Después de practicar los ejercicios anteriores, examina las siguientes preguntas y escribe sobre tus sentimientos en un diario.

1. ¿Me parece que el estar en este mundo tiene mayor sentido y propósito?

2. ¿Estoy más consciente de sucesos sincronísticos y de sus mensajes?

3. ¿Estoy más consciente de la clase de maestro que soy para los demás?

4. ¿Tengo mayor capacidad de ver a los eventos más como oportunidades de aprendizaje y menos como si estos sucedieran en mi vida sin relación alguna?

5. ¿He hecho una nueva elección sobre lo que desearía enseñar a otros, y por lo tanto, sobre lo que deseo cultivar y sustentar en mí?

6. ¿En qué forma han cambiado mis sentimientos hacia las personas que despiertan en mí dolor emocional?

7. ¿Considero al aprendizaje de mi vida más como un proceso que como obtener un resultado específico?

APLICACIÓN DEL PRINCIPIO EN EL SERVICIO A LOS DEMÁS

Una relación de apoyo, dentro del contexto de este principio, es aquella donde ambas personas tienen la oportunidad de aprender una de la otra. Como facilitador puedes descubrir que tu historia es parecida a la de la persona que estás apoyando. Tienes la oportunidad de ver tu historia desde el punto de vista de tu Observador y obtener una perspectiva diferente. Puedes adquirir un profundo conocimiento nuevo acerca de los asuntos de tu propia vida. Puede presentarse la oportunidad de profundizar tu entendimiento de lo que es una relación de apoyo y de cómo varía de una persona a otra.

Empecé a ser facilitadora de Rochelle cuando ella experimentaba su tercer encuentro con el cáncer. Cuando ella llamó a nuestro Instituto pidiendo apoyo, nos dijo que la primera vez que tuvo cáncer, lo había enfocado desde el punto de vista físico, la segunda vez buscó el psicológico y que ahora deseaba explorar el espiritual. Como se encontraba muy enferma, me veía con Rochelle en su casa. Rochelle que tenía exactamente mi edad, era muy vivaz y estaba en la fase más importante de su vida. Había recientemente ayudado a iniciar un nuevo museo de arte y, como ella misma lo describía, llevaba una vida plena y vibrante. Todo lo que rodeaba a Rochelle era deslumbrante, su elegante apariencia, su estilo distinguido, su gusto en el arte y la elegancia en la vida social.

Cuando le pregunté qué tipo de relación de apoyo deseaba establecer, me dijo que sólo quería que la escuchara y no le "disputara su tiempo," y así lo hice. Ella compartió conmigo sus preocupaciones acerca de sus hijos, sus asuntos monetarios, su familia y su trabajo. Rochelle expresó su preocupación acerca de no creer que existiera vida después de la muerte. No deseaba escuchar ni una palabra sobre el punto de vista de mis propias experiencias personales o sobre otra cosa. Al final de cada una de mis visitas semanales a su casa, simplemente me decía: "Ah!, y gracias por no disputarme el tiempo. Éste es el único momento de la semana en que nadie me disputa el tiempo y el que paso contigo es mio."

Acercándose el fin de su vida, Rochelle me sorprendió al final de uno de nuestros encuentros cuando me preguntó qué pensaba yo que sucedía después de la muerte. Compartí con ella mis puntos de vista, pero Rochelle rápidamente los descartó. Aún así continuó hablando a menudo de sus sentimientos sobre su muerte.

En nuestra última entrevista Rochelle estaba muy próxima a morir, súbitamente me dijo, "Bueno Susan, me tomó algún tiempo pero creo que ahora sé por qué has sido tú mi persona de apoyo; ¡era para que yo pudiera absorber tu paz interior!"

Yo sé que yo "absorbí" mucho de Rochelle, pues ella fue una magnífica maestra para mí. Puesto que teníamos la misma edad, Rochelle me forzó por primera vez a confrontar mis sentimientos acerca de mi propia muerte. También me enseñó que compartir los propios puntos de vista o historias personales no es siempre la mejor manera de apoyar a alguien. Para servir a Rochelle era necesario estar totalmente presente con ella, escuchándola, dándole enteramente mi atención y sin "disputarle su tiempo."

Algunas veces la persona a quien apoyas parecerá "dar en el punto," pudiendo despertar en ti cólera, temores o dudas. En el contexto de este principio, esa dinámica te pide que examines tu reacción, observando si esta representa un resentimiento, que sin percatarte, albergas contra ti o contra otra persona. La persona a la que estas apoyando puede, de alguna forma, recordarte alguna faceta de ti mismo o la de alguna relación que aún no ha sido curada. Si es así, necesitaras trabajar con esos asuntos personales fuera de la relación de apoyo, para poder estar enteramente presente con la persona a quien estas apoyando.

¿CÓMO VOY PROGRESANDO?

Periódicamente revisa tu progreso al aplicar este principio en el servicio a los demás. Escribe en un diario tus inquietudes, preguntas y sentimientos.

1. ¿Veo la relación que tengo con la persona a quién apoyo como una oportunidad mutua de aprender?

2. ¿Utilizo mi Observador mientras apoyo a alguien?

3. ¿Cuando la persona que apoyo me "da en el punto," me hago responsable de examinar el origen de mi malestar haciendo algún trabajo personal concerniente?

4. ¿Tomo tiempo para contemplar la naturaleza de nuestra relación de apoyo?

5. ¿Cuando estoy facilitando, estoy consciente de mi capacidad efectiva de comunicación? ¿Me mantengo alerta para ver cuando sería apropiado y de valor alguno compartir mi propia historia o experiencias con la persona a quien apoyo?

6. ¿Es una relación que nos sustenta a ambos?

7. ¿Me siento abierto a recibir dirección interna cuando estoy con la persona a quién apoyo?

8. ¿Cuando apoyo a alguien, estoy consciente de cómo este principio se relaciona con el principio DAR Y RECIBIR ES LO MISMO?

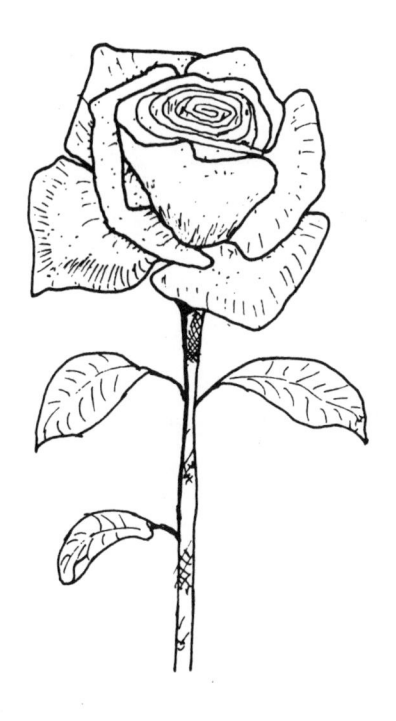

CAPÍTULO CATORCE

*La marca de tu ignorancia
es la profundidad de tu creencia
en la injusticia y en la tragedia.
La oruga llama fin del mundo
lo que el maestro llama mariposa.*

Richard Bach

PRINCIPIO DIEZ

NOS PODEMOS CENTRAR EN LA TOTALIDAD DE LA VIDA EN LUGAR DE SUS FRAGMENTOS

ASERCIONES BÁSICAS

1. *Cuando nos enfocamos en la totalidad de la vida reconocemos sus fragmentos pero no nos identificamos con ellos. Nos identificamos con un todo el cuál es una perspectiva espiritual.*

2. *En la totalidad de la vida se incluyen los fragmentos, mas la totalidad no son los fragmentos por separado.*

3. *Enfocar en la totalidad de la vida quiere decir ver más allá de las apariencias. Es ver Unicidad en la dualidad, Unidad en la diversidad.*

4. *La función del Observador es estar consciente de la vida en su totalidad.*

5. *Enfocar la totalidad de la vida es vivirla plenamente y con gozo.*

6. *La totalidad de la vida refleja nuestra integración y equilibrio*

espiritual, mental, emocional y físico.

7. *La facultad de ver la vida como una totalidad se fortalece a través de la meditación y de las disciplinas espirituales.*

8. *El Ser Superior de cada uno se interesa en la totalidad de la vida; el ser inferior se interesa en los fragmentos.*

9. *Los fragmentos son aquellos pensamientos, deseos, sentimientos, actividades y cosas que distraen nuestra atención de la totalidad de la vida.*

10. *Los pensamientos, deseos, sentimientos o actividades se convierten en fragmentos cuando nos identificamos con ellos y los consideramos como nuestra salvación. Los fragmentos son apegos.*

EL MENSAJE DEL PRINCIPIO

Este principio acomoda con maestría nuestra visión tanto del mundo como personal. Dejamos de considerar nuestras vidas y el mundo como si estos estuviesen compuestos de sucesos y acontecimientos aislados y sin sentido. Más bien nos vemos nosotros mismos y el mundo interrelacionados y vinculados por la humanidad. Los astronautas nos recuerdan que el planeta es un organismo vivo que funciona como una sola unidad. Describen la tierra como una elegante alhaja azul, hermosa y singular, suspendida en el espacio. Aunque sobre la tierra ocurran múltiples sucesos con mucha furia y rapidez, ésta se ve serena e íntegra cuando se observa desde lejos.

Así sucede con cada uno de nosotros. Cuando examinamos hechos aislados, pensamientos, ideas, deseos, emociones y bienes materiales en nuestras vidas desde una perspectiva espiritual, vemos la totalidad de la vida. Nuestra vida contiene las partes, los fragmentos, pero nosotros no somos esos fragmentos. Somos más que eso. Podemos compararnos con la alhaja bella y serena que es la tierra vista desde lejos.

El anhelo de experimentar la totalidad de quienes somos es fuerte dentro de cada uno de nosotros. Cuando escuchamos una bella música, cuando admiramos una vista muy hermosa de las montañas o del océano o cuando abrazamos y consolamos a un ser querido, vislumbramos la belleza exquisita de nuestra totalidad. En la medida en que hayamos perdido de vista esta totalidad, experimentaremos nuestra vida como si careciera de propósito, sentido y esperanza.

Clare, la joven universitaria de veintiún años, me escribió después sobre su experiencia transformadora la cual fue acompañada por la aparición sincronística de mariposas. Relató acerca del dolor emocional que había experimentado cuando desesperadamente buscaba sentido en los fragmentos de la vida. Cuando logró despojarse de su pasado, experimentó un cambio interior que la reconectó con su Ser Superior. Súbitamente, experimentó la realidad de la totalidad de la vida. Con el permiso de Clare, comparto su carta contigo.

Querida Susan:

Soy una guerrera. Quien busca la verdad en lugar de huir temeroso, es un guerrero. La verdad no es fácil de encontrar. Algunas veces una gran pérdida, el dolor, o la experiencia de estar cerca de la muerte, son los impulsos necesarios para cambiar nuestra visión.

En mi caso, dos factores obraron simultáneamente. El primero fue mi intento de tratar cualquier escape imaginable. El segundo fue la intensidad con que escapaba. Gracias a Dios esos dos factores juntos condujeron mi vida a un punto decisivo. Jamás volveré a ser la misma persona.

Cuando tenía cuatro años comencé a dejarme absorber por los fragmentos y empecé a huir de mi vida de hogar. Recuerdo salir con mis amigos y quedarme fuera tan tarde y tan a menudo como me fuera posible. Mi madre estaba muy deprimida, era adicta al Valium y tenía tendencias suicidas; mi padre estaba a seis mil millas de distancia. Mi padrastro era un refugiado húngaro a quien su carrera en el ejército de los Estados Unidos le había dañado al corazón y la psique.

Aumentando a mi dolor, se encontraba el hijo de un vecino que jamás olvidaré. El tendría unos veintidos años, medía más de un metro ochenta de estatura, pesaba casi 160 kilos y siempre olía mal. Creo que tenía un leve retraso mental. Frank abusó sexualmente de mí desde que yo tenía cuatro años hasta alrededor de los siete.

Luego nos mudamos a Hawai por cuatro años antes de regresar de nuevo a Washington, D.C., donde permanecí los siguientes diez años. Se aceleró el escape. En la escuela primaria me adelante dos años a mis compañeros de clase. Esto agradó y al mismo tiempo distrajo a mis padres y a mis maestros. También era yo la mejor atleta de la escuela. Cuando había competencias, batía todos los records, lo cual, una vez más, me hacía popular entre los padres, los maestros y también con mis compañeros. Tenía a todos convencidos de que mi vida era bella y sobre todo, de que la estaba viviendo correctamente.

A los ocho años, sin embargo, ya fumaba cigarrillos y bebía; a los nueve fumaba marihuana; y a los diez fuí arrestada por robar. No me refiero a lo que comunmente suelen robar los niños, como dulces, chicles, o juguetes pequeños en algún supermercado. Tomé un destornillador, me subí a un autobús que me llevó al estacionamiento más cercano y comencé a robar piezas de automóviles. Durante los siguientes trece años mi comportamiento desordenado, mis hábitos y mis adicciones aumentaron en variedad y en gravedad.

Cuando llegué a los doce años me di de lleno a los placeres sexuales. Tenía relaciones sexuales con hombres y mujeres de todas las razas, edades y tendencias. Lo hacíamos en todas las formas y combinaciones posibles. Durante una gran parte de mi vida secreta me valí de un gran árbol que crecía junto a la ventana de mi habitación. Este árbol fue un verdadero vehículo de escape. Mi rutina diaria consistía en escaparme todo el día, ya sea yendo a la escuela o no, y luego no regresaba a casa hasta la hora de la cena. Después de cenar volvía a escaparme hasta las diez, la hora de dormir. Cuando daban las doce, me salía por la ventana de mi habitación y descendía por el árbol. Mis amigos (siempre tuve amigos mucho mayores que yo) me esperaban en sus automóviles. Nuestras aventuras comenzaban encendiendo un cigarrillo de marihuana y alegrándonos con varias cervezas. Una vez que alcanzábamos un estado de ebriedad, emprendiamos nuestras excursiones de media noche a las piscinas, los bares y los clubes nocturnos, ¡todo esto acompañado de actividades sexuales de todo género!

Es necesario aclarar aquí el grado en que abusaba de las sustancias tóxicas. Iba más allá de la diversión, era obsesivo. Tenía nueve años la primera vez que me emborraché, y desde el séptimo grado, los cigarrillos, la marihuana, y las bebidas alcohólicas eran para mí casi el pan de cada día. Usaba cocaína frecuentemente, me la ponía en la nariz, en la boca, en los ojos, en los pulmones y hasta en las venas. Me divertía también lo más que podía con LSD, PCP, "speed", opio, Valium, codeína, Percodan, Demerol, óxido nitroso, hongos alucinógenos y hashish. De nuevo, por la popularidad de que gozaba entre todo el mundo, tenía asegurado el abastecimiento de numerosas sustancias para ingerir en combinaciones novedosas.

Es un milagro que todavía esté aquí. Ahora reconozco que parte del milagro se debe al amor, a las oraciones y al apoyo continuo de mi madre. Ahora comprendo que me proveyó de una línea salvavidas, pues fue ella quien me llevo a ti, ¿lo recuerdas? Su propia curación y su crecimiento espiritual durante los últimos diez años han sido instrumentos vitales para mi sobrevivencia y ahora me sirven de modelo.

La magnitud del deseo de bloquear mi dolor durante todos esos años me llevó a buscar la última forma de escape, intentos de suicidio. Aunque esos nunca fueron conscientes, subconscientemente me dejaba envolver una y otra vez, en situaciones en que mi vida peligraba. Un ejemplo de ésto fue un terrible accidente de automóvil. Conducía drogada por una calle angosta y sinuosa, apagué las luces delanteras del automóvil de mi madre y me estrellé de frente contra un árbol. El automóvil quedó deshecho, y mi amiga y yo seriamente heridas. La jefe de servicio de emergencia me dió un mensaje muy claro y en voz alta; tomó mi mano y mirándome a los ojos me dijo que yo había sido MUY, MUY AFORTUNADA. Ella tenía razón y aunque oí sus palabras, no fui capaz de hacer los cambios necesarios. Ese fué solamente el primero de varios episodios similares, incluyendo el ponerme el cañón de una pistola en la boca, saltar en un barranco de veinte metros de profundidad, y almacenar una provisión de píldoras y navajas de afeitar No sólo era yo quien escogía situaciones que amenazaban mi vida, ellas me escogían a mí. Fuí asaltada y violada. Tuve un aborto. Una estufa explotó incendiando mi ropa. Estaba aprisionada en un torbellino de desastres.

    El único fragmento productivo de mi vida que utilicé, entre todos los que exploré, fue el atletismo. Utilizando mi cuerpo en el deporte con la misma intensidad desenfrenada que utilizaba en todo lo demás que hacía, me proporcionó fuerza física y emocional. Comencé con la gimnasia en tercer año de primaria. A la edad de doce años mi habilidad gimnástica merecía consideración para entrenamiento olímpico y a pesar de ello, me 'aburrí' y lo dejé para mantener mi ridícula conducta social. El fútbol y el baloncesto me proporcionaban desahogo físico y la oportunidad de sobresalir, y me dejaban tiempo para las drogas y los placeres sexuales. Mi habilidad para el fútbol condujo a que me ofrecieran numerosas becas universitarias. En mi tiempo libre, participaba también en las organizaciones atléticas de natación y saltos ornamentales, carreras de larga distancia, vóleibol y fútbol americano (yo era la única muchacha en la liga). Más recientemente he participado y competido en esquí acuático y levantamiento de pesas. A pesar de mis cualidades atléticas, las utilizaba solo como otro medio para distraer y fragmentar mi vida.

    Muchos tratamos de eludir la decisión de solucionar nuestros propios problemas. Sin embargo, por medio de mis propias experiencias, he llegado a la conclusión de que el escape en sí genera un gran dolor mental, físico y especialmente espiritual. Este año pasado ha sido casi intolerable. Mis métodos de escape fueron tan severos que poco me faltó para destruirme. Al mismo tiempo, fue un período necesario. Todo el dolor que sufrí me obligó a buscar una nueva respuesta. Ninguna de mis antiguas respuestas funcionaban, ni siquiera momentáneamente. De modo que decidí dejar de huir y enfrentar toda la historia de mi vida.

Este verano señaló la iniciación del cambio que se produciría en mi vida. El primer paso de esa transición comenzó en el taller "Para Ver de Otra Manera, Nivel I", que ofrece el Instituto. Este taller me inspiró un sentido de compañerismo en mi búsqueda de la verdad. Vi a muchos llorar a causa de su dolor, ocasionado por un estilo de vida fragmentado. Por supuesto, la historia de cada cual era distinta, sin embargo, existía definitivamente mucho en común entre todos nosotros. Sin saberlo, el taller aumentó enormemente la consciencia de mis propias luchas mentales y espirituales. Por primera vez en mi vida reconocí todo mi dolor, mi ira, mi cólera, mi culpa, mis abusos, mi temor y mis penas. Necesité todo eso para asistir a otro taller del Instituto, "Curación Interior, Nivel II."

En el taller de Nivel II me percaté de que llevaba a cuestas un enorme sentimiento de culpa por mi conducta pasada, y como consecuencia de esa culpa era sumamente autodestructiva. A la vez, la autodestrucción intensificaba mi sentimiento de culpa. El ciclo se retroalimentaba y era interminable. La clave de mi libertad era el perdón. Tenía que perdonarme para poder permitir mi curación. Eso es exactamente lo que hice en ese taller.

En un momento dado, durante mi trabajo personal, estaba sollozando inconteniblemente, postrada, sin poder levantar la cabeza ni el cuerpo. Me sentía tan agobiada y apesadumbrada que quería rendirme a la culpa. Sentía ya no poder más. Sin embargo justo en ese momento, tú suavemente y en voz baja, me dijiste al oído, "Clare, tú eres una guerrera. Recuerda Clare, tú eres una guerrera." Esas palabras tuvieron en mí un tremendo impacto. De pronto me sentí conectada a mi Ser Superior y dotada de poder para trascender mi culpa. Mi espalda se sintió fuerte de nuevo; la fuerza emocional y espiritual necesarias para continuar el proceso de mi propio perdón estaban a mi alcance. Sabía que LO IBA A LOGRAR.

Al reconocer todo lo que había hecho, pude perdonarme. Había ocurrido una bella metamorfosis. Había vuelto a nacer. Al enfrentarme conscientemente a todo mi pasado pude transcender la separación con mi Ser Superior.

Ahora veo la verdad y, consecuentemente, no necesito fragmentar mi vida nunca más. Ahora estoy enfocando la vida como una totalidad. Me siento de maravilla.

Te amo, como también amo a mi nuevo yo.

Clare

La historia de Clare es un ejemplo del valor de guerrero necesario para la curación. Una vez que se aseguró de ese valor, aceptó el apoyo emocional incondicional que le proporcionó el ámbito de amor y seguridad creado por los participantes en el taller. Fue capaz de enfrentar y trascender su culpa y vergüenza porque ya no se sentía abandonada emocional y espiritualmente por los demás y por un Poder Superior.

La culpa y la vergüenza son formas de temor que resultan del abandono emocional y espiritual del niño por los padres, y de la convicción de haber sido abandonado por la Fuente Divina. Uno también puede abandonar su ser espiritual creyendo haberse separado de la Fuente Divina. Se siente haber hecho algo mal y por lo tanto, merece castigo. Uno se siente culpable. Creyéndose intrínsecamente indigno e inadecuado, se siente humillado, despreciado, devaluado e impotente. Uno siente vergüenza.

Los sentimientos de culpa y de vergüenza se vuelven adictivos, en cuanto más culpa y vergüenza siente una persona, más abusa de sí misma y de otras, más culpable y avergonzada se siente y más se considera emocional y espiritualmente separada de los demás y de la Fuente Divina. Cuanto más aislada del resto se siente una persona, más considera que ha hecho algo mal y que debe ser castigada. Las defensas que emplea son pelear, inmovilizarse o huir para protegerse emocionalmente. Esas defensas lo aislan y lo hacen inalcanzable, perpetuando los sentimientos de separación y, por lo tanto, los de ser indigno.

Las adicciones, ya sea a las drogas, a los bienes materiales, a la comida, al dinero, a los placeres sexuales, o a pensamientos de carecer de mérito, son los intentos de reconectarse en el mundo físico con la Fuente Divina, y por lo tanto, con el propio valor del ser emocional y espiritual de cada uno. Robert Johnson, un psicoanalista de la escuela de Jung escribe:

> La adicción es la fase negativa de la búsqueda espiritual. Buscamos la exultación del espíritu, pero, en lugar de satisfacción, obtenemos un placer físico de poca duración que nunca puede satisfacer ese vacío, esa carcoma crónica que nos abruma.[1]

Cuando la culpa y la vergüenza se comparten abierta y honestamente, por lo menos con una persona de confianza, se libera la energía psíquica utilizada para retener el temor de ser inútil, y se trasciende el temor. El sentido de culpa y vergüenza, y de ser intrínsecamente indigno, inadecuado y merecedor de castigo, se disuelve. En su lugar hay una nueva conexión con la Fuente Divina y con el sentido personal de autoestima. Es entonces que uno es capaz de cambiar y enfocar en la totalidad de la vida en lugar de sus fragmentos.

¿CUÁL ES MI ACTITUD?

Concentra tu atención en las siguientes preguntas y escribe tus sentimientos en un diario.

1. ¿Cuáles son los fragmentos de mi vida y hasta qué punto me siento identificado con ellos?

2. ¿Cuándo en mi vida he experimentado en especial la totalidad de la vida?

3. ¿Qué significa "enfocarse" en la totalidad de la vida?

4. ¿Qué significa para mí "ver más allá de las apariencias"? ¿Estoy consciente de buscar la verdad más allá de la apariencias?

5. ¿Estoy consciente de usar mi Observador para poner atención a los fragmentos en mi vida?

6. ¿Me siento consciente de mi espiritualidad?

7. ¿Cómo estoy fortaleciendo específicamentme mi habilidad de ver la vida como una totalidad?

PRÁCTICA DEL PRINCIPIO

Selecciona los ejercicios que mejor faciliten y apoyen tu proceso de curación, y escribe tus respuestas en un diario. Puedes grabar los ejercicios de visualización.

1. En una página en blanco, prepara tres columnas tituladas Física, Mental y Emocional. Bajo cada título haz una lista de todo lo que consideras ser los fragmentos en tu vida que te distraen de tu ser espiritual. A fin de hacer este ejercicio sin sentimientos de culpa o de vergüenza, sitúa tu consciencia en el Observador. Sólo observa tus fragmentos. Procura ser lo más completo y específico que puedas con tus listas. Puedes comenzar tu lista y luego ampliarla antes de continuar con la parte siguiente del ejercicio, la cual se parece al ejercicio 5 en el Capítulo Diez.

Di a una persona de confianza o a ti mismo: "Me perdono por _____, Me perdono por_____,Me perdono por _____", hasta que hayas completado las tres listas. Observa tu reacción al hacer esto, y si sientes deseos de llorar, hazlo.

Si haces este ejercicio con un amigo de confianza, pídele que te mire a los ojos y responda "estás perdonado" después de cada frase. Es posible que quieras completar este ejercicio compartiéndolo con este amigo: "Me doy reconocimiento por _____, Me doy reconocimiento por _____." Una vez más, sé lo más específico que puedas con ciertos eventos, sentimientos y actitudes. Si haces este ejercicio tú solo, escribe y luego repite en voz alta, "Me doy reconocimiento por_____, Me doy reconocimiento por_____, Me doy reconocimiento por _____." Continúa los reconocimientos hasta que llegues a sentir que has completado el ejercicio.

Concluye el ejercicio con una actividad que te consuele y tranquilice, como escuchar música que te levante el espíritu, caminar por campo abierto, meditar o leer un texto inspirador.

2. En tu diario empieza a hacer una lista de afirmaciones que te sirvan específicamente para reforzar la conciencia de tu totalidad. Agrega algo a tu lista diariamente. Ejemplos de tales afirmaciones son:

> Estoy dispuesto a aceptar amor.
> No estoy solo.
> Soy uno con Dios y el universo.
> Soy un todo. Soy una buena persona.
> Merezco amor incondicional.
> Respeto mi proceso de curación.
> Hoy aceptaré un cumplido, lo guardaré en mi corazón y le permitiré, que me sustente.
> Estoy bien; y si no estoy bien, eso también está bien.

3. Con tu diario en mano, sal y encuentra un árbol que sea especialmente significativo para ti. Escribe un diálogo entre el árbol y tú, tal como si conversaras con él. Los árboles son símbolos de sabiduría y totalidad. Por lo tanto, al comunicarte

con un árbol puedes conectarte con la totalidad dentro de ti mismo. El diálogo que sigue a continuación es un buen ejemplo, presentado con permiso de su autora, Renée Schlessinger:

Renée: Cornejo, siempre me han encantado tus flores, con sus pétalos delicados y bellos. Sé que el resto del año apenas me acuerdo de tu existencia, pero quisiera en verdad conocerte mejor.

Árbol de Cornejo: Gracias por fijarte en mí. No soy uno de esos árboles inmensos e imponentes que ves en los bosques, pero soy capaz de crecer y sobrevivir con muy poca tierra, sol o espacio, y lo hago con gracia, pues no permito que la sombra de mis ramas aniquilen el pasto ni las otras plantas. Con un mínimo de ramas logro alimentarme.

Renée: Sí, creo que es precisamente eso lo que me atrae a ti, tu sencillez de vida, y también lo flexible que eres; doblas tus ramas hacia un lado para no quitarle espacio a las ramas floridas y más fuertes del árbol que crece a tu lado. Sí, pareces frágil, pero sólo a ojos inexpertos. Ahora te veo tan decidido a vivir y mostrar tu belleza como cualquier otro árbol, pero tú sabes que no tienes que lastimar ni ser lastimado por otros.

Árbol de Cornejo: Sí, algunas veces sobrevivir y no confontar a los vecinos más dominantes es un reto. Pero pienso que me gusta el reto y creo que no sólo es importante sino también esencial.

Renée: ¿No se te antoja desquitarte con alguno de los árboles más grandes y fuertes que quieren inundar tu espacio y tu vida?

Árbol de Cornejo: A veces quisiera ser mucho más grande y más fuerte, pero cuando mis flores están a punto de abrir, veo compensadas mi paciencia y adaptabilidad, cuando realmente todos pueden apreciar mi belleza interior. No necesitas ser ni el más grande, ni el más fuerte e inteligente para encontrar tu espacio perfecto. Sólo vive cada día lo mejor que puedas.

Renée: Creo que últimamente he sentido que mi espacio ha sido amenazado.

Árbol de Cornejo: Mira una de mis flores.

Renée: Sí, la veo.

Árbol de Cornejo: Cada una, a su manera, es tan bella como la que está a su lado. Si tuviera espacio a mi lado norte para tener ramas y flores ¿cambiaría lo que admiras en la belleza de esa sola flor?

Renée: No, ya veo. Yo puedo crecer y desarrollar la misma belleza en mi espacio limitado. No necesito desanimarme si encuentro obstáculos en mi camino. ¡Gracias Cornejo por tu sabiduría!

Árbol de Cornejo: ¡De nada!

4. En silencio, con los ojos cerrados, imagina al niño que llevas dentro de ti, que ha sido emocionalmente herido. En particular, nota si tu niño interior siente alguna vergüenza o culpa, si ha sido lastimado o humillado en cualquier forma mientras crecía.

Piensa en él como si fuera tu propio hijo. Apóyalo, abrázalo. Asegúrale repetidamente tu amor por él. Imagínate como lo tratarías en su sufrimiento. Si desea manifestarse emocionalmente y se arriesga (ya sea llorando o manifestando su irritación) aliéntalo a hacerlo.

Asegúrale a tu niño interno que siempre lo honrarás y que siempre estarás consciente de su presencia y de su valor. Luego redúcelo al tamaño de un dedal y colócalo amorosamente en tu corazón.

Imagínalo sentado dentro de tu corazón con gran gozo y seguridad. Continúa con tus actividades diarias sabiendo que esta preciosa parte tuya está siempre contigo.

5. Imagínate que eres astronauta en el espacio, desde el cuál contemplas la Tierra. Toma consciencia de que has llevado contigo sólo una nave espacial pequeña y eficiente. ¿Cómo ves la Tierra? Contempla su belleza y su gloria, suspendida en el espacio.

Toma consciencia de lo que ha ocurrido y está ocurriendo en el planeta, en su tierra, sus mares y su atmósfera. Hazte consciente de lo que ha ocurrido en tu vida personal mientras resides allí. Completa la descripción de la tierra cómo es y de como vives tu vida en ella.

Pon tu atención en tu corazón. Desde tu corazón, desde tu ser compasivo y amoroso ¿qué le dices al planeta Tierra? ¿Qué conocimiento y sabiduría existe en tu corazón acerca de tu hogar en la Tierra? ¿Qué le dices a ella? ¿Qué le dices a la gente, a los animales, a los océanos, a los campos y a los cielos? ¿Cuál es el propósito de la Tierra? ¿Cuál es su función? ¿Qué está? ¿Qué necesita? ¿Qué quiere? ¿Cuál es tu función en la Tierra? ¿Cómo vas a ayudarla? ¿Qué, conocimientos, opciones o valores quieres traerle a tu regreso del espacio? Sé específico y sencillo. Quizá puedas hacer algo pequeño.

Cuando estés listo, regresa a la Tierra. Trae a la realidad ese paso que quieres dar, para tí mismo y para la Madre Tierra.

6. Cuando te encuentres embrollado en un fragmento, ya sea físico, mental o emocional y no puedas ver más allá de las apariencias, repite este breve ejercicio de desidentificación hasta que sientas un cambio en tu percepción.

Tengo un cuerpo, pero no soy mi cuerpo.
Yo soy el que está consciente.

Tengo emociones, pero no soy mis emociones.
Yo soy el que está consciente.

Tengo pensamientos, pero no soy mis pensamientos.
Yo soy el que está consciente.

Tengo deseos, pero no soy mis deseos.
Yo soy el que está consciente.

Tengo _____ (el fragmento), pero no soy _____ (el fragmento).
Yo soy el que está consciente.

Soy el Yo centrado, el Ser Interno Sabio.
Soy el centro de consciencia pura.

7. Vuelve a leer el Capítulo Tres como manera de reforzar tu entendimiento del proceso de curación.

HE CURADO MI ACTITUD?

Después de practicar los ejercicios arriba mencionados, concentra tu atención en las preguntas siguientes, y escribe tus sentimientos en un diario.

1. ¿Estoy más consciente de què fragmentos están presentes en mi vida? ¿Me es más fácil desidentificarme de ellos?

2. ¿Tengo mayor sentido de mí mismo como parte de la humanidad en total?

3. ¿Entiendo más claramente lo que significa ver más allá de las

apariencias?

4. ¿Se ha fortalecido la consciencia de mi realidad espiritual? ¿Siento que existe más comunicación con esa parte de mí mismo?

5. ¿Puedo ver las posibilidades positivas en cada situación con más facilidad que como las veía anteriormente?

6. ¿Comprendo mejor el papel que han desempeñado en mi vida la culpa y la vergüenza?

7. ¿Tengo mayor sentido de mi propio valor y dignidad?

APLICACIÓN DEL PRINCIPIO EN EL SERVICIO A LOS DEMÁS

El total de la vida incluye los fragmentos. Cuando estás enfocado en la totalidad de la vida, reconoces los fragmentos pero no te identificas con ellos, sino que te identificas con tu realidad espiritual. Dentro de la relación de apoyo necesitas esforzarte para permanecer enfocado en esa realidad. Si te pierdes, ya sea en tu propio fragmento o en el de la otra persona, te conviertes más en parte del problema que de la solución. Es como ver los árboles sin ver el bosque, como ver las nubes pero no el cielo.

Como facilitador tienes compasión por las experiencias de la otra persona y te unes a ella buscando resolver su situación, pero no uniéndote al problema y convirtiéndote en parte de él. Cuando formas parte del problema de otro, el problema se vuelve más sólido y más difícil de resolver, pues así refuerzas o fortaleces la realidad del fragmento. Al repasar el problema obsesivamente lo refuerzas y te "atascas" en él. Es como continuar acelerando el automóvil cuando está atascado en el barro; sólo logras que se atasque cada vez más. Lo que se necesita es enfocar el problema de otra manera, y extender una mano de ayuda. Si el ayudante se sube al automóvil y continúa acelerando, no ayudará en nada y sólo lo hundirá más. El problema persistirá. El ayudante debe unirse al otro para buscar otra forma de "desatascar" el automóvil, y una vez liberado éste, el ayudante deja a la persona seguir su camino.

Así sucede cuando se facilita a alguien. Tú le ofreces a la persona una mano de ayuda para despegarse del fragmento, para desatascarse. Te unes a ella para encontrar la forma de ver el fragmento de manera diferente. La persona se siente capaz, ella es quien conduce su automóvil y queda libre para continuar su camino. Quizá al salir del barro pueda ver la razón por la cuál se había atascado. No tiene que volverle a suceder, pero si le ocurre, conoce ahora la forma de liberarse. Si es necesario puede pedir ayuda, o como sucede a menudo, la ayuda la encuentra a ella.

Pasar con éxito por las tres etapas del crecimiento personal, te capacitan para apoyar a otro desde la perspectiva de la totalidad de la vida. En la primera etapa reunes experiencias de la vida y adquieres percepciones acerca de ellas. Esas experiencias y percepciones son internalizadas y se convierten en parte de tu estructura psicológica. En la segunda etapa cosechas lo que has aprendido de tus experiencias y de las percepciones de tus experiencias. Se curan las heridas emocionales y las percepciones. Finalmente compartes tu curación con otros y las lecciones que has aprendido. Aunque esas etapas se entrelazan a través de la vida, existen características en cada una de ellas que las identifican.

ETAPA UNO: Adquisición de experiencias de la vida.

Muy temprano en la vida comienzas a adquirir experiencias y percepciones sobre tus experiencias. Colectas una amplia diversidad de percepciones aisladas, y sin embargo interrelacionadas sobre la vida, y haces ciertas elecciones acerca de cómo ver y vivir la vida. Tu vida toma su matiz único, su propio sabor. Los eventos externos en esta etapa son importantes y tiendes a verlos como fuente de significado y propósito. Este período se extiende desde el nacimiento y a lo largo de la vida, ocurriendo la mayor parte antes de los treintaicinco años. Es posible permanecer en esta etapa toda la vida. La persona que así lo hace pasa su vida coleccionando experiencias del mundo exterior y creando su punto de vista de la realidad del mundo. Clare se concentró intensamente en esta etapa. En sus escasos veintiún años experimentó múltiples aspectos del mundo material y físico.

ETAPA DOS: Integración y curación de las experiencias de la vida.

En esta etapa comienzas a investigar el significado de las experiencias de tu vida y a confrontar asuntos emocionales que no han sido resueltos. Aunque esta etapa puede comenzar en cualquier momento, usualmente no sucede con mucha intensidad hasta que uno tiene por lo menos treintaicinco años. En esta etapa comienzas a cambiar tu orientación hacia al exterior por una dirección interior. Dependiendo de la severidad del trauma de la niñez, puede ser que permanezcas enfocado en esta etapa por un tiempo considerablemente largo; en ella confrontas los apegos y las identificaciones con los fragmentos de la vida y empiezas a enfocarte en su totalidad. Para convertirte en un sanador que ha recobrado la salud, tienes que pasar a través de esta etapa con entrega y concienzudamente. Es necesario derramar las lágrimas que no has derramado, comunicar lo que no has comunicado, exteriorizar el miedo y adueñarte de todas las partes de tu ser.

ETAPA TRES: Compartir las experiencias de la vida.

Cuando pasas de la Etapa Dos a la Etapa Tres, compartes la sabiduría obtenida de las experiencias de tu vida y compartes tu mente ya sana. Creas y mantienes abierto un espacio para que otros sanen de las mismas condiciones de las que tú has sido sanado interiormente. Clare, al sanar de sus adicciones, de su culpa, de su vergüenza y de sus abusos sexuales, mantendrá un enorme espacio abierto para la posibilidad de sanar a aquellas personas con antecedentes similares a los suyos.

La persona que omite la Etapa Dos también compartirá sus experiencias y sabiduría con otros, pero será a través de un velo de lo que no ha sanado ni integrado en su ser. Aquellos que omiten la Etapa Dos usualmente buscan satisfacer sus necesidades a través de otros, porque no las han satisfecho en su interior.

Aunque en cierta medida estas etapas ocurren sucesivamente, se relacionan entre sí y se comunican unas con otras a través de la vida. Cuando has sanado, tendrás un nivel creciente de energía curativa para dar en el servicio a los demás. Continuarán ocurriendo circunstancias a lo largo de la vida que provean oportunidades para aprender y para sanar. Sirviendo a otros, serás servido.

Al pasar a través de las tres etapas con determinación y con integridad, emanarás tu curación a través de tu paz y tu alegría. Podrás dejar a un lado tus propios problemas y estar totalmente presente para la persona que apoyas. Serás cada vez más adepto a ver más allá de las apariencias, y a mantener tu enfoque en la totalidad de la vida a través de tu propio y continuo trabajo interior y de tus disciplinas espirituales. Tu manera singular de servir a otros continuará ampliándose y profundizándose.

¿CÓMO VOY PROGRESANDO?

Periódicamente revisa tu progreso en la aplicación de este principio de servicio a los demás. Anota tus inquietudes, preguntas y sentimientos en un diario.

1. ¿Me identifico menos con los fragmentos de mi propia vida cuando apoyo a otro?

2. ¿Puedo ver a la persona que estoy apoyando más allá de su vida fragmentada?

3. ¿Estoy más presente con la persona y menos distraído con mis pensamientos, mi historia personal y mis juicios?

4. ¿Soy más apto para ver de otra manera la perspectiva de una situación y más allá de lo que aparenta ser?

5. ¿Veo más claramente cómo las experiencias de mi propia vida enriquecen el apoyo que ofrezco a otro?

6. ¿Estoy más consciente de pasar a través de las tres etapas y veo cómo se entrelazan en mi vida?

7. ¿Cómo me siento acerca de la manera en que extiendo ayuda? ¿Siento que soy capaz de crear un espacio en el cuál la persona a quien apoyo se sienta apto?

CAPÍTULO QUINCE

Si se limpiaran las puertas de la percepción,
Todo aparecería al hombre tal como es,
infinito.

William Blake

PRINCIPIO ONCE

PUESTO QUE EL AMOR ES ETERNO NO HAY RAZÓN PARA TEMER A LA MUERTE

ASERCIONES BÁSICAS

1. *Tenemos un cuerpo, pero no somos un cuerpo. Somos más que eso. Somos lo que el Ser mismo es.*

2. *El temor a la muerte es igual que el temor a la vida.*

3. *Al no temer a la muerte, uno puede vivir plenamente en su esencia de amor.*

4. *El cuerpo muere, pero el espíritu, la esencia de amor, no muere.*

5. *El morir, como la muerte, son oportunidades de aprendizaje.*

6. *La calidad de la vida se relaciona directamente con la calidad de la muerte.*

7. *Con cada pérdida se gana algo.*

8. *Contemplar nuestra muerte es estar preparados para morir.*

9. *El amor trasciende el temor a la muerte, puesto que su realidad continúa viviendo sin el cuerpo.*

10. El amor es eterno, inmutable, sin tiempo y sin forma.

EL MENSAJE DEL PRINCIPIO

Tenía cuatro años de edad cuando mi tío Pablo se suicidó. Todavía puedo recordar claramente lo intrigada que me sentía con toda la actividad que esto provocó. Sentí que un importante drama de la vida estaba ocurriendo, y que mis padres trataban de protegerme a mí y a mi hermano para que no participáramos en él. La verdad es que no me afligí, sabiendo que mi tío yacía tranquilamente en su ataúd en nuestra sala de estar. Con gran curiosidad y asombro me asomaba desde la puerta para observar la conducta de los adultos.

Cuando tenía cinco años nuestra vecina estaba muriendo de cáncer. Me encantaba visitarla. Siempre amarraba mis osos salvajes, leones y monos imaginarios a los arbustos antes de ir a visitarla. Pasamos juntas muchas horas de risa y de alegría. Todavía lo recuerdo ahora.

Fue en esa época que empecé a organizar a los niños del vecindario para hacer funerales para todos los animales muertos que encontrábamos. Mis amigos y yo colocábamos los animales muertos en cajas de zapatos, los enterrábamos con flores y les poníamos una cruz adecuada. A mí siempre me tocaba hacer el papel de la directora del entierro y de ministro oficiante. Un día mi prima Martha, ya adulta, irrumpió en la calle gritándole a mi madre, "¿sabías que Susan hace entierros? ¡No permitiré que a mis hijos se les exponga a tales cosas!" Mi madre me prohibió recoger más animales muertos y llevar a cabo más entierros. De pronto, la muerte y yo dejamos de tener una relación amigable.

Después de eso, cada vez que algún pariente, amigo o mascota se moría, aún cuando sentía deseos de llorar, me esforzaba mucho por hacerme la fuerte y tragarme las lágrimas. Mi familia encontraba difícil hablar de la muerte, aún cuando mi hermano se enfermó gravemente de cáncer.

Antes de llegar a los treinta años, sucedió algo que me hizo abrir las compuertas de las lágrimas que tenía contenidas y me obligó a enfrentar mis sentimientos acerca de la muerte, el presidente John Fitzgerald Kennedy y mi abuelo de noventa años de edad, murieron el mismo día. La combinación del dolor que sentí por la muerte de nuestro presidente y la de mi abuelo fue abrumadora, y si no hubiera sido porque seguí el ejemplo estóico de Jacqueline Kennedy no hubiera podido nunca asistir al funeral de mi abuelo. Por la cólera que sentía y por tratar de castigarlo por los años en que abusó de mí sexualmente, había dejado de hablar a mi abuelo durante los últimos veinte años de su vida. Ese secreto familiar y mi indignación y sentimiento de culpabilidad al respecto, habían tenido un efecto perjudicial en la calidad de mi vida. La profundidad y la naturaleza casi incontrolable de mi dolor, me enseñaron que no podía posponer el hacerle frente a esos eventos.

Decidí explorar mis sentimientos acerca de la vida y de la muerte, tranquila y detenidamente. Antes que nada, llegué a darme cuenta que necesitaba sanar mis relaciones con mi abuelo. Empecé a llevar un diario en el que le escribía cartas y dialogaba con él, como si estuviera vivo y pudiera conversar conmigo. Continué haciendo esto hasta que pude despojarme de mi cólera y de mi dolor y pude verdaderamente perdonarlo y perdonarme. Pasé horas en las salas de emergencia y de operaciones de un hospital, acompañando a un amigo médico. Visité cementerios hasta sentirme completamente cómoda en ellos. Trabajé con personas con enfermedades que amenazaban su vida. Empecé a hablar acerca de la muerte con otros, hasta que el hacerlo volvió a ser natural, como lo había sido en mi niñez. A medida que integraba la muerte en mi vida, dejé atrás mis dudas y comencé a vivir la vida plenamente y con sentido.

Algunos de mis momentos más valiosos y amorosos los he pasado con personas que estaban en su lecho de muerte. Cuando uno se siente cómodo con la muerte, esa experiencia es sagrada y llena de gozo. Sin miedo a la muerte uno puede sentirse enteramente en su esencia verdadera, el amor. El amor y el miedo no pueden coexistir. Cuando una persona está muriendo, quiere estar con personas cuya esencia de amor esté presente para poder irse en paz.

El miedo a la muerte es sinónimo del miedo a la vida. No es el miedo a la muerte, sino el miedo a vivir plenamente, lo que impide experimentar la alegría de vivir. A medida que uno enfrenta el miedo a vivir plenamente, el miedo a la muerte desaparece. Stephen Levine escribe, "Para nacer totalmente, y ser seres completos, debemos dejar de posponer la vida. En la medida en que posponemos la vida, posponemos la muerte. Negamos la muerte y la vida al mismo tiempo."[1]

Debemos aceptar completamente la realidad de nuestra esencia de amor para que el miedo a morir se desvanezca. Ése es el amor eterno que pasa de esta realidad a la siguiente. Ése es el amor cuyo resplandor hace desaparecer el miedo. La verdadera tarea es aceptar la realidad de la presencia de este amor.

¿CUÁL ES MI ACTITUD?

Examina las siguientes preguntas y escribe tus sentimientos en un diario.

1. ¿Dedico algún tiempo a contemplar mi propia muerte? ¿Qué razón tengo para hacerlo o para no hacerlo?

2. ¿Cuáles son mis sentimientos acerca de mi propia muerte? ¿Han habido algunas circunstancias específicas en que esos sentimientos me hayan sido revelados?

3. ¿Cuáles son mis sentimientos sobre la muerte de los seres cercanos a mí?

4. ¿Cuál es mi definición de la muerte y del morir?

5. ¿En qué contexto filosófico veo a la muerte? ¿He hecho algunos preparativos para mi propia muerte?

6. ¿Qué experiencias he tenido con la muerte y cómo me han afectado?

7. ¿Cómo considero la relación que existe entre la calidad de vida y la calidad de muerte?

PRÁCTICA DEL PRINCIPIO

Escoge los ejercicios que mejor te faciliten y apoyen en tu proceso de curación y escribe tus respuestas en un diario. Puedes grabar los ejercicios de visualización.

Cuando tengas una hora libre, guíate tú mismo a través del siguiente ejercicio de visualización, que es un examen de vida. Este ejercicio lo sugieren Carl y Stephanie Simonton y James Creighton en su libro *Getting Well Again*.[2]

Siéntate en una posición cómoda sin nada en el regazo; coloca los pies sobre el piso y cierra los ojos. Permanece en ese estado cómodamente durante uno o dos minutos.

Imagínate que tu doctor te dice el cáncer de que padeces ha reaparecido. (Si tienes cualquier otro padecimiento o estás sano, imagina que te dice que te estás muriendo). Date la libertad de experimentar los sentimientos y pensamientos que surgen como reacción a esa información. ¿Dónde irías? ¿A quién llamarías? ¿Qué dirías? Toma tiempo para imaginarte la escena detalladamente.

Ahora imagínate que se aproxima tu muerte. Experimenta cualquier deterioro físico que se esté presentando. Enfoca muy claramente todos los detalles del proceso de morir. Toma consciencia de todo lo que perderás al morir. Date la libertad de experimentar esos sentimientos y explóralos detalladamente por varios minutos.

Mira a la gente que te rodea mientras te encuentras en tu lecho de muerte. Visualiza cómo reaccionará cada uno de ellos al perderte. ¿Qué es lo que dices y sientes? Toma bastante tiempo para ver lo que está ocurriendo. Imagina el momento de tu muerte.

Asiste a tu propio funeral. ¿Quién está allí? ¿Qué dicen? ¿Qué siente esa gente? Nuevamente, toma todo el tiempo que necesitas.

Mírate a ti mismo muerto. ¿Qué le sucede a tu estado consciente? Deja que tu estado consciente se dirija al lugar donde crees que irá después de la muerte. Permanece allí calladamente por algunos segundos y experimenta eso.

Después, deja que tu consciencia vaya por el universo hasta que estés en presencia de lo que tú crees que es la fuente del universo. Mientras te encuentres en esa presencia, examina toda tu vida en detalle. Toma el tiempo que necesites. ¿Qué has hecho en tu vida que te complace? ¿Qué hubieras hecho de otra manera? ¿Qué resentimientos tenías, o tienes todavía? (Nota: trata de examinar tu vida y de plantearte estas preguntas sin que importe lo que creas que le sucede a tu estado consciente después de la muerte).

Ahora tienes la oportunidad de regresar a la tierra con un cuerpo nuevo y de crear un plan nuevo para la vida. ¿Escogerías los mismos padres o buscarías otros? ¿Qué cualidades tendrían? ¿Tendrías hermanos y hermanas? ¿Los mismos? ¿Cómo sería tu vida de trabajo? ¿Qué logros consideras esenciales en tu nueva vida? ¿Qué sería importante para ti? Considera tus nuevas posibilidades cuidadosamente.

Observa que morir y renacer es un proceso continuo en la vida. Cada vez que cambias tus creencias o tus sentimientos pasas por el proceso de morir y renacer. Ahora que lo has podido experimentar con los ojos de tu mente estás consciente de ese proceso de muerte y de renovación en tu vida.

Lenta y calmadamente regresa ahora al presente y vuelve a tu estado alerta.

Cuando hayas completado este ejercicio de imaginación puedes escribir tus experiencias en tu diario. Con el tiempo, y repitiendo este ejercicio, podrás identificar los asuntos que tienes pendientes, que se refieren a la calidad de tu vida, y su grado de resolución.

2. Explora tus creencias con respecto a la muerte escribiendo tu propio obituario. En una hoja de papel en blanco inicia el párrafo escribiendo la oración siguiente:

(tu nombre completo)_____
murió hoy, (fecha)_____en
(lugar)_____ .

Continúa escribiendo tu propio obituario en la forma que tú quieras, anotando cualquier cosa que imagines o que desees que se exprese. Sé creativo. Escribe un obituario que a tu juicio exprese verdaderamente la esencia de tu vida.
Anota cualquier sentimiento o pensamiento que tengas sobre este ejercicio. Lee tu obituario en voz alta y toma nota de cualquier otro pensamiento o sentimiento que tengas.

3. Planea tu funeral planteándote las siguientes preguntas:

a) ¿Me gustaría que me enterraran o que me cremaran? Si me creman, ¿cómo dispondrá mi familia de las cenizas?

b) Si me entierran en un ataúd, ¿de qué material será? ¿Cómo quiero que me vistan?

c) ¿Qué tipo de flores quiero?

d) ¿Quiénes cargarán mi ataúd?

e) ¿Dónde se llevará a cabo el funeral?

f) ¿Hay alguna práctica religiosa particular que deba llevarse a cabo?

g) ¿Quién hablará en mi funeral? ¿Hay algo especial que me gustaría que esa persona dijera?

h) ¿Tengo alguna música favorita que quiero se escuche ese día?

i) ¿Tengo algún poema o texto en prosa literaria favoritos que quiero que se lean?

j) ¿Qué quiero que diga mi lápida?

4. Empieza a escribir un Testamento de Amor en que anotes los sentimientos o pensamientos que tengas acerca de las personas que han sido importantes en tu vida, ya sea dirigido a ellas personalmente, o bien para ser leído después de tu muerte. Éstas son comunicaciones de amor que te gustaría hacer a cada persona, manifestándoles lo valioso que su presencia ha sido para ti en tu vida y todo lo bueno que les deseas.

5. Divide una página en blanco en dos columnas. En la columna

izquierda escribe las pérdidas significativas que has sufrido en tu vida, las cuales pueden referirse a cualquier época de tu vida desde la infancia hasta la edad adulta. Puedes incluir cualquier suceso de tu vida, positivo o negativo. En la columna de la derecha, escribe lo que has ganado con esa pérdida. Por ejemplo:

PÉRDIDA	GANANCIA
Sentirme protegida en casa cuando entré al primer año escolar.	Más contacto con otros niños.
Dejar mi ciudad para ir a la universidad.	Ampliar mis experiencias de vida.
Divorcio.	Crecimiento emocional, identidad propia.
Muerte de un hijo.	Fuerza para enfrentar los temores de vivir y de morir.

6. Imagina que estás moribundo en tu cama. Una por una, todas las personas que significan algo en tu vida vienen a verte. Le hablas de corazón a cada una de ellas. Éste no es un momento para presentarles la lista de tus agravios, sino para dirigirles palabras que reflejen la calidad de tu vida y tu deseo de unirte a ellas en amor. Es el momento de permitir que tu mente se sumerja en tu corazón, de despojarte de cualquier cosa que te mantenga separado de esas personas. Enfócate en lo esencial de la vida, en su esencia misma.

¿HE SANADO MI ACTITUD?

Después de practicar los ejercicios arriba mencionados, examina las siguientes preguntas y escribe tus sentimientos en un diario.

1. ¿Actualmente qué entiendo con respecto al valor y al propósito de contemplar mi propia muerte?

2. ¿Qué relación existe entre resolver asuntos pendientes y la calidad de vida?

3. ¿Qué valor tiene permitir a otros, y a mí mismo, pasar a través del proceso de dolor? Amplía el significado del proceso de dolor para incluir las numerosas clases de experiencias de pérdida en la vida, no sólo las relacionadas con la muerte física.

4. ¿Cuál es el factor más importante para percibir la muerte con temor? ¿sin temor?

5. ¿Qué significa para mí la frase "el amor es eterno?" ¿Cómo se relaciona esta declaración con despojarse de los temores?

6. ¿Qué significa este pensamiento para mí: "tengo un cuerpo, pero no soy un cuerpo"?

7. ¿Cómo me estoy preparando en forma específica para mi muerte?

APLICACIÓN DEL PRINCIPIO EN EL SERVICIO A LOS DEMÁS

Como facilitador compasivo y abierto, encontrarás que tus conceptos sobre la muerte y el morir serán puestos a prueba, ampliados y profundizados en las relaciones de apoyo que se centran alrededor de la muerte y del morir. De la muerte, el proceso de morir, el dolor y otras pérdidas se obtienen enseñanzas y surgen oportunidades de aprendizaje para tu propio crecimiento emocional y espiritual.

A través de ser testigo del proceso de otros, te encontrarás más consciente del tuyo propio. Te vendrán a la mente preguntas como "¿qué haría yo en las mismas circunstancias?" o "¿cómo respondería yo a esas noticias?" o "¿cuál sería mi siguiente paso para enfrentar esa situación?.." Mientras observas el proceso de deliberación de la otra persona y ves la dinámica que emplea para hacer su elección, debes respetarlo plenamente. Respetando completamente el proceso de la persona que está moribunda, creas un espacio de seguridad para que ella explore su proceso al más alto nivel.

He facilitado el proceso de morir de muchas personas y no he tenido dos experiencias idénticas. Cada persona a quien he asistido ha pedido ser apoyada en su proceso único, sin querer que se le juzgue o se le considere en error. Algunos sólo desean ser escuchados, otros desean aprender a meditar, algunos desean explorar sus heridas emocionales y otros desean hacer visualizaciones guiadas. Algunos quieren que toda la familia participe, y otros que sólo el facilitador lo haga; algunos desean compartir su pena y su angustia, otros desean estar rodeados de gente, aún otros desean que se les deje solos y algunos desean pasar sus últimos días gozosamente. Tu responsabilidad como facilitador es ser sensible al proceso que la persona desea utilizar y apoyar su elección. He encontrado que, en lugar de presuponer, es mejor preguntar directamente a la persona cómo le gustaría ser apoyada y evaluar periódicamente la relación de apoyo. Esta manera de proceder resulta eficaz con los adultos y también adolescentes que piden apoyo tras un suicidio o una muerte en sus escuelas.

Como facilitador de una persona moribunda necesitas examinar cuidadosamente tus propios puntos de vista y tu concepto personal de la muerte y del proceso de morir. Estos puntos de vista podrán ser iguales o distintos de los de la persona moribunda. Debes asegurarte de que tu punto de vista no sea intrusivo y de no juzgar la manera de ver de la otra persona. Es necesario ser sensible a la manera en que otros ven la muerte para servirlos y apoyarlos en sus necesidades emocionales y espirituales.

Cuando un miembro de la familia se encuentra gravemente enfermo o moribundo, es común que cada uno de los demás miembros necesiten a alguien que los apoye personalmente. Es posible que te encuentres siendo la persona que da apoyo a más de un miembro de la familia. En ese caso, la familia debe saber muy claramente a quién específicamente estás apoyando.

Los conocimientos necesarios para un facilitador que apoya a personas moribundas incluyen los trabajos de Elizabeth Kübler Ross y Stephen Levine, y los diversos puntos de vista sobre la muerte que se encuentran en las tradiciones espirituales orientales y occidentales. El conocimiento disipa el misterio de la muerte y te preparará para tu trabajo con otros y para tu propia experiencia de muerte y de morir.

Si la muerte es un tema difícil para ti, te ayudará relacionarte y hacer amistad con ella. En vez de verla como un fracaso, puedes verla como el reconocimiento de una vida vivida plenamente. La muerte es el trofeo del éxito y la culminación de una etapa en la evolución de nuestra alma. La muerte puede ser vista como un trabajo bien hecho en esta vida.

¿CÓMO VOY PROGRESANDO?

Repasa periódicamente el progreso que has logrado en la aplicación de este principio en el servicio que prestas a los demás. Anota tus inquietudes, preguntas y sentimientos en un diario.

1. ¿Continúo educándome sobre los aspectos físicos, psicológicos y espirituales de la muerte y del proceso de morir?

2. ¿Estoy dispuesto a aprender las lecciones que me enseñan las personas y las familias que facilito?

3. ¿Me siento cada vez más cómodo y dispuesto a hablar abiertamente acerca de la muerte?

4. ¿Estoy mejorando mi capacidad para actuar con sensibilidad ante la manera en que cada persona desea ser apoyada en su proceso de morir?

5. ¿Ha mejorado mi capacidad de discernir mis puntos de vista acerca de las enfermedades, del morir y de la muerte, y la forma en que éstos pueden diferir de los de otras personas?

6. ¿Entiendo que con cada pérdida hay una ganancia? ¿Estoy más consciente de este concepto cuando apoyo a alguien que está sufriendo otras pérdidas que las relacionadas con la muerte física, tales como el divorcio, los cambios de trabajo, las mudanzas y por el estilo?

CAPÍTULO DIECISÉIS

*Ahora vemos de manera borrosa,
como en un espejo;
pero un día lo veremos todo
tal como es en realidad.
Mi conocimiento es ahora imperfecto,
pero una día lo conoceré todo
del mismo modo que Dios me conoce a mí.*

I Corinthians, 13:12

PRINCIPIO DOCE

TODO LO QUE HACEMOS PUEDE PERCIBIRSE SIEMPRE COMO UNA EXTENSIÓN DE AMOR O COMO UN PEDIDO DE AYUDA

ASERCIONES BÁSICAS

1. *En cada situación, relación o encuentro, estamos o extendiendo amor o pidiendo ayuda.*

2. *El ver a los demás, siempre, sea dando amor o llamando a que se le ayude nos pide ver más allá de las apariencias, hacia la verdad.*

3. *Las llamadas de ayuda se presentan en muchas formas.*

4. *Uno pide dirección interior acerca de cómo responder a un llamado de ayuda.*

5. *La llamada de ayuda de otra persona es un recordatorio de nuestra propia llamada de ayuda.*

6. *En la base de todos las llamadas de ayuda existe el pedido de*

recordar nuestra divinidad interior.

7. *Nos vemos a nosotros mismos y vemos a los demás, no como víctimas y verdugos, sino como personas que están pidiendo ayuda.*

8. *La práctica de este principio le da sentido y razón de ser a todo encuentro humano y a cada circunstancia humana.*

9. *Este principio no es acerca de cambiar la conducta de otra persona, sino de cambiar cómo vemos la conducta de esa persona.*

10. *Una llamada de ayuda es una llamada para pedir amor.*

EL MENSAJE DEL PRINCIPIO

Este principio requiere la integración completa de los otros once. Para practicarlo de lleno se requiere la aplicación de todo lo que hemos aprendido. Este principio abarca la definición de la curación de actitudes en su totalidad. La curación de actitudes es el proceso de curar la mente para que así podamos sentir paz interior. Esto entraña escoger una percepción del mundo que refleje el estado interior que deseamos crear. Mirando con ojos de perdón podemos ver de otra manera. Siempre tenemos la opción de percibir a los demás ofreciéndonos amor o pidiéndonos amor. Estamos continuamente en condiciones de escoger el modo que percibimos a los demás como extendiéndonos amor o como pidiéndonos amor. Las peticiones de amor se presentan como expresiones de temor, enojo, culpa, resentimiento, destitución, y demás. Mientras practicamos la paz interior, experimentamos la inclinación natural de compartirla a través del servicio a los demás. Nuestro servicio más auténtico consiste simplemente en ver de otra manera. Todo lo demás emana de eso.

Este principio se volvió muy real para mí hace algunos años cuando vivía en San Francisco y estaba encargada de un programa de estudiantes postgraduados del centro médico de la Universidad, y de una clínica para niños y adultos con problemas neurológicos de aprendizaje y trastornos de conducta. Me referiré a este evento como el caso "La historia de la Sra. W."

Desde el primer momento en que la Sra. W. trajo a su hija Cynthia a la clínica para una evaluación, parecía estar envuelta en una nube negra de enojo y resentimiento. Aún durante la evaluación inicial de su hija, la Sra. W. expresó gran descontento con nosotros. No hacíamos nada "bien." Sin embargo, después de nuestra evaluación, decidió seguir nuestras recomendaciones e inscribió a Cynthia en el programa de tratamiento que ofrecía la clínica.

Durante todo el tiempo que Cynthia vino a vernos, la Sra. W. continuó expresando su desagrado con nuestros servicios. Si llamaba y preguntaba por la Srta. Brown, que estaba al cargo del tratamiento de Cynthia, sabíamos que la Sra. W. estaba molesta una vez más. Cuando pedía hablar conmigo en mi calidad de encargada del departamento, sabía que estaba particularmente enojada y angustiada. Todavía recuerdo sentir cómo se me anudaba el estómago cuando la Sra. W. llamaba por teléfono.

Nuestro personal hacía todo lo posible por tratarla bien y en forma profesional, pero ella continuaba sus diatribas y nosotros seguíamos sintiéndonos atacadas por ella. Respondiéndole en esa actitud validábamos su temor. Nuestras relaciones continuaron así durante casi dos años. Empezamos a preguntarnos por qué la Sra. W. mantenía a su hija en nuestro programa.

Una mañana el personal de la clínica y yo decidimos que tenía que haber otra forma de trabajar con la Sra. W. Resolvimos sentarnos todos juntos y en una actitud de meditación preguntarnos cuál sería la mejor forma de servirle a ella y a Cynthia.

Tan pronto cerré los ojos, vi a la Sra. W. frente a mí, como de costumbre, enviándome su caudal de quejas. De pronto las palabras que venían de la Sra. W. tomaban la forma de una bala de cañón que comenzaba a dirigirse hacia mí; no obstante, los cañonazos se transformaban en copos de algodón con igual rapidez. Después me vi entregándole amorosamente a la Sra. W. una hermosa rosa, que aceptó de buen grado.

Cuando terminamos nuestras meditaciones, descubrimos que cada uno de nosotros había recibido esencialmente el mismo consejo. Nuestra meditación nos recordó considerar las quejas y el enojo de la Sra. W. como una petición de ayuda, como una petición de amor. Viéndola en otra forma, podíamos responderle extendiéndole amor de alguna manera. Acordamos practicar esa visualización cada vez que pensáramos en ella o habláramos con ella.

Al poco tiempo la Sra. W. llamó y pidió hablar conmigo. Mientras hablábamos, visualicé sus palabras de enojo como un cañonazo que se transformaba en copo de algodón, y me veía dándole una linda rosa roja que ella aceptaba. Continué empleando ese procedimiento cada vez que ella llamaba; ¡en algunas ocasiones debo haberle dado docenas y docenas de rosas!

Seis meses después de iniciar ese procedimiento de visualización, decidí dejar a San Francisco y mudarme a Washington, D.C. Pensé que la Sra. W. sería la que con más agrado recibiría la noticia entre todas las personas que conocía. Llegó el día en que me anunciaron que la Sra. W. me llamaba por teléfono. Sus primeras palabras fueron: "Ah, Dra. Trout, me enteré que usted se marcha. Siento tanto saberlo. El trabajo que su departamento ha hecho con mi hija ha sido maravilloso." Me sorprendí tanto que le contesté: "Oh, Sra. W., no imaginaba que usted se sintiera así." En seguida me contestó: "Bueno, usted sabe, yo nunca había sentido tanto amor como el que siento en los pasillos de su clínica."

Con la intención de verlo desde el punto científico, le pregunté "Sra. W. ¿puedo preguntarle durante cuánto tiempo se ha sentido así?; a lo que inmediatamente respondió "Oh, aproximadamente los últimos seis meses."

He contado la historia de la Sra. W. en muchas de mis conferencias y talleres. Muchas personas han utilizado este tipo de visualización en una variedad de relaciones conflictivas. Un ejemplo particularmente dramático me lo dió Rosemary, una facilitadora de nuestro Instituto, diseñadora gráfica de profesión. Relató lo siguiente:

Tenía programada una entrevista muy difícil con un cliente.

Mi socia y yo sentíamos un tremendo miedo ante la inminencia de nuestra presentación. Nuestro cliente había sido muy exigente, discordante y sin ninguna consideración o aprecio por nuestra labor. Estábamos seguras de que los diseños que llevábamos estarían sujetos a la crítica que habíamos llegado a esperar de él.

Cuando comenzó la entrevista decidí inmediatamente practicar el Principio 12 y, mentalmente, como respuesta amorosa a su petición de ayuda, lo cubrí con pétalos de rosa.

Lo que sucedió fue asombroso. Fue amable, apreció nuestros esfuerzos, y quedó muy contento con lo que habíamos hecho. Expresó el respeto que sentía por las decisiones que habíamos tomado en las partes difíciles del proyecto. Se mostró generoso, insistiendo en pagar más por nuestro trabajo y proponiéndonos que lo facturaramos inmediatamente, algo que nunca antes había sucedido durante mi experiencia con él.

Pensé que todo ésto fue muy espectacular. Pero lo que verdaderamente me impresionó fue que él luego ¡nos envió una docena de rosas!

Este principio *no* es acerca de cambiar la conducta de otra persona ni utilizar la visualización con ese fin. Más bien, es acerca de cambiar la manera en que vemos la conducta de esa persona. Es acerca de nuestra actitud interior. No hubo cambio en la actitud de la Sra. W. hacia mí y hacia el personal de la clínica durante los seis meses. Probablemente no me hubiera enterado del efecto que le causó mi cambio de actitud si no hubiéramos hablado antes de marcharme de San Francisco.

Llevando el principio un paso más adelante, necesitamos ver que la petición de amor de otra persona es también la nuestra. Por ejemplo, la petición de amor de la Sra. W. me hizo recordar la mía. Como lo evidencia mi actitud temerosa hacia la Sra. W., yo misma no me encontraba en un estado de amor cuando comencé a tratar con ella. Por el contrario, reaccionaba defensivamente desde una perspectiva de temor y conflicto. Cuando modifiqué mi percepción y cambié mis pensamientos a pensamientos de amor, fue que pude extenderle amor a la Sra. W., que era lo que ella me pedía.

La forma de extender amor se nos revela a través de nuestra guía interior y, por lo tanto, la extensión de amor toma diferentes formas en diferentes situaciones. En los dos ejemplos que he dado hasta ahora, la extensión de amor se efectuó en la forma de imágenes mentales. En otra situación podría mostrarse de manera distinta, decir algo, o no decir nada, hacer algo o no hacer nada.

He aquí un ejemplo en que el guía interior pidió que se tomara acción: la mamá de Catherine estaba perdidamente enamorada de un hombre de quien sus tres hijos adultos pensaban que le estaba timando los ahorros de toda la vida. Durante muchos meses, sus hijos y sus otros parientes cercanos le suplicaban que se fijara en lo que estaba sucediendo, pero ella encontraba una razón lógica para justificar la conducta del hombre y rehusaba creerles. Catherine y su familia le pidieron consejo a mucha gente, pero legalmente no podían hacer nada. La situación empeoraba gradualmente, y la familia se sentía desesperadamente impotente.

Dado el conocimiento que Catherine tenía de la curación de actitudes, ella y sus hermanos empezaron a trabajar con este principio, viendo la situación como una petición de amor para todos los interesados, incluso el timador. Pidieron de corazón que se les guiara, y se les concedió la solución. Sin el conocimiento de la madre, los hermanos vinieron de las distintas ciudades donde vivían, recolectaron las pruebas necesarias y una mañana sorprendieron a su mamá y se las mostraron en forma cariñosa.

Catherine compartió con nosotros después, que esa solución resultó ser una experiencia amorosa para ella, para sus hermanos y para su madre. Juntos, los hermanos habían pedido ayuda a los bancos, a los comerciantes y a la policía. Todos estaban profundamente conmovidos por el amor que los hijos le profesaban a su madre. ¡Imagínense el impacto que tuvo esto cuando la madre se enteró de que sus hijos adultos habían venido desde diferentes puntos de los Estados Unidos a rescatarla! Finalmente, con el apoyo de la familia y de un terapeuta, la madre afrontó la situación y su proceso curativo comenzó. El hombre fue arrestado y también tuvo la oportunidad de aprender y de curarse.

Este principio nos llama a la práctica activa y continua de escuchar nuestro guía. Sería arrogante pensar que conscientemente conocemos todos los detalles sobre alguna situación o persona, y por lo tanto sabemos qué seria lo mejor. La parte nuestra que está directamente conectada a la Fuente Divina, *sí lo sabe*. Cuanto más nos comuniquemos con esa parte de nosotros, más compasivo y sabio será el servicio que ofrezcamos a los demás. También seremos más compasivos con nosotros mismos, tendremos más consciencia de nuestra fuerza interior y un entendimiento más claro del propósito singular de nuestras vidas. De esta manera, somos nuestros mejores terapeutas.

Toma tiempo, práctica y mucha disposición convertir en realidad esta actitud en nuestras vidas. El principio parece sencillo, y lo es. Sin embargo, no es fácil practicarlo. Probablemente te des cuenta de que no respondes automáticamente a la conducta negativa de alguna persona ni aún a la tuya propia, como si fuese una petición de ayuda. Con el tiempo empezarás a ver tu interacción con la gente de manera diferente, y te preguntarás más a menudo, "¿cuál es el mayor bien para todos en esta situación?" y escucharás tu respuesta interior.

¿CUÁL ES MI ACTITUD?

Examina las preguntas siguientes y escribe tus sentimientos en un diario.

1. ¿Cómo reacciono emocionalmente ante una persona que considero injusta, entrometida, enojada, deprimida o rechazadora?

2. ¿Ante quién, en mi vida diaria, reacciono en esta forma?

3. ¿Cuán fuerte es mi motivación para realmente querer ver a todas estas personas pidiendo ayuda?

4. ¿Estoy consciente de las distintas formas que pueden tomar las peticiones de ayuda? ¿de las distintas formas en que pueden manifestarse las extensiones de amor?

5. ¿Puedo ver alguna conexión entre la petición de amor de una persona y la mía?

6. ¿Cómo me siento acerca de la solidez de mi consciencia de que se me dirije interiormente?

7. ¿De qué manera el pedir que se me dirija interiormente, desempeña un papel en mi vida?

PRÁCTICA DEL PRINCIPIO

Escoge los ejercicios que mejor faciliten y apoyen en el proceso curativo escribiendo tus respuestas en un diario. Puedes grabar los ejercicios de visualización.

1. Elige una persona en tu vida cuya conducta hacia tí sea negativa y te trastorne. Toma una hoja en limpio y, con lápices de colores, divide una página en tres columnas:

Ataque Percibido	Ataque Transformado	Amor Extendido

Cierra ahora los ojos e imagínate a esa persona de pie frente a ti, expresándose de una manera que tú percibes como negativa. Date la libertad de ver esta negatividad dirigida hacia ti en la forma de un símbolo. No te imagines que esa persona te está tocando en ninguna forma, sino que envía esa negatividad hacia ti en la forma de una representación simbólica (como recordarás, la expresión de enojo de la Sra. W. hacia mí tomaba la forma de balas de cañón).

Visualiza ahora ese símbolo, transformándolo en algún objeto que se asemeje al que te ataca, pero tan suave que no te lastima (mi bala de cañón se convirtió en un copo de algodón). El símbolo debe tomar una forma parecida, como un cuchillo que se torna en pluma, como piedras que se convierten en copos de maíz o algo por el estilo.

Ahora imagínate a ti mismo entregándole a esa persona un símbolo de amor, e imagina a ella aceptándolo gustosamente. Recuerda, éste debe ser un símbolo de amor, no un gesto físico o un movimiento (lo que extendí como mi símbolo de amor fue una rosa). El símbolo de amor debe ser algo que tanto tú como la otra persona consideren la representación del amor en su forma más excelsa. Rosas, lirios, lotos, cristales y joyas son ejemplos de este nivel de representación.

Cuando abras los ojos, dibuja tus imágenes. Dibujándolas en colores te permitirá plasmar tu deseo de sanar esta relación tanto a nivel consciente como inconsciente.

Ahora afirma que cada vez que pienses en esta persona y te veas y te sientas atacado, utilizarás mentalmente este ejercicio de imaginación. No es necesario compartir esta imagen con la persona. Recuerda que es hacia tu actitud interior a lo que nos estamos dirigiendo. Toma consciencia de los cambios que puedas tener en tu actitud hacia esta persona.

2. Dibuja o encuentra una foto que represente tu forma de extender amor y colócala en el lugar donde más a menudo veas a esa persona o pienses en ella. Probablemente quieras tener cerca de ti el símbolo que hayas elegido en su forma concreta. Por ejemplo, yo tengo muchos dibujos de rosas y pétalos de rosa en mi casa y donde trabajo.

3. Recuerda algún incidente en el que te hayas sentido atacada por el comportamiento de alguien. En silencio, transládate a ese momento y pregúntate "¿cuál es el bien más excelso para esa persona y para mí mismo? Estoy dispuesto a que se me muestre. Estoy dispuesto a que se me enseñe. ¿Qué debo hacer o decir?" En silencio, permite que la respuesta venga a ti. Si no viene, confía en que vendrá en algún momento del día. Algunas de las respuestas más eficaces que he recibido me han venido más tarde en el día, o durante el transcurso de la semana, cuando aparentemente estoy pensando en otra cosa, o cuando me estoy cepillando los dientes, duchándome o manejando el auto.

4. Practica el ejercicio 3 cuando te encuentres realmente en una situación difícil.

5. Por un día, mantén un diario de todas las veces que has reaccionado negativamente o que alguien ha reaccionado negativamente hacia ti. Al final del día escribe al lado de cada incidente qué ayuda sientes que tú o el otro realmente están pidiendo, por ejemplo: ser comprendido, aceptado, reconocido, y por el estilo.

6. Vuelve a leer el Capítulo Trece. ¿Cómo se relaciona el principio TODOS SOMOS MAESTROS Y ALUMNOS MUTUOS con el principio de este capítulo?

¿HE CURADO MI ACTITUD?

Después de practicar los ejercicios arriba mencionados, examina las preguntas siguientes y escribe tus sentimientos en un diario.

1. ¿Estoy experimentando en mayor grado lo que deberá sentirse al estar en el lugar de otra persona? ¿Tengo más sensibilidad respecto de la vida y las historias de los demás?

2. ¿Veo con más frecuencia que el comportamiento negativo de la otra persona es como una expresión de su propio dolor en lugar de un deseo deliberado de lastimarme?

3. ¿Tengo un sentimiento más profundo de la humanidad como una familia cuyos miembros aprenden a convivir y a trabajar juntos en este mundo?

4. ¿Veo las situaciones negativas entre la gente como oportunidades para resolver problemas, en lugar de verlas como pruebas de que la gente está justificada cuando asume papeles de víctima o de verdugo?

5. ¿Estoy mayormente dispuesto a ver todas las acciones conmigo mismo y con los demás como si en ellas se extiende o se pide amor?

6. ¿Está bien conmigo no tener expectativas y no ver los resultados de mi aplicación de este principio, particularmente cuando he estado usando un ejercicio específico de imaginación?

7. ¿Puedo ver cómo se relaciona este principio con el principio, TODOS SOMOS MAESTROS Y ALUMNOS MUTUOS?

APLICACIÓN DEL PRINCIPIO EN EL SERVICIO A LOS DEMÁS

Este principio te pide que siempre veas a la persona a que apoyas extendiendo amor o pidiendo ayuda. Esto requiere practicar la disciplina de pedir interiormente que se nos guíe antes de responder a la persona. Hacer esto te asegura que el bien más excelso se obtendrá para esa persona y para todos los demás involucrados.

Para sentirte seguro de que estás recibiendo dirección interior en una situación en que se pide ayuda, necesitas desarrollar y fortalecer esta conexión dentro de ti mismo. Este es un proceso de aprendizaje que dura toda la vida y requiere compromiso, disciplina y discernimiento. Existen varias actitudes que sustentan el acceso a nuestra Voz Interior:

1. Disposición a creer que dentro de ti se encuentra un manantial de sabiduría y de conocimiento intuitivo que se puede convertir en una fuente de dirección superior que conduzca tu vida diaria en todas tus decisiones, tanto "mayores" como ""menores."

2. Disposición a comprometerme a entablar un diálogo consciente con la Voz Interior y confiar en que puede responder con rapidez, acertadamente y con amor a cada uno a quien esta decisión afecte. Nuestra Voz Interior no es necesariamente una voz audible; a menudo, es un pensamiento fugaz, un sentimiento intuitivo, la sensación interna de "estar en lo correcto."

3. Disposición para poner el esfuerzo y someterse a la disciplina necesarios para aprender de la Voz Interior, la Cuál te enseña cómo remover los obstáculos que interfieren entre tú y lo que tú sabes. Para referir todas las elecciones a la Voz Interior, se necesita repetida práctica, paciencia prolongada e intención clara.

4. Disposición para descartar cualquier sentimiento de minusvalía

hacia ti mismo. Conforme esta actitud, debes estar dispuesto a decir: "Yo sé que Tú, Dios, puedes comunicarte conmigo." Dios busca manifestarse a través de ti y de todos Sus hijos.

5. Disposición a probar que eres ciertamente confiable, si Dios depende de ti para cualquier trabajo vital. Una oración que ayuda en este caso es: "Dios, puedes confiar de mí. Te escucharé, y aplicaré en mi vida cotidiana el conocimiento que he recibido. Otorgaré atención a mi propio ritmo de desenvolvimiento, y honraré mi propio paso y mi propio camino."

6. Disposición a no escuchar ninguna otra voz. El mismo hecho de que nos dirijamos consciente y deliberadamente a nuestra Voz Interior tiene como resultado que interpone obstáculos para muchas de las voces inferiores. Yo, en aislamiento, no sé como discernir lo que es mejor para mí o para otro. Si decido hacerle caso a la Voz Interior unas veces sí y otras no, estoy colocando al ego-autocrítico por encima de esa Voz.

7. Disposición a ver de otra manera, de percibirme a mí mismo y a los demás como Uno, de unirme con otros sin poner resistencia. No estamos separados; somos Uno.

Sabrás que realmente estás "escuchando" tu Voz Interior si, al seguirla, empiezas a experimentar más y más paz y si otros espontáneamente te dicen que te ves más tranquilo. También empezarás a experimentar menos conflicto con el mundo y a tomar una mayor consciencia de tu humanidad. Gradualmente, experimentarás menos separación de los demás y de tu divinidad interna. Esencialmente, tendrás mayor consciencia de tu ecuanimidad, durante el día y en respuesta a las situaciones y eventos que se presenten.

¿CÓMO VOY PROGRESANDO?

Revisa periódicamente tu proceso de aplicación de este principio en el servicio a los demás. Anota tus preocupaciones, preguntas y sentimientos en un diario.

1. ¿Veo consistentemente a la otra persona como alguien que extiende amor o pide ayuda?

2. ¿Estoy más consciente de la diversidad de formas en que se puede presentar un llamado de ayuda?

3. ¿Soy más capaz de reconocer de qué maneras el llamado de ayuda de otra persona es mi propia llamada de ayuda?

4. ¿Estoy consciente de extender amor cuando estoy en una situación en la que brindo apoyo?

5. ¿Pido dirección interna más rápida y automáticamente cuando me encuentro en una situación en que necesito ayuda?

6. ¿Me siento más seguro de que a quien escucho es mi Voz Interior y no mi ego?

7. ¿Pedir dirección interna se ha convertido en una forma más natural de relacionarme con la persona que apoyo?

EPÍLOGO

El tren esperaba en la estación de Moscú, listo para llevar a nuestro grupo de setenta y ocho ciudadanos de Estados Unidos a través de la campiña soviética hasta Helsinki, Finlandia. Era el mes de mayo de 1985 y acabábamos de pasar dos semanas en una misión de paz en la Unión Soviética. Para mí, este viaje había resultado ser opuesto a una experiencia de paz y contrario a su intención, pues se había convertido en un momento de gran trastorno emocional y espiritual.

Mientras esperaba la salida del tren en mi compartimiento, me sentí atrapada en sentimientos de intenso alejamiento y separación de mis compatriotas. Desde el principio me había sentido separada, tanto del propósito como del estilo que ellos tenían, y pronto había caído en un abismo de desesperación emocional, sintiéndome juzgada, comparada y rechazada. Este sentimiento de alejamiento se había intensificado de tal forma al final de estas dos semanas que pasamos juntos, que el día de nuestra partida, sentada en mi compartimiento, me encontraba en un estado total de angustia y temor; estaba literalmente "atrapada en el dolor." Sabía que necesitaba ayuda para poder salir de ese estado mental, y desesperadamente empecé a rezar pidiendo la ayuda de Dios.

Al empezar a rezar oí un suave llamado a la puerta. Un hombre joven me avisaba simplemente que el Swami de la India, uno de los miembros de la misión de paz, deseaba verme. Desde lejos había observado su naturaleza gentil y la forma en que parecía cuidar a todo el mundo, pero yo aún no lo había conocido.

Cuando me llevaron a conocerlo, el Swami me saludó, me mostró una lista de los nombres de todos mis compatriotas y me dijo, "Susan Trout, he conocido a todos en este viaje menos a ti. Realmente había estado deseando conocerte; tienes mucha información interesante escrita junto a tu nombre acerca de quién eres. ¿Dónde has estado escondiéndote? ¿A quién le temes?"

Sorprendida de mí misma le contesté, "¡Le tengo miedo a usted!" En ese mismo instante me pareció que el Swami se reducía al tamaño de mi dedo pulgar y saltaba a mi corazón! Sentí literalmente que la mano de Dios tomaba la mano que yo había extendido en mi petición de ayuda; Dios, en la persona del Swami, me había salvado de las arenas movedizas de mi temor a la separación. Se había extendido un puente sobre la brecha, la profundidad del dolor había sido expuesta. En ese momento desaparecieron todas mis dudas acerca de mi unión con la Fuente Divina o de su existencia.

Cuando participo con otras personas en sus procesos de curación, con frecuencia recuerdo mi experiencia en la Unión Soviética. Cuando alguien, en estado de dolor emocional, toma el primer y más esencial paso de pedir ayuda a Dios genuinamente, la ayuda verdaderamente le llega. La manera en que se presenta puede ser sutil o dramática, pero siempre es la ayuda mas singularmente acertada para la persona que la pide. La gracia parece entrar en la vida de la persona, y en la percepción que tiene de sí misma, sus relaciones, y los acontecimientos de su vida, los cuales empiezan a cambiar dramáticamente y a dirigirse hacia la unidad.

Cuando vuelvo a mirar hacia atrás y examino las experiencias que he tenido en mi vida, las percibo de manera muy distinta de como las veía originalmente. Ahora veo claramente la gracia que los acontecimientos de dolor y de alegría me han brindado; el don de la libertad interior, la gracia de la curación, el don de la confianza y de amarme a mí misma lo suficiente para aceptar el apoyo de los demás y de extenderlo a otros; el don de la dinámica, viva y gozosa realidad creativa llamada paz interior. Es como si hubiera caminado a través de mi dolor hacia el otro lado de él, al lugar en donde he encontrado mi verdadero yo, el yo que sabe que soy amada incondicionalmente y sabe que puedo servir a los demás con una aceptación incondicional. Cuando miro hacia adelante, veo muchas experiencias aguardándome, algunas podrán ser dolorosas, pero sé que puedo pasar a través de ellas y optar por verlas de otra manera.

Mientras escribía este epílogo, tuve otro sueño. Supe que era un sueño final, un "amén" que lleva este libro a su culminación.

Un hombre dice, mientras pasa y me hace un gesto de saludo con la cabeza: "Apoyar es dirigirse a los demás de una manera amorosa." Su saludo expresa gran dulzura y sabiduría. Sus ojos comunican aceptación incondicional, su modo no es intrusivo. El tono de su voz expresa lo sagrado de su mensaje. Lo que el hombre dice y la forma en que lo dice están en armonía; su mente y su corazón están alineados. El personifica el significado profundo de sus palabras, podemos apoyar a otros tan solo dirigiéndonos a ellos en una *forma amorosa*.

En honor a tu proceso de curación y a tu forma singular de expresar tu servicio a los demás, a ti, el lector, te brindo reconocimiento y apoyo. Te deseo lo mejor. Digo amén y te doy las gracias por el tiempo que hemos pasado juntos a través de este libro, sabiendo que verdaderamente hemos compartido un cambio de visión y un compromiso de ver de otra manera.

NOTAS

INTRODUCCIÓN

1. *A Course in Miracles (Tiburon, CA: Foundation for Inner Peace, 1976)*
2. Kenneth Wapnick, *Absence From Felicity* (Roscoe, NY: "A Course in Miracles" Foundation, 1990). Robert Skutch, *Journey Without Distance* (Berkeley: Celestial Arts Publishing Co., 1984).
3. Carlos Castañeda, *The Teachings of Don Juan: A Yaqui Way of Knowledge* (New York: Simon & Schuster, Inc., 1974). p. 107. Publicada originalmente en 1968.

Primera Parte: Curación de actitudes.

Capítulo Uno: Fundamentos filosóficos

1. *Un Curso de milagros.*
2. W.H. Murray, Scottish Himalayan Expedition. No fue posible ubicar la fuente original.

Capítulo Dos: Las dos premisas

1. Extracto de la página biográfica de Brothers Karamazov, traducción al inglés de Andrew H. MacAndrew (New York: Bantam Books, Inc., 1981).

Capítulo Tres: El proceso de curación

1. Viktor E. Frankl, *Man's Search for Meaning* (New York: Simon & Schuster, Inc., 1984), pp. 86-87.

2. Ibid., p. 172.
3. Leo Tolstoy, *A Confession, The Gospel in Brief, What I Believe* (London: Oxford University Press, 1951), pp. 15-19.
4. Parafrase de las lecturas de Edgar Cayce, The Edgar Cayce Foundation, Virginia Beach, VA.
5. Piero Ferrucci, *What We May Be* (Los Angeles: Jeremy P. Tarcher, Inc., 1982), p. 65.
6. Ram Dass and Paul Gorman, *How Can I Help?* (New York: Alfred A. Knopf, Inc., 1985), p. 99.

Capítulo Cuatro: Servicio a los demás

1. *Santa Biblia*, I Reyes, 10:8
2. Ibid., I Reyes 12:9
3. Ibid., I Reyes 2:3
4. Joseph Chilton Pearce, *The Magical Child* (New York: E. P. Dutton, 1977); ver también *Magical Child Matures* (New York: E. P. Dutton, 1985). Alice Miller, *The Drama of the Gifted Child* (New York: Basic Books, Inc., 1981); ver también *For Your Own Good* (New York: Farrar, Straus & Giroux, Inc., 1983): *Pictures of a Childhood* (New York: Farrar, Strau & Giroux, Inc., 1986); y *Thou Shalt Not Be Aware: Society's Betray of the Child* (New York: Farrar, Straus & Giroux, Inc., 1986).
5. Brother Lawrence of the Resurrection, *The Practice of the Presence of God* (New York: Paulist Press, 1978), p. 4.
6. Ver Peace Pilgrim, *Peace Pilgrim* (Santa Fe: Ocean Tree Press, 1982).
7. Scott Peck, *The Road Less Traveled* (New York: Simon and Schuster, Inc., 1978), p. 81.
8. Ferucci, *What We May Be*, op. cit., p. 184.
9. Estas guías han sido adaptadas de las creadas por el Center for Attitudinal Healing, Tiburon, California.
10. Ann Landers, *The Washington Post* (25 December 1988).
11. Theodore Rosak, *Person/Planet: The Creative Disintegration of Industrial Society* (Garden City, NY: Anchor Press/Doubleday,

1978), p. xv.

Segunda Parte: Los doce principios

Capítulo cinco: La esencia de nuestro ser es el amor

1. Webster's Ninth *New Collegiate Dictionary* (Springfield, Mass.: Merriam-Webster, Inc., 1988), p. 425.
2. Ver Dostoyevski, *Los hermanos Karamazov*.
3. Ver Kenneth Wapnick, *Forgiveness and Jesus* (New York: Coleman Publishing, Inc., 1983), pp. 2-3.
4. Stephen Levine, *A Gradual Awakening* (New York: Doubleday & Co., 1979), p. 94.
5. Joseph Campbell and Bill Moyers, *The Power of Myth* (New York: Doubleday & Co., 1988), p. 3.

Capítulo seis: Salud es paz interior. Sanar es desprenderse del temor.

1. Bernie Siegel, *Love, Medicine and Miracles* (New York: Harper & Row, Publishers, 1986).
2. Mary Craig, *Spark from Heaven* (Notre Dame, IN: Ave Maria Press, 1988), pp. 162-163.
3. Ferrucci, *What We May Be*, op. cit., p. 55.
4. El original de este ejercicio se encuentra en el libro de Roberto Assagioli's *The Act of Will* (New York: Penguin Books, 1974), pp. 214-216.
5. Lisa Mighetto, *Muir Among the Animals* (San Francisco: Sierra Club Books, 1986), p. 93.

Capítulo siete: Dar y recibir es lo mismo

1. L. Jesse Lemisch, *Benjamin Franklin: The Autobiography and Other Writings* (New York: NAL Penguin, 1961), pp. 94-98.
2. Edward LeJoly, *Mother Teresa of Calcutta* (San Francisco:

Harper & Row, Publishers, 1983).
3. Ver Brother Lawrence, *The Practice of the Presence of God*, op. cit.; y Julien Green, *God's Fool: The Life and Times of St. Francis of Assissi. Traducida al inglés por* Peter Heinegg. (San Francisco: Harper & Row, Publishers, 1983).

Capítulo ocho: Podemos desprendernos del pasado y del futuro

1. Helen Mallicoat, *My Name is I Am*. No fue posible ubicar la fuente original.
2. Miller, *For Your Own Good*, op. cit., p.xv.
3. Charles Whitfield, *Healing the Child Within* (Deerfield Beach, FL: Health Communications, 1987), p. 1.
4. Miller, *For Your Own Good*, op. cit., p. xi.

Capítulo nueve: Ahora es el único tiempo que existe y cada instante es para dar

1. Joel S. Goldsmith, *Living Now* (Secaucus, NJ: Citadel Press, 1965), p. 60.
2. Ibid., p. 6.
3. Ibid., cubierta posterior.
4. Levine, *Who Dies? An Investigation of Conscious Living and Conscious Dying.* (New York: Doubleday & Co., 1982), p. 202.
5. Madeleine L'Engle, *A Ring of Endless Light* (New York: Dell Publishing Co., Inc., 1962), p. 148.
6. Louis Savary y Patricia Berne, "Kything," *New Realities Magazine* (July/August 1989), pp. 33-46.

Capítulo diez: Podemos aprender a amarnos a nosotros mismos y a los demás, perdonando en vez de juzgar.

1. Geir Kjetsaa, *Fyodor Dostoyevsky: A Writer's Life* (New York: Fawcett Columbine, 1987) pp. 127, 106-107.
2. Lynn Minton, *The Washington Post.* (1 May 1988).

3. Ruth Carter Stapleton, *The Experience of Inner Healing* (Waco, TX: Word Books, 1977), pp. 62-63.
4. Levine, *Who Dies?* op. cit., p. 73.

Capítulo once: Podemos convertirnos en buscadores de amor en lugar de buscadores de faltas.

1. Roy Pinyoun, *Greener Pastures* (Raleigh, NC: Edwards & Broughton, 1977), pp. 51-52.

Capítulo doce: Podemos elegir la paz interior y dirigirnos hacia ella, a pesar de lo que sucede a nuestro alrededor.

2. James Allen, *As A Man Thinketh* (Marina del Rey, CA: DeVorss & Co.), pp. 65-66.

Capítulo trece: Todos somos maestros y alumnos mutuos.

1. Carl G. Jung. *Synchronicity: An Acausal Connecting Principle* (Princeton, NJ: Bollingen, 1973).
2. Jean Shinoda Bolen, *The Tao of Psychology* (San Francisco: Harper & Row, Publishers, 1979), pp. 23-24.
3. Levine, *Who Dies?* op. cit., p. 80.

Capítulo catorce: Nos podemos centrar en la totalidad de la vida en lugar de sus fragmentos.

1. Robert Johnson, *Ecstasy: Understanding the Psychology of Joy* (San Francisco: Harper & Row, Publishers, 1987), p. vii.

Capítulo quince: Puesto que el amor es eterno, no hay razón para temer a la muerte.

1. Levine, *Who Dies?* op. cit.., p. 9.
2. O. Carl Simonton, Stephanie Matthews-Simonton and James Creighton, *Getting Well Again* (Los Angeles: Jeremy Tarcher, 1978), pp. 226-227.

BIBLIOGRAPHY

Achterberg, Jeanne. *Imagery in Healing: Shamanism and Modern Medicine*. Boston: Shambhala Publications, 1985.

Adair, Margo. *Working Inside Out: Tools for Change*. Berkeley: Wingbow Press, 1984.

Allen, James. *As A Man Thinketh*. Marina del Rey, CA: DeVorss & Co., n.d.

Andrews, Lewis. *To Thine Own Self Be True*. Garden City, NY: Anchor Press/Doubleday, 1987.

Assagioli, Roberto. *Psychosynthesis*. New York: Penguin Books, Inc., 1965.

_____. *The Act of Will*. New York: Penguin Books, Inc., 1974.

Bass, Ellen and Laura Davis. *The Courage to Heal*. New York: Harper & Row, Publishers, 1988.

Blofeld, John. *Bodhisattva of Compassion: The Mystical Tradition of Kuan Yin*. Boston: Shambhala Publications, 1988.

Bolen, Jean Shinoda. *The Tao of Psychology*. San Francisco: Harper & Row, Publishers, 1979.

Bradshaw, John. *The Family: A Revolutionary Way of Self Discovery*. Deerfield Beach, FL: Health Communications, Inc., 1988.

Brallier, Lynn. *Transition and Transformation: Successfully Managing Stress.* Los Altos, CA: National Nursing Review, 1982.

Brandon, David. *Zen in the Art of Helping.* London: Unwin Brothers, 1976.

Campbell, Joseph and Bill Moyers. *The Power of Myth.* New York: Doubleday & Co., Inc., 1988.

Carlson, Richard and Benjamin Shield. *Healers on Healing.* Los Angeles: Jeremy P. Tarcher, Inc., 1989.

Castañeda, Carlos. *The Teachings of Don Juan: A Taqui Way of Knowledge.* New York: Simon & Schuster, Inc., 1974.

Cooper, J. C. *An Illustrated Encyclopedia of Traditional Symbols.* London: Thames & Hudson, 1978.

A Course in Miracles. Tiburon, CA: Foundation for Inner Peace, 1976.

Cousins, Norman. *Anatomy of an Illness as Perceived by the Patient.* New York: W. W. Norton & Co., 1979.

Craig, Mary. *Spark from Heaven.* Notre Dame, IN: Ave Maria Press, 1988.

Dass, Ram and Paul Gorman. *How Can I Help?* New York: Alfred A. Knopf, Inc., 1985.

Delaney, Gayle. *Living Your Dreams.* New York: Harper & Row, Publishers, 1979.

Dostoevesky, Fyodor. *The Brothers Karamozov.* Translated by

Andrew H. MacAndrew. New York: Bantam Books, Inc., 1981.

E., Stephanie. *Shamed Faced.* Center City, MN: Hazeldon Foundation, 1986.

Ferrucci, Piero. *What We May Be.* Los Angeles: Jeremy P. Tarcher, Inc., 1982.

Fossum, Merle and Marilyn Mason. *Facing Shame.* New York: W. W. Norton & Co., 1986.

Frankl, Viktor E. *Man's Search for Meaning.* New York: Simon & Schuster, Inc., 1984.

Furth, Gregg. *The Secret World of Drawings.* Boston: Sigo Press, 1988.

Goldsmith, Joel S. *Living Now.* Secaucus, NJ: Citadel Press, 1965.

Green, Julien. *God's Fool: The Life and Times of St. Francis of Assissi.* Translated by Peter Heinegg. San Francisco: Harper & Row, Publishers, 1983.

Hammarskjold, Dag. *Markings.* London: Faber & Faber, Ltd., 1966.

Hardy, Jean. *A Psychology with A Soul: Spychosynthesis in Evolutionary Context.* New York: Routledge & Kegan Paul, 1987.

The Impersonal Life. San Gabriel, CA: C. A. Willing, Publisher, 1975.

James, Walene. *Handbook for Educating in the New Age.* Virginia Beach, VA: A. R. E. Press, 1977.

Jampolsky, Gerald. *Love is Letting Go of Fear.* Berkeley: Celestial

Arts Publishing Co., 1979.

_____. *Teach Only Love: The Seven Principles of Attitudinal Healing*. New York: Bantam Books, Inc., 1983.

Johnson, Robert. *Ecstasy: Understanding the Psychology of Joy*. San Francisco: Harper & Row, Publishers, 1987.

Jung, Carl g. *Synchronicity: An Acausal Connecting Principle*. Princeton, NJ: Bollingen Paperback Edition, 1973.

Kjetsaa, Geir. *Fyodor Dostoevsky: A Writer's Life*. New York: Fawcett Columbine, 1987.

Kübler-Ross, Elisabeth. *On Children and Death*. New York: Macmillan Publishing Co., Inc., 1983.

Lawrence of the Resurrection, Brother. *The Practice of the Presence of God*. New York: Paulist Press, 1978.

LeJoly, Edward. *Mother Teresa of Calcutta*. San Francisco: Harper & Row, Publishers, 1983.

Lemisch, L. Jesse. *Benjamin Franklin: The Autobiography and Other Writings*. New York: NAL Penguin, 1961.

L'Engle, Madeleine. *The Wind in the Door*. New York: Dell Publishing Co., Inc., 1962.

_____. *A Ring of Endless Light*. New York: Dell Publishing Co., Inc., 1982.

Levine, Stephen, Levine. *A Gradual Awakening*. New York: Doubleday & Co., Inc., 1979.

_____ *Who Dies? An Investigation of Conscious Living and Conscious Dying.* New York: Doubleday & Co., 1982.

Miller, Alice. *The Drama of the Gifted Child.* New York: Basic Books, Inc., 1981.

_____. *Pictures of a Childhood.* New York: Farrar, Straus & Giroux, Inc., 1986.

_____. *Thou Shalt Not Be Aware: Society's Betrayal of the Child.* New York: Farrar, Straus & Giroux, Inc., 1986.

Mighetto, Lisa. *Muir Among the Animals.* San Francisco: Sierra Club Books, 1986.

Morningstar, Rose. *A Course in Crystals: Lessons in Personal Transformation and Global Healing.* New York: Harper & Row, Publishers, 1989.

Myrick, Robert and Tom Erney. *Youth Helping Youth: A Handbook for Training Peer Facilitators.* Minneapolis: Educational Media Corp., 1979.

_____. *Caring and Sharing: Becoming a Peer Facilitator.* Minneapolis: Educational Media Corp., 1978.

Muktananda, Swami. *Reflections of the Self.* South Fallsburg, NY: SYDA Foundation, 1980.

Peace Pilgrim. *Peace Pilgrim.* Santa Fe: Ocean Tree Press, 1982.

Pearce, Joseph Chilton. *The Magical Child.* New York: E. P. Dutton, 1977.

_____. *Magical Child Matures.* New York: E. P.

Dutton, 1985.

Peck, Scott. *The Road Less Traveled.* New York: Simon & Schuster, Inc., 1978.

Pinyoun, Roy. *Greener Pastures.* Raleigh, NC: Edwards & Broughton, 1977.

Progoff, Ira. *At a Journal Workshop.* New York: Dialogue House Library, 1975.

_____. *The Well and the Cathedral: An Entrance Meditation.* New York: Dialogue House Library, 1972.

Roszak, Theodore. *Person/Planet: The Creative Disintegration of Industrial Society.* Garden City, NY: Anchor Press/Doubleday, 1978.

Sanford, John. *Healing and Wholeness.* New York: Paulist Press, 1977.

Savary, Louis and Patricia Berne. "Kything." *New Realities Magazine,* July/August, 1989.

Schwarz, Jack. *Human Energy Systems.* New York: E. P. Dutton, 1980.

Siegel, Bernie. *Love, Medicine and Miracles.* Harper & Row, Publishers, 1986.

Simonton, O. Carl, Stephanie Matthews-Simonton, and James Creighton. *Getting Well Again.* Los Angeles: Jeremy P. Tarcher, Inc., 1978.

Skutch, Robert. *Journey Without Distance.* Berkeley: Celestial Arts Publishing Co., 1984.

Stapleton, Ruth Carter. *The Experience of Inner Healing.* Waco, TX: Word Books, 1977.

Stone, Hal and Sidra Winkelman. *Embracing Each Other: Relationship as Teacher, Healer and Guide.* San Rafael, CA: New World Library, 1989.

_____. *Embracing Ourselves: The Voice Dialogue Manual.* San Rafael, CA: New World Library, 1989.

Tanner, Wilda. *The Mystical Magical Marvelous World of Dreams.* Tahlequah, OK: Sparrow Hawk Press, 1988.

Tatelbaum, Judy. *The Courage to Grieve.* New York: Harper & Row, Publishers, 1980.

Tolstoy, Leo. *A Confession, The Gospel in Brief, What I Believe.* London: Oxford University Press, 1951.

Trout, Susan. *A Basic Facilitator Training Course in Attitudinal Healing: Manual for Group Leaders. Revised Edition.* Washington D.C.: Three Roses Press, 1990.

Verny, Thomas with John Kelly. *The Secret Life of the Unborn Child.* New York: Dell Publishing Co., Inc., 1981.

Wapnick, Kenneth. *Forgiveness and Jesus.* New York: Coleman Publishing, Inc., 1983.

_____. *Absence from Felicity.* Roscoe, NY: "A Course in Miracles" Foundation, 1990.

Welch, John. *Spiritual Pilgrims: Carl Jung and Teresa of Avila.* New York: Paulist Press, 1982.

White, John. *A Practical Guide to Death and Dying.* Wheaton, IL: Theosophical Publishing House, 1980.

Whitfield, Charles. *Healing the Child Within.* Deerfield Beach, FL: Health Communications, Inc., 1987.

Whitmore, Diana. *Psychosynthesis in Education.* Rochester, VT: Destiny Books, 1986.

Wilber, Ken. *No Boundary: Eastern and Western Approaches to Personal Growth.* Boulder: Shambala Publications, 1979.

ACERCA DE LA AUTORA

Susan S. Trout PhD. es Directora Ejecutiva del Instituto de Estudios de las Actitudes, en Alexandria, Virginia. La Dra. Trout coordina y desarrolla programas de apoyo, capacita a líderes de grupo, conduce talleres de curación de actitudes y desarrollo personal, adiestra personas que desean ser facilitadores para aquellos que tienen problemas físicos, emocionales o espirituales y desarrolla proyectos de investigación.

Antes de participar como cofundadora del instituto, la Dra. Trout trabajó por catorce años en el Centro Médico de la Universidad del Pacífico en San Francisco, California, como directora, profesora y en proyectos de investigación. La Dra. Trout posee maestría y doctorado de las Universidades de Stanford y Northwestern en Psiconeurología y Desórdenes de la comunicación. Es autora de diversos artículos profesionales acerca de disciplinas relacionadas con el cuerpo, la mente y el espíritu. También es autora de *Attitudinal Healing Principles: A Card Set* (1990) y del libro *Born to Serve: The Evolution of the Soul through Service* (1997).

ACERCA DEL INSTITUTO DE ESTUDIOS DE LAS ACTITUDES

P.O. Box 19222
Alexandria, VA 22320
(703) 706-5333

El Instituto de Estudios de las Actitudes (Institute for Attitudinal Studies) es una organización educacional y espiritual, no sectaria y sin fines de lucro, fundada en 1980 y operada por voluntarios, que ofrece servicio, capacitación y programas de investigación orientados al desarrollo personal y a servir a la comunidad, dentro del contexto filosófico del estudio de las actitudes. Los procesos centrales del estudio de las actitudes son curación personal, servicio a los demás, facilitación, comunicación, resolución de conflictos, preparación de líderes de grupo y adiestramiento en diseño de organizaciones. Las disciplinas que contribuyen a nuestros estudios incluyen psicosíntesis, curación de actitudes, psicología profunda, psicología de los sueños, trabajo con la energía, estudios sobre la muerte y el proceso de morir, metafísica y pensamientos espirituales de oriente y occidente.

Los talleres y cursos que ofrece el Instituto, grupos de apoyo, servicio de facilitación y resolución de conficto y grupos de estudio, están diseñados para brindar apoyo emocional y espiritual a personas de todas las edades en una variedad de circunstancias en la vida. Éstas incluyen graves enfermedades, crónicas o agudas, que pueden envolver proximidad a morir, el dolor de perder a alguien, recuperación de alcoholismo o de uso de drogas, abuso en la niñez, asuntos referentes a relaciones con los demás y a encontrar una manera de vivir la vida más plenamente.

El Instituto ofrece similares programas de capacitación y entrenamiento para estudiantes de secundaria, en facilitación, mediación y liderazgo de grupo. Asimismo, ofrece entrenamiento para individuos y organizaciones en liderazgo, diseño organizacional, trabajo en equipo, procesos de grupo y resolución de conflictos

Los proyectos de investigación calibran el grado de la capacitación ofrecida por el Instituto, preparan el material en modelos de dirección y diseño de organizaciones y conducen estudios en las dinámicas del proceso de curación y de servicio a los demás. Nuestra imprenta publica los libros y manuales así como folletos periódicos sobre los programas y actividades del Instituto.

La visión del Instituto es ser una organización prototipo, que demuestra y enseña: vivir con un propósito a través de una conexión consciente con la Fuente Divina; asumir la responsabilidad por el estado interior y actitudes propias; y concretar la unicidad de curación personal y servicio a los demás.